Nithart Grützmacher

Wenigstens bin auch ich zum Teil Ihrer Meinung

Nithart Grützmacher

Wenigstens bin auch ich zum Teil Ihrer Meinung

Nachrichten von Hugot

In 319 Perikopen

GeistkirchVerlag

ISBN 978-3-946036-18-0

www.geistkirch.de

1. Auflage 2021
© 2021 Autor und Verlag
Verlag: Geistkirch Verlag, Saarbrücken
Titelgestaltung: Florian Brunner, Saarbrücken
Satz und Layout: Harald Hoos, Landau
Printed in EU

On n'est pas écrivain pour avoir
choisi de dire certaines choses
mais pour avoir choisi de les
dire d'une certaine façon.

Jean-Paul Sartre
(Qu'est-ce que la littérature?)

1

Mein Name ist Johann Frederik Hugot. Man spricht Hugot französisch aus. Die Vorfahren (des Vaters) waren Hugenotten. Ludwig XIV. sei verflucht. Ich will von mir erzählen, soweit mein Leben, als ich in den Ruhestand ging, gewaltige Disruptionen erfahren hat. Das Projekt ist autobiographischerseits sehr ungleichgewichtig, etwa so, wie wenn in einen Gummiball eine kleinere Bleikugel eingeschlossen wäre. Man kann dann den Ball nicht störungsfrei rollen lassen: Die Bleikugel dominiert die Bewegungsabläufe nicht wirklich, beeinflusst sie aber in unberechenbarer oder in geradezu provozierender Weise. Man könnte vielleicht sagen, die Bleikugel ist Teresa.

2

Ich hatte mir diesen kompakten Kalender zum Reinschreiben gekauft. Er war um 80 % reduziert und die Verkäuferin konnte das nicht rechnen. Teresa war dabei. Sie hat mich beschwichtigt, sonst hätte ich mich vielleicht aufgespielt. Ich kannte Teresa jetzt vierzehn Monate. Komm, spiel dich nicht auf, vielleicht ist sie müde. Es war 19 Uhr. Vorher hatten wir bei Aigner Teresas neue Brille probiert. Randlos, wie die alte, bloß etwas kleiner. Und weniger streng. Von Fotos weiß ich, dass sie vor zwanzig Jahren, oder mehr, eine riesige Brille getragen hat. Interessant. 70er Jahre. Teresa war ziemlich müde. Ich kann jetzt keine Kranken mehr sehen! Sie war schon auf dem Heimweg gewesen, da ist sie wieder gerufen worden. Schenkelhalsfraktur. Sie kam wegen dieser Angelegenheit zu spät zu Aigner, wo wir verabredet waren. Früher wusste man in der Stadt, dass bei Aigner einmal ein Elefant in den Laden eingebrochen war. Ein Zirkuselefant. Heute weiß das kaum jemand. Er war zu Reklamezwecken durch die Wilhelmstraße getrieben oder *geführt* worden, war verwirrt, vielleicht irritiert durch sein Spiegelbild im Schaufenster, und ist in das Geschäft hinein gestolpert. Ich meine, als Elefant ist einem vieles auch ganz egal.

3

Wenn ich von Perikopen rede, dann ist mir bewusst, dass das, aus dem Altgriechischen abgeleitet, herausgeschnittene Stücke sind. Bei den Theologen lässt sich das leicht verstehen, Perikopen sind aus dem Bibeltext herausgeschnittene Stücke, damit man was zum Predigen hat. Aber hier: herausgeschnitten *woraus*? Meine Antwort: Aus einer fiktiven Autobiographie. Nur so zur Klarstellung. Anders als mit den Perikopen ist es allerdings mit Paprikaschoten.

4

Mein *eigener* Optiker ist ja Schapinski! Ich kannte noch den Vater, der hatte eine Beinprothese. Holzbein, hat man damals gesagt. Nach dem Krieg. Es gab so etwas wie eine stillschweigende Solidarität zwischen dem alten Schapinski und mir, der ich erst vierzehn Jahre alt war, ein Flüchtlingskind (und mir umständliche Gedanken über die Welt machte), weil ich wusste, Schapinski ist nicht von hier. Ich war es doch auch nicht! Irgendwo aus dem Osten. Schlesien vielleicht. Und nun hatte er ein Geschäft hier in Süddeutschland, in meiner neuen Stadt, in der Bebenhäuserhofstraße. Als ich klein war, hatten Geschäftsleute für mich eine Aura. Männer, manchmal Frauen, mit einem eigenen Kaufladen. Ohne die wahre Ausdehnung ihres Reichs zu kennen, ahnte ich, dass sie etwas Wichtiges verwalten. Sie wussten über alles Bescheid und verschenkten Bonbons. – Meine Mutter war doch auch aus Schlesien! – Ich hätte der Verkäuferin bei Osiander gerne gesagt, wie man leicht 20 % von etwas rechnen kann. Erst 10 % nehmen, durch Kommaverschiebung, dann verdoppeln, ganz einfach. Ich war ein bisschen stolz auf mein überlegenes Wissen. Dabei ist es keine so große Sache. Als wir alles beisammen hatten, sind wir zurück zum Klinikum, wo das Auto stand. Teresa wollte ganz schnell nach Hause, weil sie so erschöpft war. Ich werde ein Bad nehmen, sagt sie. Ich höre das, und sehe sie in der Badewanne. Dann in der Sauna. Das Gehirn arbeitet auf seine eigene Weise. In Aulendorf hatte sie in der Sauna Blickkontakt mit einem etwa dreißigjährigen Mann. Hat sie mir erzählt. Sonst war da nichts. Ich kenne das, das mit dem Blickkontakt, wenn auch nicht gerade aus der Sauna, auch nicht gerade mit einem Mann. Ich geh ja nicht in die Sauna. Erst kürzlich hat sie es wieder gesagt, es wäre spannend in der Sauna. Teresa ist attraktiv und alle kucken immer. Auch Frauen. Die Frauen sagen es manchmal auch. Die Männer kucken lieber bloß.

5

Wie ich auf meinem Fahrrad die beiden Kisten transportiert habe und unter welchen Betrachtungen, wie ich eine Lupe ausprobiert, ein Fachbrett in den Hängeschrank über dem Herd montiert, wie ich Musik von einem Herrn Viktoria aus dem 16. Jahrhundert gehört und mir zwei sehr geringe Anteile an der hiesigen Volksbank gekauft habe – diese Dinge sind der Erwähnung nur wert, weil sie das Geringfügigkeitsniveau meines Alltagslebens kennzeichnen. Immerhin – da war dieser Traum. Wir waren in einem alten Mietshaus, ich musste früher gehen als alle anderen, ich musste auf den Bahnhof, ich machte den ganzen Weg im Dauerlauf, immer wieder stieß ich auf Hindernisse, einem Hund musste ich ausweichen und zwei Kindern, ein boshafter Mann, der alten Schnee wegfegte, schlug mich mit seinem Besen aus Reisstroh auf den Hintern. Ich wollte mich nach rechts orientieren, ich kannte mich aus, es schien ganz einfach, aber die Stadt war plötzlich abgerückt und lag weit weg an einem lang gestreckten Hügel, und nun war klar, den Zug würde ich nicht mehr kriegen! Der Zug ist abgefahren, das war ohne Zweifel die Botschaft des Traums. Mein Beruf? Alles zu Ende? Wir waren auf dem Weg den Steinenberg bergan, als ich diesen Traum Teresa erzählte. Warum das wichtig ist, weiß ich nicht. Vielleicht ist es nicht wichtig. Ist Faust II wichtig?

6

Die Verkäuferin bei Osiander hatte etwas Rührendes, Hilfloses. Sie war nicht wirklich dick, hatte aber Bauch, und ihre Augen und ihr Mund waren ängstlich. Außerdem war sie in der Tat müde. Ich hätte mir mein arrogantes Auftreten sparen können.

7

Ich verstand meinen Herzinfarkt als Appell, mich zu besinnen. Die Einrichtung meines Lebens klappte zusammen. Wie ein windschiefes Wetterhäuschen. Bretterhäuschen. Alles hat sich verändert. Teresa trat auf den Plan. Dann ein zweiter Infarkt. Nach einem Kick mit Kollegen und Kolleginnen. Und die Operation. Attacke. Ich wusste ja, man muss die Brust öffnen, das Brustbein aufsägen, den Brustkorb auseinander biegen. Von der anschließenden eigentlichen Arbeit der Operierenden an dem blutigen Organ des Herzens bekam ich glücklicherweise nichts mit. Eine Herz-Lungen-Maschine war im Spiel. Das Aufwachen – fremd – aus der ganz anderen Welt. Eine Welt, von der wir nichts wissen. Nicht einmal Träume kommen herüber. Wie Tod. Die Kunst der Anästhesisten und Anästhesistinnen holt dich jedoch zurück. Darin liegt der Unterschied. Dennoch. Der schöne Gedanke, man könnte durch eine Injektion wirklich vom Leben scheiden! Vor mir oszillierte ein gleißend glühender sehr ferner Punkt. Und dann die Qual des Atmens. Ich habe die norwegische Assistentin gehasst. Sie müssen atmen, Herr Hugot. Ja, okay, wir müssen atmen. Vielleicht bin ich jetzt auf einem guten Weg. Das Andante meiner Aufzeichnungen wird mich konsolidieren. Andante, liebe Leserin. Take your time. So schrieb ich damals.

8

Das alles, wenn ich es denn gestehen soll, war vor achtzehn Jahren oder vor neunzehn Jahren. Vor zwanzig Jahren? Aus meinen Notizen, sie trugen eine etwas umständliche Überschrift, war ein Buch geworden. Mit neuem Titel. Es ist auch veröffentlicht worden. Es hat sich aber nicht verkauft. Ich war gar nicht hinterher. Der Vorgang hat sich sogar zweimal abgespielt: zwei Titel. Zwei Autorenpseudonyme. Zwei verschiedene unbedeutende Verlage sind bemüht worden. Der erste Verlag hat sich dünn gemacht. Vielleicht verdient er an meinem Buch bis heute und ich weiß nichts davon. Bei Amazon heißt es immer, ein Exemplar sei jetzt noch da. Der zweite (seriösere) Verlag hat mir die Restauflage meines Buches zu einem Spottpreis angeboten. Stampft sie ein, habe ich geantwortet. *Die Rede sei von meinem Herzen*, das war der Titel des ersten Buches. Dann, neu, ein paar Jahre später: *Ich Herkules*. Man merkt schon an den Titeln, was da im Busch war. Ich wollte das Buch nicht bewerben. Hätte es vielleicht sogar beworben, musste aber Rücksicht nehmen. Ich lebe in einem sehr dichten Netz von Menschen, die mir nahe stehen oder mit denen ich zu tun habe. Ich bin alles andere als einsam. Ich bin auch nicht ungebunden. Aber ein Autorenpseudonym kommt *diesmal* nicht in Frage. Und damit niemand auch nur irgendeinen Zweifel hat, möchte ich an dieser Stelle dezidiert darum bitten, die beiden genannten Vorgängerbücher entweder ganz zu vergessen oder sie gar gleich zu entsorgen, denn ich kann zu ihnen nicht mehr stehen und betrachte sie lediglich als Hilfskonstruktionen auf dem Weg zu einem angenehmeren Buch: Wenigstens bin auch ich zum Teil Ihrer Meinung, Geistkirch Verlag, Saarbrücken. Mit Verlaub.

9

Im Nachhinein bin ich froh, dass das Buch nicht ging. Vieles war wirklich doof. Das will ich jetzt besser machen. Ich meine, das Buch las sich *stellenweise* ganz gut, aber trotzdem! Seit dem zweiten Buch, diesem *Ich Herkules,* es kann nützlich werden, die Zusammenhänge zu wissen, sind schon wieder sieben Jahre vergangen. Sieben Jahre. Oder acht. Ein Jetzt in diesen Texten ist meistens ein Damals, und zwar am ehesten ein Damals aus der Zeit vor achtzehn oder neunzehn Jahren. Oder zwanzig Jahren? Da muss man ein bisschen aufpassen. Es gibt mindestens zwei Jetzts. Mindestens.

10

Ich putze das Armband meiner Uhr, bügle eine Tischdecke, ein Hemd, eine Handvoll Taschentücher, drehe meine Runden auf dem Ergometer, lese etwas. Ich blättere einen Bücherkatalog durch, schlage etwas nach. Ich entdecke im Lexikon eine neue Stilfigur. Ich werde unruhig, weil ich Briefschulden habe. Ich gehe in die Stadt. Frau Luisa, die in der Oberamteistraße ein Sanitätsgeschäft besitzt, schwärmt mir vor, wie gut der Laden während des Krieges lief. Es sei so schön gewesen, den jungen Menschen mit den abgeschossenen Armen und Beinen durch gute Prothesen helfen zu können. Auch die Arbeitsunfälle seien heute ja in einem erschreckenden Maß zurückgegangen. Teresa kam um halb sieben. Das Ergometer habe ich abgeschafft: zu viel Stumpfsinn.

Eine Schülerin von mir aus frühen Tagen – jetzt war sie meine Lehrerin geworden. In der Koronarsportgruppe, in die ich mich kurzfristig verirrte. Ich hatte ihren poetischen Namen, den Namen der Schülerin, noch in Erinnerung: Windweid. Diese schöne junge Frau ließ uns Betagtere durch die Turnhalle hüpfen, machte uns Beine, sorgte für Kurzweil, lachte und schimpfte mit uns. Eine feuerfarbene Blüte im Geröllfeld der Rentner. Sie ist heute nicht mehr am Leben. Sie ist mit dem Auto verunglückt. Und wir, ihre gebrechliche Klientel? Wir verursachen Kosten und sind unverwüstlich.

Meine Kolleginnen und Kollegen hatten mir ins Krankenlager geschrieben, ich solle mich nicht aufregen mit meinem Infarkt, alle *ihre* Herzen schlügen doch für mich!

Teresa ist Pfarrerin. Einer ihrer Kollegen will uns einladen. Sie hat aber keine Lust. Sie sagt, der soll erst mal seine Gemeinde in Ordnung bringen! Sie kommt zu einem kleinen Besuch zu mir ins *Kreuzem*. Unter anderem seziert sie meine ehelichen Beziehungen. Das Festhalten an der Ehe war bei euch der Inhalt der Beziehung. Wie Teresa manchmal in ein oder zwei Sätzen zur Klarheit bringt, was dem Laien oder in diesem Fall dem Betroffenen als ein fürchterliches Beziehungschaos erscheint, ist frappant. Kreuzem – das ist keine Erfindung von mir, meine Straße *hieß* so. Wer mit dem Stadtbus fährt, Linie 11, und an der Kreuzeiche aussteigt, wird das Straßenschild lesen: Kreuzem. Der Stadtarchivar und die Leute vom Liegenschaftsamt glauben, dass es früher Kreuzern hieß, ich habe nachgefragt, und dann hat irgendein beamteter Schussel die Flurkarte falsch gelesen und sein

Fehler ist in die Akten übernommen worden. So sind sicher auch schon andere Namen entstanden. Manche auch ganz anders, klar. – Wenigstens bin auch ich zum Teil Ihrer Meinung.

14

Der Zensor, von Anthony Neilson, ein Stück über das Zusammenspiel von Pornografie und Liebe. Es gab Nacktszenen. Und du sitzt auf Tuchfühlung mit den Schauspielerinnen und ihren männlichen Kollegen. *Tuch* gewinnt hier neue Qualitäten. Die Tonne traut sich was. Gott sei Dank. Die Duldung von Pornografie, wenn ihre Entstehung niemanden verletzt hat, nehme ich als Zeichen für Freiheit und Toleranz. Elfriede Jelinek geht mit Pornografie künstlerisch um, sie kann das meiner Einschätzung nach gut. Charlotte Roche versucht es auch, aber sie hat das jelineksche Talent nicht. Sie hat sicherlich ganz andere Talente. Die Shades of Grey haben mich ebenso wenig interessiert. Ich glaube, das ist nichts Echtes. Ich glaube, das ist Pornografie für die Bestsellerlisten, wenn es denn überhaupt in diese Kategorie gehört. Niemand ist im Übrigen genötigt, der Pornografie in irgendeiner Form zu huldigen, weder im Vatikan noch sonst wo. Ein Wort in diesem Zusammenhang, wenn es dabei auch nicht ganz um dieselbe Sache geht, zu Sibylle Berg. In ihrer Leidenschaft, das Nichtgelingende drastisch zu schildern, zum Beispiel in *Sex 2*, spielt vermutlich der Wunsch nach einer Therapie für sie selbst mit. Ich will mir das so vorstellen.

15

Ein Text aus den frühen Vorlagen, den ich nicht übernehme. Nach all den Jahren hat sich alles verschoben. Manches, was wichtig war, ist bedeutungslos geworden. Manches, was mir wichtig erschien, ist in eine andere Gruppe gerutscht. Mein Abschied von der Schule zum Beispiel – vergessen. Weltbewegende politische oder historische Ereignisse aus jenen Tagen, die ich damals so naiv war, anzusprechen (weil sie mich ja auch angingen und weil sie eben auch *mich* angingen), etwa der elfte September 2001: nicht vergessen, nein, aber für den Augenblick nicht in meinem Repertoire. Madrid und London hatte ich erwähnt, Afghanistan und Irak, ein Seebeben im Indischen Ozean, diverse andere Naturkatastrophen, diverse andere Kriege oder Terroraktionen. Christchurch war natürlich noch nicht dabei. Auch der Brexit nicht. Auch Notre Dame nicht. Auch Halle nicht. Namen waren dabei wie Kerry als Präsidentschaftskandidat, Arafat und Scharon, Ahmadineschad, Chirac und Cameron. Und noch viele mehr. Schnee von gestern. Hartz IV hätte man vielleicht für einen Käse gehalten. Der Satz stand auch da. War mir so eingefallen. Den fand ich damals gar nicht schlecht. Frau Merkel lebte noch im Zustand der Unschuld. Frau Jelinek auch. Oder eher nicht? Frau Müller, die mit auch dem Nobelpreis, vermutlich nachher wie vorher. Von Grass, schrieb ich damals, wolle ich schweigen. Heute, nachdem ich dann auch noch *Das Treffen in Telgte* mit einiger Freude gelesen habe, denke ich, er war ein außergewöhnlich begabter, akribischer Arbeiter, wie sich das auch in seinem grafischen Werk zeigt. Inzwischen ist er zum Schweigen verdammt, anders als Kollege Walser, der wohl auch über seinen Tod noch schreiben wird und sein Begräbnis und, wenn möglich, darüber hinaus. Ein bisschen habe ich die Befürchtung, dass ich die Arbeit an diesem Buch wieder so lange inszeniere, dass Walser und auch ein paar andere im Augenblick noch aktuelle Dinge dann schon wieder nicht so hinhauen. Aber was soll man? Ich schreibe ja nicht der Aktualität wegen. Würde ich der Aktualität unbedingte Aufmerksamkeit schenken, dürfte der Klimawandel hier auf keinen Fall fehlen. Er ist im Augenblick der ganz große Renner. Alles überlagernd. Auch wenn das Gezerfe der politischen Parteien oder die Frage, wer nun wo und so weiter wofür kandidiert und so weiter, immer viel interessanter ist. Auch wenn, von unserer Republik aus betrachtet, der Klimawandel in den Augen vieler Ungläubiger eher unterhaltsame Züge zu haben scheint, hier einmal eine Überschwemmung, dort ein Sturm namens Gabi, tolle Fernsehbilder, und dann wieder eine kuschelige Hitzewelle, die zum Baden einlädt, so läuft die Debatte im Großen jedoch von berechtigter Angst und unerbittlichen Daten der Wissenschaft geprägt. Zu einem weiteren Teil von Übermut, früher sagte man Hybris, von dem Übermut der Menschheit, die glaubt, das gesamte Erdgeschehen regulieren zu können, und gleichzeitig glaubt, sie selbst habe ewigen Bestand. Wir sehen an all diesen Dingen immerhin, dass das Aktuelle je in Geschichte absinkt. Corona hat den Klimawandel fast verdrängt. Geschichte ist eine Suppe. Es ist für immer ein großes Rätsel und bleibt geheimnisvoll, was später aus der Suppe herausgefischt wird, weil es als bedeutend markiert wird oder um es so zu markieren. Der Witz ist, auch das Fischen in der Geschichtssuppe ist je und je (so hat man in den sechziger Jahren gerne gesagt) von Aktualitätsschüben geprägt, so dass in der Tat jede Generation ihre eigenen Studien betreiben muss, sich die Sachen selbst anrichten muss. – Ja, ja, denkt die Weltseele und bettet sich auf Heu. Das Gänseblümchen! Meine Zeit im Kreuzem nannte ich einen Umsteigebahnhof. Das kommt mir auch im Rückblick ganz erstaunlich passend vor. Habe ich die Coronakrise erwähnt? Das Virus hat den Vorteil, sich unmittelbarer zu präsentieren als dieser Klimawandel. Mehr zum Anfassen. Händewaschen nicht vergessen. Wie oft sagt man mir, Mensch, Johann, du gehörst aber zur Risikogruppe! Und doch sind Vorsichtsmaßnahmen bald schon wieder langweilig, so dass viele Menschen sorglos werden und manche sich gar zusammenrotten und Krawall machen.

Ich bin kein Tiermaler. Damit wollte ich damals ausdrücken, dass meine Welt aus Sprache entsteht und nicht die Oberflächenphänomene meint. Als ich studierte, vor sechzig Jahren, war für die Germanisten Wolfgang Kayser ein wichtiger Lehrer. Bei den Nazis (meines Wissens) angepasst, 1917 geboren, was man sich in seiner Bedeutung klar machen muss: So einer war 1933 sechzehn Jahre alt! Nach dem Krieg, bis zu seinem Tod 1960, mit berechtigt großer Reputation. Er hatte eine Einführung ins Studium der Philologie geschrieben: *Das sprachliche Kunstwerk.* Ich glaube, er war in der portugiesischen Poesie bewandert. Und eben diesen Gedanken, dass Sprachkunst eine aus Sprache erzeugte Wirklichkeit ist und erst einmal nichts anderes, hat er betont und ausgebreitet. Ich verstand das damals nicht recht. Ich war sehr unbedarft.

17

Meine Unbedarftheit damals. Es war mein erstes Semester Germanistik, ich sollte bei Professor Ziegler in Tübingen als Hausaufgabe ein Gedicht interpretieren: *Im Frühling.* Von Mörike. Ausgerechnet! Hier lieg ich auf dem Frühlingshügel:/Die Wolke wird mein Flügel,/Ein Vogel fliegt mir voraus./Ach, sag mir, all-einzige Liebe,/Wo du bleibst, dass ich bei dir bliebe!/Doch du und die Lüfte, ihr habt kein Haus. – Das ist nur die erste Strophe. Das Gedicht ist eine Perle der deutschen Literatur. Wir hatten in der Schule nicht ein einziges Mal eine Gedichtinterpretation geschrieben. Abi 57. Was tun? Ich habe das Gedicht einfach hergenommen und von Zeile zu Zeile gesagt, was mir dazu so einfiel, schön der Reihe nach, fünfundzwanzig mal. Dann war das Gedicht zu Ende. Und meine Interpretation auch. Dann noch mit zwei Durchschlägen Kohlepapier in die Schreibmaschine gehackt. Fertig war die Laube. Natürlich habe ich mein *Testat* bekommen.

Die berühmte Frage, ob man sein Leben gern noch einmal leben wollte, beantworte ich so: Ja, eventuell, aber nur, wenn ich meine späteren (jetzigen) Erfahrungen ins Damals hinein vorziehen könnte. Bei den erstsemestrigen Kommilitonen und Kommilitoninnen würde ich mit meiner Mörike-Interpretation *diesmal* wahrscheinlich Aufsehen erregen. Vielleicht würde ich sagen, dass Mörike das Unsagbare sagt. Aber das geht ja nicht. Nein. Im Grunde lieber nicht. Lieber doch nicht. Lieber einfach leben und dann sterben. Mein grandioses, immer wieder bemühtes Beispiel für das Sterben und das Leben nach dem Tod (an dem viele so hängen, an dem Leben nach dem Tod) – mein Beispiel also ist das Gänseblümchen. Es kommt und macht uns Freude und geht. Und dann kommen andere und die Sache geht wieder so. Mit dieser Vorstellung, mit diesem Gedanken, kann man sich etliche philosophische Bemühungen schenken und fast den ganzen Wust an Religion.

19

Im Englischen heißt das Gänseblümchen daisy, im Französischen pâquerette, im Italienischen pratolina oder margheritina. Die Fachsprache sagt Bellis perennis. Es gibt allein in der deutschen Sprache über hundert andere Namen. Angerblume, Magdalenenblümchen, Ruckerl, Margritli, Liebesblümchen sind einige davon. Maßliebchen und Tausendschönchen. Maßliebchen kommt aus dem Mittelniederländischen und könnte mit Esslust übersetzt werden, eine überraschende Etymologie. Der Stamm *mate* steckt auch in unserer Mettwurst. Es liegt eine Synästhesie vor, vom Appetitlichen hin zum *sichtbar* Reizenden. Tausendschönchen erklärt sich von selbst. Ich will mit meiner kleinen Philosophie ein wenig freundlich tun. Der Anblick von Gänseblümchen macht mir Freude, und dann ist auch das Spiel mit den Namen angenehm. Wenn man etwas nachdenkt, so sieht man, dass ich mich mit diesen kleinen Blumen identifiziere. Spiel und Philosophie. Friedliche Konnotationen auch. Der Gänseblümcheneintrag bei Wikipedia ist dreizehn Seiten lang. Ich mag auch die Butterblume. Ihr direktes sattes Gelb nimmt mich für sie ein. Ich meine mit Butterblume wahrscheinlich, was genauer Sumpfdotterblume oder bloß Dotterblume heißt. Ihr Eintrag bei Wikipedia bringt es auf zehn Seiten. Da hat mein Gänseblümchen mehr!

20

Teresa hätte eigentlich eine Sitzung gehabt, ist auch hin, aber die Sitzung fiel aus, da ist sie zurückgekommen. Die aus der Steppe heraufsteigt, hatte ich damals dazu gesetzt, von wegen Hohes Lied. Manchmal sagt sie, ich möchte dich noch eine ganze Weile behalten. Das sagt sie freundlicherweise übrigens bis heute. Also *heute*, wo Sie das lesen. Wir reden viel über uns selbst. Ich vergleiche unsere Beziehung mit einer heiklen Topfpflanze, die viel Pflege braucht. Keine Draufhockbeziehung.

21

Nach dem ersten Herzinfarkt bin ich aus der Heilkur am Bodensee nicht mehr in die gemeinsame Wohnung zurück. Ich hatte meiner Frau geschrieben, meiner ersten Frau, inzwischen bin ich mit Teresa verheiratet, dass ich nicht zurückkehren werde. Ich hatte in der Reha Zeit zum Nachdenken. Ich habe mir von der Mettnau aus in unserer Stadt eine Wohnung gesucht. Die erstbeste Bude in der Straße mit diesem schusseligen Namen bekam den Zuschlag. Ein schäbiges, charmantes Einfamilienhäuschen im Schatten und im Schutz der umher stehenden Hochhäuser – heute: ausgelöscht. Meine Frau ist bei meinem Umzug eine Fuhre mit unserem klapperigen Variant selbst gefahren. Aus heutiger

Sicht kann ich mir das nicht richtig erklären. Eiszeit. Meine Vermieterin sagte, Ihre Frau sieht aber gut aus, warum trennen Sie sich eigentlich? Wie die Leute so reden. Im Kreuzem wohnte ich also unterm Dach. Das Haus stand auf Abbruch. Das Haus, in dem ich wohnte, stand auf Abbruch. Das kann man symbolisch verstehen.

22

Mein Vermieter im Kreuzem trank gerne ein bisschen. Seine Frau war besorgt und passte auf. Nun wollte er die silberne Hochzeit nicht feiern, weil seine Frau sagte, aber ohne Besäufnis, mein Süßer! Auch hatte es soeben wieder Streit gegeben: Ein Besuch auf der Alb ging in die Hosen. Er durfte die kleinen Schnäpse nicht mitmachen. Er kommt sich gedemütigt vor. Er sagt, er könne ja jetzt Röcke tragen. Er ist aus Russland. Ich sagte zu ihm, dass seine Frau kämpft, statt zu kooperieren. Oder statt ihn hängen zu lassen. Wenn seine schönen Töchter einen Freund mit nach Hause brachten, sagte mein Vermieter, sie seien Huren.

23

Pornografie? Liebe? – Traum. Ich träume viel. Ich träumte von der Beerdigung meiner (früheren) Schwiegermutter, die, einundneunzig Jahre alt, eine (in ihrem späten Leben) verwöhnte alte Dame, in Wirklichkeit sehr wohl noch lebte. Am Rande der Trauerfeier machte ich mich lustvoll von hinten an eine mir unbekannte Schöne heran, die ein anderes Grab besuchte. Meine Gedanken waren weniger bei der Schwiegermutter. Meine Gelenke schmerzten. Meine Friedhofbesucherin trug ein enges, schulterfreies schwarzes Kleid. Mit übertriebener Theatralik presste sie ihr feines Taschentuch gegen ihr vornehmes Gesicht. Love among the tombstones. James Joyce.

24

Es sitzen zwei Männer und eine Frau aus unseren Breiten in einem Chinesischkurs – alle drei Münder offen. Ein alter Mann entdeckt gerade mit leiser Trauer, dass sein Portemonnaie leer ist. Ein Trainer auf der Radrennbahn, kurz vor dem Start, die Hand am Po des Fahrers. Ein kleines Schulmädchen, das mit der einen Hand zuhält, was es mit der anderen Hand schreibt. Eine Karte, auf der nicht steht: Thank you very much!, sondern: Fuck you very much! Norma Jeane Mortenson, alias Marylin Monroe, im Unterrock in einer Zimmerecke vor dem sommerlichen Fenster auf einem Kissen kniend. Ein kurzhaariger Terrier, der am Laptop arbeitet. Fernandel, wie er mit der Rechten Spaghetti in sich hinein schaufelt, links das Rotweinglas zum Nachkippen in der Hand. – Postkarten! Ich stelle mir vor, wenn ich einmal nicht mehr in der Flüchtlingsarbeit bin, die mich zum Zeitpunkt dieser Revision meiner Aufzeichnungen seit sechzehn Jahren in Atem hält, und wenn noch vier literarische Projekte, die ich im Kopf und zum Teil auch schon vorangetrieben habe, abgeschlossen sind, dieses hier inklusive, dass ich mich dann, so wie sich andere Ruheständler um ihren Garten oder ihre Streichholzschiffe kümmern, wieder meinen Postkarten zuwende. Ich besitze sie ja noch, auch wenn sie jetzt im Dornröschenschlaf liegen. Ich besitze mindestens sieben Sammlungen. Es sind mindesten sieben Gebiete, zu denen ich Postkarten gesammelt habe. Das Sammeln war eine Ausgleichsbeschäftigung für mich. Viel Stress als Lehrer.

25

Ein schönes Tête-à-tête mit Teresa unter ihrer neuen Brille im Café. Ich sage: Eine Stunde mit dir ist mehr als zwei Stunden mit einer anderen Frau. Auch mehr als ein Bundesligaspiel. Wir sind witzig miteinander. Man täusche sich aber nicht, ich lerne mit ihr so manch eine bedeutende Partnerschaftslektion. Un tavolo vicino alla finestra. *Café* Sommer. Heute, man will es fast nicht glauben, *Genussmanufaktur* Sommer. Später haben Teresa und ich mein Deckbett angebrannt. Ungeschickt mit Kerzen hantiert. Im Nu standen Bezug und Inlett in Flammen. Teresa übernahm die Löscharbeiten. Der Vermieter kam dazu. Er meldete, der Keller stünde unter Wasser. Es gibt Leute, die sagen, Zufälle gibt es nicht, aber das war einer. Sollte das denn keiner gewesen sein? Es geschieht so vieles auf der Welt gleichzeitig. Immer! Und wenn es dann zufällig am selben Ort passiert? – Mein Vermieter hat Teresa selbst in dieser Szene nicht zu sehen bekommen, er hat nur ihre Kleider, die über den Stuhl geworfen lagen, mit seinen Blicken gescannt.

26

Richard Rorty leitet, soviel ich weiß, seine ganze Philosophie vom Zufall ab. Er sagt, schon, wo du geboren bist, ist Zufall. Auch, wann. Auch, aus welchem Bauch du gezerrt worden bist oder geschlüpft bist. Und so weiter. Das leuchtet mir *total* ein.

27

Teresas Sohn, damals vielleicht fünfzehn, heute gerade Vater geworden. Er hat seine Mama von hinten umarmt, hat mich herausfordernd angeschaut und hat gesagt: Das ist *meine* Frau! – Patchwork. – Mein eigener (jüngerer) Sohn sitzt in einer Geschichtsklausur und hat es mit den deutschen Kaisern. Teresa schlägt sich mit Jesaja 42 herum, wo man nicht genau weiß, wer der *Gottesknecht* ist, er bringe wirklich das Recht, heißt es. Vielleicht sollte man ihm empfehlen, sich zu diesem Behuf mit der Professorin Aleida Assmann kurzzuschließen. Frau Assmann und der Gottesknecht. Ich selbst kämpfe mit Gerhart Hauptmanns Ratten. Dabei stelle ich

mir vor: Wenn es damals schon Babyklappen gegeben hätte,
wäre Pauline Piperkarcka bestimmt jetzt noch am Leben.

28

Ich habe Teresa beim Fensterputzen zugeschaut. Flüssige,
stabile Bewegungen! Sie arbeitet schnell. Sie genießt die
Putzarbeit als Ausgleich. Sie sammelt ja keine Postkarten.
Ich versuche mir vorzustellen, wie sie Sterbende begleitet.
Da hat sie Geduld. Und die Angehörigen tröstet. Am Sonntag hat sie einen Salbungsgottesdienst gefeiert. Etliche der
zu Salbenden oder der Gesalbten mussten weinen. Auch
ich. Das ist schon sehr merkwürdig, was da passiert. Auch
Jock und June, unsere gemeinsamen alten Freunde. Sie heißen nicht wirklich Jock und June. Es muss mit der Sinnlichkeit der feierlichen Handlung zu tun haben, es geht den
Leuten buchstäblich nah. Plötzlich weinen Menschen, die
jahrelang nicht mehr geweint haben. Vielleicht stammt ihre
Rührung aus der unmittelbaren Verbindung, in die das kleine, scheinbar nutzlose Ich plötzlich zu dem großen Gott des
Universums gestellt ist beziehungsweise von Teresa gestellt
wird? Weil es Anteil an den unermesslichen Veranstaltungen
hat, die da ins Werk gesetzt und veranstaltet werden? Es
bekommt in der sanften Berührung, die mit dem Salben und
mit dem Segnen einhergeht, mitgeteilt, dass es dazugehört.
Damit hat es womöglich gar nicht mehr gerechnet.

29

Teresa war ziemlich früh hier und ist über Nacht geblieben
und wir haben keine Bettdecken mehr angebrannt. Dafür
habe ich sie über Josefine Mutzenbacher aufgeklärt. Das
Buch lag da auf einem kleinen Tisch. Es hat ein Register
mit österreichischen Wörtern für die Schamteile (giechisch:
aidoa), gesammelt von Oswald Wiener: *Beiträge zur Ädöo-*

logie des Wienerischen. Das Register umfasst achtundsiebzig Seiten, das ist, wenn nicht unfassbar, dann doch kurios. Achtundsiebzig ziemlich eng bedruckte Seiten mit wienerischen Bezeichnungen für die Schamteile. Nein, etwas genauer gesagt: Ausdrücke für die Schamteile selbst sind es nur achtundzwanzig Seiten, alles Übrige betrifft die beteiligten Personen und Vorgänge und die Dinge drum herum. Wiener übersetzt nach bestem Wissen jedes Wort und erläutert dessen Herkunft. Manchmal sagt er auch, ich kenne die Ableitung nicht, oder so etwas Ähnliches. Dinge drum herum. Drum herum? Überall ist Wunderland, / überall ist Leben, / bei meiner Tante im Strumpfenband / wie überall daneben. Kann ich auswendig. Ringelnatz.

30

Jock und June ist ein kleines Kapitel für sich. June hat Jock nämlich am Schluss seines Lebens, ich sollte genauer nicht *am* Schluss seines Lebens, sondern *zum* Schluss seines Lebens sagen: mit ihrem gemeinsamen Auto überfahren. Aus Versehen. Beim Herausfahren aus der Garage. War er schon achtzig? Ich weiß es nicht genau. Wir haben ihn sehr gemocht. Ein stiller, weiser alter Mann. Wir nennen sie Jock und June, weil sie so gerne Englisch sprachen. *Er* war in Kriegsgefangenschaft in England und hat dort als Dolmetscher gearbeitet. *Sie* mochte Limericks.

31

Außer zum Gottesdienst Durchgang auf eigene Gefahr – diese Warnung stand an der unscheinbaren Tür, die, einige Meter rechts vom Haupteingang des Klinikums, direkt ins Allerheiligste führt, wo Teresa ihre Gottesdienste hält. Wenn du also zum Gottesdienst gehst, habe ich mir klargemacht, darf dir – sozusagen unbeschadet – ein Ziegel auf den Kopf fallen oder du stolperst über einen Eimer mit Zement und brichst dir die Rippen: Es braucht dich nicht zu jucken, aber wenn es nicht um den Gottesdienst geht, dann hast du zwar auch einen zerbeulten Kopf oder drei gebrochene Rippen, aber du hast dann auch noch mit den Arztkosten fertig zu werden. Das Schild verführt demgemäß zur Lüge. Im gegebenen schlimmeren Fall würden viele doch glatt behaupten, sie hätten gedacht, hier sei gerade Gottesdienst, oder wenigstens, sie hätten kucken wollen, ob nicht gerade Gottesdienst sei oder wie denn die Gottesdienstzeiten seien. Vielleicht hat die Klinikleitung selbst damals von diesem Schild gar nichts gewusst. Heute, nach fast zwanzig Jahren, ist es wohl zu spät, sie auf die sophistisch anmutende Ungereimtheit des Warnhinweises aufmerksam zu machen. Womöglich gibt es die betreffende Baustelle heute gar nicht mehr.

32

Antigone. Man kann das bei Reclam ja ziemlich schnell lesen. Allgemein und moralisch gesprochen, ist Antigone die Schwester der Witwe aus Lukas 18, die dem Richter so zusetzt, der ihr Anliegen einfach verschiebt. Starke Frauen, die um ihr Recht kämpfen. Recht muss sonderbarerweise erkämpft werden. Warum sollten wir Menschen nicht mit einem wirksamen Gerechtigkeitsgefühl geboren werden, so wie wir zwei Arme oder eine Zirbeldrüse haben? Warum wird Joseph Süß Oppenheimer (der ein Jahr lang in Ludwigsburg, das für uns noch eine größere Rolle spielen wird, gelebt hat) in Stuttgart erhängt, ohne dass (zuvor) eine Urteilsbegründung vorliegt? Je älter ich werde, siehe unten, desto mehr muss ich daran zweifeln, dass Aufklärung greift. Es ist höchste Zeit, sagt Aleida Assmann in Konstanz, dass die Menschheit ihre schlummernden weiblichen Potenziale nutzt, um den unbedingten Willen zur Wahrheit, zur Ehre, zur Macht in Schranken zu halten. Da liegt der Hase im Pfeffer. Dieser so identifizierte Wille ist es, der Gerechtigkeit fast chancenlos macht. Mein Ideal ist das Bemühen um Freundlichkeit, um Bildung und, trotz Nietzsche, den ich sehr gerne lese, Solidarität mit den Schwachen. Was wäre denn das Spezifikum der weiblichen Potenziale? Die Antwort *muss* lauten: Fürsorge! Alle Menschen werden von Frauen geboren. Mehr ist es nicht. – Fürsorge! Ich freue mich, dass der 8. März 2019, der Weltfrauentag, in Berlin als Feiertag gefeiert wird. Sie haben den Frauentag zum gesetzlichen Feiertag erklärt. Andere Nationen waren da schon weiter, aber für die stets von der Union regierte Bundesrepublik ist es eine Revolution. Ich denke an Alain Badiou. Unsere lokale Zeitung erinnert daran, wie grotesk es ist, dass für Tampons der volle Mehrwertsteuersatz bezahlt werden muss, für Tampons, Binden und Menstruationstassen 19 Prozent Mehrwertsteuer, für Kaviar und Kunstgegenstände aber sieben Prozent. Kurz vor Drucklegung höre ich, das soll 2020 anders werden. Schau mal. »Die Wahrheit ist konkret«. Lenin hat das gesagt. Brecht sagt es. Dorothee Sölle sagt es. Da kann man lange nachdenken.

33

Das Spezifikum *männlicher* Potenziale ist vermutlich, den Ton angeben zu wollen, der Macher sein zu wollen oder eine Macherin. Die sind leichter zu kränken als eine fürsorgliche Person. Woraus man ableiten kann, dass ein Macher oder eine Macherin eher mal den Kompass verliert. Das Fürsorgliche ist das Starke. Weder Frau Assmann noch ich sprechen übrigens von Frauen und Männern! Wir sprechen von weiblichen oder männlichen Potenzialen. Wie diese Potenziale sich auf Frauen und Männer verteilen, ist eine Frage für sich, das heißt, eine Frage der Vererbungsgesetze und der Sozialisation. Ich selbst habe bestimmt mehr weibliche Potenziale, als ich sie beispielsweise je bei einer Frau

Kramp-Karrenbauer suchen würde, und bin dennoch ein Mann und Frau Kramp-Karrenbauer ist eine Frau. Mehr zur Welterklärung für Erstsemestrige am kommenden Montag. Tag des Kaninchens.

34

Teresa kann sich nicht verstellen. Ich nenne das ihre Biberacher Komponente. Es gehört neben Ehrgeiz, Lernfähigkeit und Zurückhaltung zum oberschwäbischen Grundkapital. Sie kommt und schaut dich mit dunklen Augen erwartungsvoll an. Sie trägt einen langen, geschlitzten grauen Rock und einen knappen blauen Pullover mit halsentferntem Kragen, figurbetont. Wir sitzen uns gegenüber, die Beine beim Gegenüber. Das haben wir auf der sommerlichen Terrasse in Oy im Allgäu erfunden. Die Allgäuer Position. Unsere Ferienterrasse in Bad Oy konnte nicht eingesehen werden und so konnten wir uns dort ungezwungen, wie Adam und Eva vor dem (Gott sei Dank: geglückten) Sündenfall bewegen und hatten gleichzeitig den schönsten Blick hinaus, weit über die Wiesen und Felder, bis zum Säuling.

35

Die weiblichen Potenziale nutzen! Dann wird Fundamentalismus zu einer aussterbenden Wortart werden. Die Mullahs, die Päpste, die Präsidenten werden erbleichen. Und die da mit Derivaten handeln. Und die sich an Waffen ergötzen. Und manch ein tyrannischer Hausmeister auch. Der Bodensee reibt sich die Hände. – Wie viele Männer werden eigentlich von Frauen ermordet? Und wie viele Frauen werden von Männern ermordet? Weltweit und schrecklich. Hinter statistischen Werten können die besagten Potenziale sich zu erkennen geben. Horst Eberhard Richter, der ganze Bücher zu dem Thema geschrieben hat, sagt es an einer Stelle ungefähr so: Was der Mensch werden wollte, teilte er dem Mann zu, was er als unerwünschten Teil unterdrücken wollte, seine Sympathie, seine Güte, seine Gefühle, seine Schwächen, seine tödliche Bestimmung, die Monatsblutungen, delegierte er an die Frau. Und Richter lässt sich auch nicht blenden durch die Vergöttlichung der Frau durch die Männer – im Marienkult, zum Beispiel, im Minnesang, in der romantischen Seelenschwärmerei. Im Gegenteil, da findet er scharfe Worte, wie der Mann es sich doch schön einzurichten weiß. In der Praxis geraten karikative Neigungen leider unter den schärfsten Verdacht! Nietzsche hegt diesen Verdacht auch. Ich mag ihn ja nicht, weil er den *Übermenschen* beschwört, sondern weil er die beste Prosa schreibt, die es im Deutschen gibt. Hat er nicht von sich gefordert, an einer Seite Prosa zu arbeiten wie an einer Bildsäule?

36

Ich bewege mich in gewissen schönen Bezirken der Nachbarstadt, ich konnte mich absetzen. Eine Frühlingsfeier. Nicht in den Ozean der Welten alle wollt ich mich stürzen. Klopstock. Leichte Gespräche. Offene Gesichter. Ich gerate in eine helle Wohnung. Das Innere der Wohnung entpuppt sich als ein heiteres Draußen. Ich bin hingelagert wie auf einem Kanapee, habe sofort ein Liebchen im Arm. Arkadien. Und als ich genauer hinschaue, ist es tatsächlich Teresa. Ich muss das nicht erfinden, ich träume es. Auf dem Gartenhausbalkone, / Mit Prinzessin Liligi. – So heißt es, traumschön, gleich am Anfang im Sieben-Nixen-Chor bei Mörike. Hier lieg ich auf dem Frühlingshügel. Als wir aber kürzlich in der Wirklichkeit bei Tchibo einen Kaffee tranken, kam es zu einer flüchtigen Begegnung mit einer mir bekannten Dame, die einst eine Wohnung in derselben Straße wie meine Frau und ich hatte. Ganz schön schnippisch war die Dame. Ich erzählte ihr offenherzig, dass wir uns getrennt haben, da sagte sie: Das weiß ich! Was denken Sie denn! Ich kann mir vorstellen, was da alles geredet wird. Man ist schon sehr böse, wenn man sich scheiden lässt.

37

Ich bin von Degerschlacht über Betzingen durch das Breitenbachtal nach Hause. Unruhige Gedanken im Kopf, Details aus meinem früheren Leben. Was drehte sich nicht alles um die Liebe zu den Mädchen! Ein überaus dominantes Thema. Vielleicht sogar mehr als nur ein Thema.

38

Ich war in zwei Schwestern verliebt. Die ältere studierte in Stuttgart, war eine angehende Pianistin und redete so gescheit. Sie war fasziniert von Kafka. Ich hatte seinen Namen noch nie gehört. In schauriger Verzückung erzählte sie mir von der *Strafkolonie*. Ihr Freund studierte Horn. Sie erklärte mir: Das Horn ist das Herz des Orchesters. Die Jüngere war es dann aber! Wir haben zusammen Theater gespielt: Die Braut von Messina. Sie war Donna Isabella, die Mutter (und nicht Beatrice, meine Geliebte). Ich war Don Manuel und wurde von meinem Bruder, der Beatrice ebenfalls liebt, getötet. Von ihr, Donna Isabella, der jüngeren der beiden Schwestern, in die ich verliebt war, habe ich meine ersten richtigen Küsse bekommen, solche, die mich benommen machten. Sie war zwei oder drei Jahre älter als ich und genauso groß wie ich, rötliches Haar, eine weiche, fließende Gestalt, und hat mich etwas später gefragt, ob wir nicht nach vorne in eine gemeinsame Zukunft schauen sollen. Ich war gerade siebzehn geworden und habe tapfer Ja gesagt. Es war schön. Ich kam mir wichtig vor. Ich sah mich als Vater. Nachdem sie mich zum ersten Mal geküsst hatte und mir beinahe schwindlig war, bin ich nach Hause, ich sehe vor mir, wie ich die Charlottenstraße stadteinwärts ziehe. Ich hatte mir eine Zigarre gekauft, und die rauchte ich nun unter den dort befindlichen Lindenbäumen. Ich war so erhoben. Die Zigarre war gar nicht wichtig. Ich wusste nicht, was mit mir ist, und war doch glücklich.

39

Nur wenige Wochen später war mir dann aber in derselben Schultheatertruppe, als wir Schiller einstudierten, doch Beatrice interessanter, lediglich ein Jahr älter als ich und etwas großstädtischer und frecher als die Donna. Sie hatte kleine Brüste, wie die heilige Barbara von Riemenschneider. Viermal waren wir auf der Bühne das Liebespaar. Ich sah in ihr einen Engel und ein Biest. Sie konnte Jungen haben, soviel sie wollte. Große Chancen hatte ich bei ihr nicht, das heißt, es war eher so, dass ich mich nicht so richtig traute. Ich bin von Haus aus ziemlich schüchtern. Trotzdem war sie, wenn meine Erinnerungen an diese Zeit mich nicht täuschen, der Anlass für das erste Eifersuchtsdrama mit dem Mädchen, das ich dann später heiratete und mit dem ich zu jener Zeit schon ging. Ein einziges Mal war ein bisschen was zwischen Beatrice und mir – das hatte genügt. Es waren zermürbenden Befragungen, die es zu Tage gefördert hatten.

40

Leider gehörten diese Dinge auch später zu meinem Leben, wo ich als Ertappter dann sehr verlegen war. Ich erinnere mich, dass ich in den Verhandlungen aus Scham mit meinen Schuhen immer fiktive Muster auf den Boden malte oder am Balkongeländer herumfuhr.

Es gibt ein Theaterfoto. Beatrice hat sich über meinen toten Körper geworfen und weint. Vielleicht lebt Beatrice heute als Gattin eines Fabrikbesitzers in Balingen und hat fünf Enkelkinder. Ich weiß nichts von ihr. Schrieb ich.

42

Ich weiß nichts von ihr. Ich weiß nichts von ihr. – Natürlich weiß ich was von ihr, aber das konnte ich vor sieben Jahren und auch vor achtzehn Jahren noch nicht wissen. Ich habe ihre Telefonnummer ausfindig gemacht und sie angerufen und sie mit Teresa besucht, und sie ist verwitwet, und sie hat einen neuen Partner, und wir waren sofort verliebt in ihn. Sein Charme, seine Bildung als Romanist, seine Güte, sein Humor, seine Lebenskunst, sein Schalk! Ach, und er ist ein Jahr später gestorben. Kaum hatten wir ihn kennen gelernt! Nun ist Beatrice (zur Erinnerung: Es ist der Name, den Schiller seiner Braut von Messina gegeben hat) wieder allein. Nicht allein, aber eben ohne diesen wundervollen Mann.

43

Einer meiner Quantensprünge. Immer waren mir Klassenabende also Elternabende, im Jargon der Verwaltung: Pflegschaftsabende, als ich unterrichtete, lästig, aber ich habe Teresa auf einem solchen zum ersten Mal in meinem Leben gesehen, und zwar als Mutter einer Schülerin von mir. Ich hatte sofort zwei Eindrücke: Sie erschien mir stolz, wie ich das von alleinerziehenden Müttern auch sonst schon erlebt hatte. Und temperamentvoll. Wie eine Wildente. In meiner Fantasie spielte sie von da an eine Rolle, aber konkret habe ich nichts unternommen, wissend, ich müsste mich dann zu Hause wieder rechtfertigen, oder hatte ich

Angst, es könnte heftiger werden, ich habe ja immer wieder auch versucht, das Zeug zu vermeiden und brav zu sein.

44

Nach Herzinfarkt und Reha und so – ich hoffe, man kann das einordnen – vielleicht, weil ich nun schon einmal dabei war, aber bestimmt auch, weil mir seine Besuche, zweimal im Jahr, wie Spitzgras waren, habe ich mich von einem langjährigen, überständigen, tollen Freund losgesagt. Einst waren wir (und ein weiterer Freund dabei) mit den Rädern in Lausanne, um eine Freundin zu besuchen, um die *man* sich bemühte. Sie arbeitete dort als Au-pair. Wir sind nach unserer Ankunft von ihrer »Herrschaft« mit einem so leckeren und reichhaltigen Weißkohlessen begrüßt worden, dass wir uns übergessen haben und dann auf der Wiese der Villa, den schönen Blick auf den Genfer See ignorierend, mit prallen Bäuchen, ausgestreckt lagen und uns vor Schmerzen krümmten, vielleicht zwei Stunden lang, ehe uns Erleichterung wurde. Oder waren wir, eben dieser Freund und ich, mit seinem alten Cinquecento, einst, in Clermont-Ferrand und an der Dordogne: wo Nathalène, die auserkorene junge Gastgeberin meines Freundes, und *ich* dann: *in* einem klaren Bach, das Wasser umfloss unsere Hüften, in beispielloser romantischer Selbstvergessenheit, *Uralte Wasser steigen / Verjüngt um deine Hüften, Kind,* sehr gut drauf waren: Wir waren neunzehn Jahre alt, unsere Herzen schlugen hoch. Wir, Nathalène und ich, umschlungen, entrückt, verrückt, im Bach, während er, mein nun aufgegebener alter Freund, eine alte Kirche in einem Hag abzeichnete, vielleicht ja *auch* mit klopfendem Herzen, er konnte sich für Architektur begeistern. Er ist sehr intelligent, er ist in allen technischen, soziologischen oder kulturellen Bereichen unseres Lebens hier in der Bundesrepublik und weit darüber hinaus, wenn nur etwas *Interessantes* seinen Kopf erhebt, immer ganz vorne mit dabei oder möchte es gerne sein, er stand immer unter Dampf, er hatte eine tolle Position in Berlin, doch seine Seele spielte auf der Bühne unserer Freundschaft, wie ich es sah, die Rolle eines Kümmerwesens. O, Johann! – so fing sein Brief daraufhin an, und nicht wie sonst: Lieber Johann – und dann kamen die zu erwartenden Reaktionen, und gegen Schluss hieß es: Dich werden die Erinnyen jagen! Ich habe geantwortet, die Erinnyen können mich mal! Ich behaupte, ich habe das alles gebraucht. Ich rechne es diesem Freund, mit dem ich schon die Schulbank gedrückt hatte und der auch zu unserer Theatergruppe gehörte, übrigens dankbar an, dass er mich seither völlig in Ruhe gelassen hat, ganz ein Gentleman, ich genieße es aber, diese Verpflichtung los zu sein. Ich will nicht ausschließen, dass meinerseits Minderwertigkeitsgefühle mitgespielt haben. Teresa hat sich ebenfalls schon aus manchen Verbindungen befreit, die sie genervt haben, sie kann das leichter als ich. Die Erinnyen haben an mir bis jetzt all die Jahre lang kein Interesse gezeigt. Vielleicht bin ich doch ein zu kleiner Fisch für sie. Der besagte Freund ist zwei, drei Jahre später gestorben. Ich werde seine Frau besuchen, die mich in allerjüngster Zeit hat grüßen lassen, nachdem sie aus Berlin in ihre alte Heimat zurückgekommen ist. Sie ist mir offensichtlich nicht böse. Ein bisschen muss ich an *Richard III.* denken, wo ich das schreibe, aber nur ein bisschen, denn nicht alles, was hinkt, ist ein Vergleich, wie mein jüngerer Sohn gerne sagt. Auf Graf Glocester bezogen, ist das sogar doppelt witzig, weil der womöglich real hinkt, oder besser, hinkte. Dieser Graf Glocester macht in dem besagten Drama von Shakespeare der trauernden Witwe am Sarg des ermordeten Ehemanns den Hof und wirbt um sie, ohngeachtet der Tatsache, dass er selbst die Mörder gedingt hat. Er ist es dann, der zum König gekrönt wird. So ist das ja bei Shakespeare. Aber erwischen tut es den Herrn in der Folge natürlich auch. Man steigt auf und stürzt. Und dann sind die nächsten dran. Das erinnert ans Gänseblümchenprinzip. Dem allerdings ist die Mordlust fremd.

45

Teresa äußert sich erneut zu dem Kasus meiner Ehe. Sie schaut genauer hin. Sie sagt nämlich, wenn man es genau nimmt, so betrüge ich meine Frau um die gemeinsame Zeit nach dem Berufsleben. Ich hatte als Lehrer oft sehr wenig Zeit für meine Frau, die mit den vier Kindern doch wahrhaft Schwerstarbeit verrichtete. Wie schön hätte es, im Sinne meiner Frau gesprochen, zum Beispiel sein können, nun gemeinsam Reisen zu unternehmen, die Abende gemeinsam zu verbringen und zu reden oder sich gemeinsam um die Enkelkinder zu kümmern. Alles das falle nun weg. Eigentlich sei das fies. Ich muss Teresa recht geben. Sie hat leider recht. Wahrscheinlich ist das so. Ja, es ist so. Auch wenn es nur die eine Seite der Medaille ist.

46

Ich denke zurück. Es gibt einen Anlass. Tanzen. Ich war fünfzehn. Also noch ein bisschen jünger als oben. Mir war die Aufgabe zugefallen, Luci L. offiziell zur Tanzschule einzuladen. Von Luci ging in der Meute das Gerücht, sie trage kein Höschen unter ihrem Kleid. Ich war viel zu wenig auf der Höhe der Zeit, um da mitzureden. Meine kleine Verliebtheit, die sich sofort eingestellt hatte, trieb mich aber dazu, Luci bald darauf, privat, sozusagen, ins Kino einzuladen. Nur hatte ich keinen richtigen Mantel und ich wollte doch auch nicht schäbig daherkommen. Ich habe mir für den einen Nachmittag also einen Mantel von einem Dachdeckergesellen geliehen, der in Pliezhausen im Gasthof *Zum Hirsch* über uns wohnte. Wir waren nach Süddeutschland gekommene Flüchtlinge. Es war ein edler, gefütterter

Trenchcoat, den ich da ausführen durfte, nur war er zwei Nummern zu groß für mich, ich musste mit beiden Händen in die Taschen fahren, um ihn an meinen Körper zu drücken, damit er schlanker wirkte. Der Film, den Luci und ich sahen, im Olympiatheater (das heute kein Schwein mehr kennt, in der Federnseestraße, in dem in den Jahren nach fünfundvierzig aber auch Theater gespielt wurde, ich erinnere mich an Horst Tappert und an *Die Räuber*, eingerichtet von Paul Rose), war mit Vico Torriani. Den Titel habe ich vergessen. Vielleicht war es *Gitarren der Liebe*. Hätte ja gepasst. Ich habe Luci an jenem Tag nicht geküsst oder irgendetwas, aber gewollt hätte ich so schrecklich gern. Ich habe in meinem Leben sexualiter noch oft das nicht getan, was ich so gerne getan hätte, weil ich zu schüchtern war oder weil ich es mir selbst verbieten musste. Das beschäftigt mich bis heute, es ist mir bis heute nicht egal. Es ist nur ein kleiner, soll ich sagen, Trost, dass ich wenigstens ein paar Mal dann doch mutig genug war. Ich wäre unaufrichtig, wenn ich diesen Gedanken nicht zulassen würde. Eine Dame, die Einblick in mein Manuskript hatte, hat mir genau zu dieser Passage ins Gewissen geredet. Ich sollte mich doch nicht damit brüsten, dass ich meine Frau betrogen hätte! Ich habe daraufhin erwogen, das ganze Zeug hier wegzulassen. Ich will mich natürlich nicht brüsten, das ist das falsche Wort. Ich kriege die Sache eben einfach nicht los oder besser: kriegte sie nicht los. Es war so heftig. Immer wenn mir diese Dinge passieren, schrieb ich damals ja noch weiter, im Präsens, immer wenn ich mich verliebe und dann nicht alert genug bin, auch entscheidende Schritte zu unternehmen, und wenn der Zug dann davon fährt, aus dem Bahnhof rollt und ich bedeppert am Bahnsteig stehe, traurig auch, und mit mir ins Gericht gehe, dann denke ich, warum habe ich mich nicht in die Riemen gelegt/warum bin ich nicht ins Moos gegangen/warum habe ich sie nicht zu mir her gezogen/mich vor ihre Füße geworfen/warum habe ich sie ziehen lassen! Das hat nicht allzu viel mit Luci L. zu tun, aber alles mit ihr und allen diesen im wahrsten Wortsinn hinreißenden Frauen, denen man so begegnet. Immer denke ich, hättest du doch! Es war so heftig. Und dieser Dame möchte ich sagen: Es gehörte / gehört unzweifelhaft *zu* mir. Inzwischen bin ich ein alter Mann geworden. Die anfänglichen Versuche zu diesen Nachrichten standen noch unter einem ganz anderen biographischen Stern. Das ändert womöglich aber gar nichts am Grundsätzlichen.

47

Was war eigentlich mit meinem Freund Mörike? Warum hat er das Teufelsweibchen, diese erregende junge Frau, ziehen lassen? Hier in Ludwigsburg? Und später? *Peregrina.* Was hat sie mit ihm gemacht? Besser vielleicht: Was hat *es* mit ihm gemacht? Wie hat diese Begegnung doch seine wundervolle Dichtung beeinflusst! Im *Maler Nolten* heißt sie nicht Maria Meyer, sondern Elisabeth. Ich habe den Roman vor drei Jahren gelesen und ganz früher schon einmal versucht. Leider behalte ich nicht gut, was ich lese, mein Lesen ist sehr zur augenblicklichen Unterhaltung herabgesunken. Ich spüre zwar, dass alles, was ich lese, einen Einfluss auf meine Vorstellungswelt hat, aber von Informationen, die haften bleiben und mit denen ich umgehen kann, kann meistens keine Rede sein. War Mörike feige? Ich glaube, feige ist nicht das richtige Wort. Ich glaube eher, dass er zu anders war, als dass er da einsteigen konnte. Und er hat das gewusst / gespürt, bei all seiner Hingezogenheit. Sein Eigenes war stärker als sein, okay, als sein Sexualtrieb. Ein guter Unterhalter war er ja. Daran kann es nicht gelegen haben. Das wird immer berichtet, wie er als junger Mann die ganze Clique unterhalten konnte. Als Maria gegangen war, dichtet Mörike: Krank seitdem, / Wund ist und wehe mein Herz. Nimmer wird es genesen!

Ich war übrigens kein guter Unterhalter. Ich stand immer
unter dem Druck: Was kannst du denn jetzt reden? Was
sind die Dinge von Interesse? Worauf soll ich hinaus? Womit
kann ich punkten oder gut ankommen? Wird sie das schät-
zen? Interessiert sie das? Findet sie mich gut? Ja, das war
wirklich ein Problem für mich. *Meine* Hingezogenheit hat
mich völlig verkrampft. Und natürlich nicht nur einmal. Erst
später ging es mir wenigstens in diesem Punkt besser. Ich
weiß aber nicht mehr, wann die Sache umschlug. Vielleicht,
als ich aufhörte, nur immer fasziniert zu sein, und ich spürte, ich habe es mit normalen Menschen zu tun, auch wenn
sie mich betören. Vielleicht hat mich mein Beruf auch etwas
geschmeidiger gemacht.

Mein Buch, *Ich Herkules,* haben nicht viele Leute gelesen. Es
steht zwar auf der Bestsellerliste bei Amazon, aber nur auf
Rang 5.887.314, was nicht als hoch einzuschätzen ist. Einer,
der das Buch trotzdem gelesen hat, ein Hochschuldozent,
dem ich es gegeben hatte, weil ich von ihm wusste, er liest
unendlich viel und gern, und ich ein bisschen gespannt war,
ob er mein Buch mag. Von sich aus hat er dann gar nichts zu
mir gesagt. Nur als ich ihn darauf ansprach, hat er mir eine
kurze, etwas hochmütige Antwort gegeben: Muss das denn alles sein?, sagte er. Da saß ich dann. Muss das denn alles sein?
Reichlich kryptisch die Antwort. Im Stillen hatte ich ja gehofft,
er würde vielleicht sagen, er habe das Buch gern gelesen.

Wir sind im Jahr 1954 von Pliezhausen in die Stadt gezogen, vom Land in die Stadt. Die Stadt ist sicherlich das, was
zu mir passt. Aber meine Zeit in einer Dorfgemeinschaft in

den Jahren, in denen man noch massiv seine Prägung erfährt, möchte ich nicht missen. Ich war acht, als wir in der Form von zwei größeren Flüchtlingsfamilien auf dem kleinen Marktplatz des Orts aus dem Bus ausgegossen wurden und erst einmal neugierig da hockten und auch neugierig bekuckt wurden. Aus der Bäckerei strömte ein Brotduft, den ich seither zu meinen paradiesischen Erfahrungen rechne. Und die Hähne krähten. So etwas hatte ich zuletzt in Pommern gehört. Ich war fünfzehn, als wir dann, etwa sieben Jahre später, aus Pliezhausen weg zogen.

51

Was meinte mein etwas hochmütiger quasi Berufskollege denn, als er mir auf mein Buch hin antwortete, ob denn das alles sein musste. Musste das alles sein, hatte er gesagt. Musste *was* sein? Ich weiß es gar nicht. Ich trage ein paar Briefschulden ab, ich schreibe unter anderem an Cynthia.

52

Erläuterung. Ich merke, es geht etwas durcheinander. Das mit Pliezhausen war früher, sozusagen ganz früher. Aber doch erst nach unserer Flucht aus Pommern und den zwei Jahren in Dänemark in Internierungslagern, von denen hier noch gar nicht die Rede war. Und die Braut von Messina und das alles war vor dem Abi. Und wenn ich jetzt Cynthia ins Spiel bringe, dann ist das sehr viel später, dann sind das die letzten Jahre meiner wahnwitzigen Karriere als Lehrer und hat mit dem Englandaustausch zu tun, den mein Gymnasium im Programm hatte. Und als ich dann pensioniert war, habe ich ja erst angefangen, Sachen aufzuschreiben. *Vor zwei Jahren,* wie es gleich heißen wird, das ist der Bezug auf die Zeit mit Infarkt und Ehescheidung und Sachen-aufschreiben, also am *Ende* meiner pädagogischen Laufbahn.

Das Cynthiakapitel lag da daran. Also davor. Kurz davor. Kausalprinzip übrigens. Und die obige Anmerkung mit dem alten Mann liegt dann wieder Jahre später. Fast zwanzig Jahre. Nur so zur Orientierung. Erschwerend kommt hinzu, dass die jeweiligen Ebenen, die durch diverse Revisionen des immer wieder revidierten Buches gegeben sind, ja auch wieder ein *jetzt* und *gestern Abend* oder *vor zwei Jahren* und solche Dinge verlangen. Das geht anders gar nicht. Adverbiale Bestimmungen der Zeit. Ach ja! Wenn man versucht, zeitliche Strukturen zu erfassen – du liebe Güte! Das kann weh tun.

53

Cynthia war im Mai vor zwei Jahren die große Offenbarung für mich. Das muss ich so also um die Jahrtausendwende geschrieben haben. Engländerin. Ich wusste sofort, das ist die Frau, die ich will. Die Frau, mit der ich zusammen sein will. Als ich sie auf dem Schulhof in Billericay zum ersten Mal sah, wollte ich es kaum glauben. Ich habe es auch gesagt, I almost fainted when I saw you crossing the school yard on our first day. Und kaum war ich nach diesen außerirdischen zwei Wochen Schüleraustausch zurück in meiner Stadt in Deutschland, da kam die Lossagung von ihr, von Cynthia: Ich glaubte, das sei ich meiner Ehe schuldig. Die Entscheidung kam aus dem Kopf. Natürlich. Moral! Und ein halbes Jahr später kam der Herzinfarkt. Ich nahm ihn als Quittung für meine Verdrängungsbemühungen. Jetzt fiel mir plötzlich die Einsicht leicht, dass ich so nicht weiterleben kann. Oder will. Und diese letzten fünf Zeilen oder so müsste ich eigentlich in Blockschrift schreiben. Und wenn nun jemand daher kommt und sagt, das drehst du dir ja alles wunderschön zurecht, dann sage ich: Hm, vielleicht stimmt das, was du sagst, vielleicht triffst du da etwas. Wir können manche Dinge, die uns selbst betreffen, nicht genau wissen.

Aber ich schreibe das ja nun zum dritten Mal so und immer noch denke ich, dass es stimmt. Es war so groß eine Sehnsucht. Moral hat immer auch mit dem eigenen Erleben und dem eigenen Selbstverständnis zu tun! Im Grunde gibt es keine verbindlichen (absoluten) Regeln der Moral. Das sei dem Mann aus dem ehemaligen Königsberg mit seinem kategorischen Imperativ noch ganz von fern, nämlich von heute, in sein Grab nachgerufen, da kannst du puzzeln, solange du willst. Ich wiederhole: Moral hat immer auch mit dem eigenen Erleben und dem eigenen Selbstverständnis zu tun.

54

Und dann kam, aus dem Nichts, Teresa. Sie trug Cynthias Botschaft. Das habe ich Teresa auch sofort mitgeteilt, und das gibt mir das Recht, Cynthia das ihre zu lassen. Sie hat mich von einem Krampf gelöst. Ohne sie hätte ich mich auf Teresa nicht eingelassen. Teresa has stepped in as it were. – Der Krampf, von dem hier die Rede ist? Ich werde Gelegenheit nehmen, das genauer hinzukriegen. Zunächst eine aktuellere Reflexion.

55

Zwei mögliche Antworten auf die Frage des etwas hochmütigen Zensors, der sehr belesen ist und einen scharfen Verstand hat, der immer seriös auftritt, der sich selten aufregt, indem er jeweils die Contenance bewahrt, in dessen Inneres man schlecht hineinschauen kann, in dessen Gegenwart man eigentlich nicht mit irgendwelchen seelischen Regungen rechnet, zwei Antworten kann ich mir schon geben, wenn er fragt, ob das denn sein muss, ob das denn alles sein muss. Entweder mag dieser selbstbewusste Rezensent gemeint haben, ich hätte nicht so freimütig über meine Ehe reden sollen, und da möchte ich ihm sogar recht geben, sofern meine frühere Frau in ein falsches Licht geraten sein sollte. Würde ich darüber wieder schreiben, würde ich versuchen, galanter zu sein. Aber vielleicht hat er auch gemeint, dass mein Buch in Sachen Verliebtheiten etwas zu dick aufträgt oder einfach nervt. Dazu gibt es einiges zu sagen, gäbe es einiges zu sagen. Vielleicht über das hinaus, was ich schon gesagt habe. Ich verschiebe das. Es gibt übrigens Menschen, für die ist Erotik ein Fremdwort. Gehört der hier verhandelte Feingeist trotz seiner beachtlichen Bildung dazu? Für mich ist Erotik ein Alltagswort, etwa so wie »unser täglich Brot«. Beide Wörter spielen mit »rot«, sehe ich gerade beim Schreiben: Erotik und Brot. Wenn jetzt über *rot* noch der Wein dazu käme, als Rotwein – das wäre ein geradezu transzendentales Wörter-Dreieck: Erotik, Brot und roter Wein! Wenn ich einen Buchverlag gründen dürfte, hieße er nicht rororo, sondern rotrotrot oder *Erotik, Brot und roter Wein.*

56

Die Sache mit Cynthia hatte noch ihre Fortsetzung. Die Rücksichten auf meine erste Frau waren seit der Trennung hinfällig geworden, so dass ich zu Cynthia wieder Kontakt hatte. Das einzige Konkretum zwischen uns waren aber keine Telefongespräche und schon gar keine Fotos oder Videos, sondern Briefe, Briefe, wie man sie in unseren Breiten heute kaum noch schreibt. Cynthia hat eine exzellente Handschrift, voller Disziplin und gleichzeitig Schwung, voller Schönheit. Ich mochte sie sehr. Ich hatte Cynthia außerdem, konkret, Lebkuchen von Schmidt, Nürnberg, zu Weihnachten geschickt und das brav jedes Jahr wiederholt, da gab es das Versprechen, es zum Zeichen der Außergewöhnlichkeit dieser Beziehung bis hin zu meinem Lebensende zu tun, auch mochte sie die Blechbüchsen von Lebkuchen Schmidt! – Vergangenheit. – Nein, das mit Cynthia konnte nicht wirklich gut gehen. Ich fand nach der Verbindung mit Teresa keine neue Einstellung zu ihr, wie es angemessen gewesen wäre, um Teresa nicht zu beleidigen, und so gab es (only very recently) einen letzten Brief von mir und ein letztes kleines Festtagspaket von Lebkuchen Schmidt über den Kanal hinweg nach Billericay und ich fand meinen Seelenfrieden. Kurioserweise hat Cynthia sich daraufhin nicht mehr geäußert. Eines der Rätsel, die in meinem Leben nicht beantwortet werden werden. I'm a little confused. We might leave it completely. Please forgive me. Hatte ich geschrieben. Und dann kam keine Antwort mehr.

57

Aprilwetter. Eine Schachtel mit Perikopen ist mir runtergefallen. Als Kind, erzählt Teresa, hat sie in einer Mondnacht einmal Angst gehabt. Da hat sie den Mond provoziert und hat, mutig, lauter schlechte Sachen zu ihm gesagt. Und darauf ist nichts passiert. Das hat sie ernüchtert. Ein Stück selbst eingefädelter Aufklärung. Ich spüre die Energie, die das kleine Mädchen aufgewendet hat. Man muss sich das vorstellen. Das war ja durchaus riskant. Lauter schlechte Sachen zum Mond sagen und wirklich nicht wissen, was dann passiert. Das ist unheimlich. Only very recently, zirka zehn Zeilen weiter oben, bezieht sich auf 2017. Man könnte, diese Jahreszahl betreffend, etwas umständlich, von der *eigentlichen* Ebene der, ich hoffe, endgültigen, Veränderung meines Buches sprechen, wobei zu bedenken wäre, dass 2017 den *Anfang* dieser, in Anführungszeichen: endgültigen Revision kennzeichnet. Schon jetzt ist es 2019 geworden. Mal sehen, was noch wird. Ich glaube, wir nennen es am besten gleich 2019. Noch ist das Jahr nicht allzu alt. – Hélas! Als ich wieder einmal Korrektur lese, hat der August schon angefangen. Und heute ist der neunte September. Und beim späteren Korrekturlesen, noch einmal wieder, ist es schon November geworden.

Bilder von und mit Teresa, wie sie in meiner Bude sich versammeln (wir sind im Kreuzem): Links vom Schreibtisch das schönste Bild, das von uns beiden existiert, im leuchtend gelben Herbstlaub in Kempten, sie in der schwarzen Jacke mit dem knallblauen Schal, ich im kurz geschnittenen, hellen Anorak, ich lege den Arm um sie. Dann ein Bild von Teresa allein, eine Charakterstudie, wo sie entschlossen und ernst drein blickt. Rechts neben der Tür Teresa schlafend im Bett, zugedeckt. Rechts über der seitlichen Konsole das Bild aus Oy auf der Blumenwiese, mit schönem Dékolleté. Über dem Bett schließlich ein Bild, wo Teresa sich gerade am Ausziehen ist. Bis heute auch in Ludwigsburg als Pin-up an der Innenseite meines Kleiderschranks.

59

Am zweiten Tag nach meinem ersten Herzinfarkt war Teresa an mein Bett auf Intensiv gekommen. Ihre Tochter hatte sie geschickt. Da stand sie, Mutter meiner Schülerin. Grüß Gott, Herr Hugot, ich hoffe, ich störe nicht. Small Talk kann sich plötzlich aufladen wie eine Gewitterwolke.

60

Das Festhalten an der Ehe! Es ist besser, sich zu trennen, wenn die Kinder kleiner sind, die Kleinen sind anpassungsfähiger. Die Großen spielen eher Weltgericht. Sagen die einen. Aber nur, wenn die Kinder *sehr* klein sind, sage ich. Aber wovon reden wir? Niemals wäre ich gegangen, wenn meine Kinder noch nicht erwachsen gewesen wären. Das Zusammenleben mit den *großen* Kindern war klasse! Und Teresa? Sie *ist* geschieden! Ihre drei Kinder waren damals noch klein. Auch sie hat in dem Dreieck von Zeus, Hera und Semele die Rolle der Hera durchlitten. Jetzt ist ihr Semeles

Part zugefallen. Das kann man so ähnlich bei Hans Jellouschek lesen. Der Unterschied zu meiner Geschichte ist nur, dass Teresa ihren Mann vor die Tür gesetzt hat. Das hätte meine Frau mit mir natürlich auch tun müssen und weiß das auch, sie hat es oft gesagt. Eine meiner fünf Schwestern, die zweite, die jetzt, 2018, zweiundneunzigjährig, gestorben ist, hat, in ihrer manchmal etwas frivolen Art, gesagt, sie wäre froh gewesen, die Ärzte hätten mich mit meinem Infarkt einfach meinem Schicksal überlassen und keine Lyse gemacht. – War nicht! So lebe ich. So muss ich mit diesen Implikationen leben. Meine Geschwister sind / waren offensichtlich erst einmal nicht so glücklich mit meiner Entscheidung.

61

In der Gynäkologie im Klinikum ist Tag der offenen Tür. Ich erfahre staunend, dass man die Nachgeburt (Plazenta, Eihäute, Nabelschnurreste) einst beerdigt hat! Sie ist als Verdoppelung des Menschen betrachtet worden. So vermute ich also, dass Angst die treibende Kraft hinter dieser seltsamen Sitte war: Angst vor Geistern. Ich vermute, dass der bloße Respekt vor diesen unförmigen Zweitwesen *geringer* war als die Angst.

62

Unser nach vier Wochen scheidender Praktikant in meiner Schule, ich habe nach dem Infarkt noch eine Weile unterrichtet, hat sich mit einem selbstgebackenen Marmorkuchen verabschiedet. Die sanfte Wollust unseres Daseins? Ich finde es gut, wenn Praktikanten sich mit selbstgebackenen Marmorkuchen verabschieden. Man könnte das in den Dienstanweisungen erwähnen und vielleicht Rezeptvorschläge machen. Und das Wort Orgie leitet sich von érgon her, was Werk bedeutet und Dienst, dann auch heilige Handlung, geheimer Gottesdienst, und schließlich nächtliche Bacchusfeier. – Priesterin und Mänade, das lag einst nah beieinander. Und im Übrigen weiß ich, dass den Menschen, die kein etymologisches Wörterbuch benützen oder am PC nach Etymologien fragen, die schönsten sprachlichen Zusammenhänge fremd bleiben. Schauen Sie doch einfach mal nach der Wortsippe von *Wurm* und *würgen* oder: was *acht* ursprünglich bedeutet hat, oder nach dem Eintrag von *Porzellan*! Wüssten Sie, was der Klerus mit Holz zu tun hat? Und der Schinken mit dem Hinken? Auch habe ich mit Teresa gesprochen, was eigentlich wäre, wenn sie mal fremd ginge oder ich. Teresa macht keinen Druck! Es geht um ein schwieriges Gleichgewicht von Freiheit und Treue. Sie sagt, sie würde es auf keinen Fall wissen wollen. Gesetzt den Fall, sie wüsste etwas, dann würde sie, glaube ich, kurzen Prozess machen.

63

Ich sehe ein H&M Poster, auf dem eine schöne Frau abgebildet ist. Aber *kaufen* sollst du den Pullover. Das Zitat von der Wollust unseres Daseins ist von Mörike. Das heißt, das Zitat ist von mir, aber der Text ist von Mörike. O flaumenleichte Zeit der dunkeln Frühe. O Paprikaschoten. Die Hochzeiten meiner beiden Söhne habe ich nicht mit gefeiert. Die eine nicht und die andere nicht. Das ist schmerzlich. Meiner geschiedenen Frau sei es nicht zuzumuten, dass ich mit feiere. Das ist auch bei anderen Gelegenheiten so geblieben, Taufen, runde Geburtstage und so weiter. Unsere Trennung liegt jetzt zwanzig Jahre zurück. Ich verzichte darauf, hier mehr darüber zu sagen. Das Thema ist *durch*. Das Thema *ist* durch.

Ich gehe gerne durch die Altstadt. Die Straßen und Plätze, die Gassen und Gässchen, das ganze System der Innenstadt ist mittelalterlich geprägt (ich rede also nicht von Ludwigsburg, welches eine barocke Stadt ist, sondern von unserer Stadt), und es gibt schöne Gebäude aus alter Zeit, wenn auch nicht allzu viele. Gerade komme ich aus der Stadtbotenstraße, überquere die Metzgerstraße, gehe die paar Schritte durch die Krämergasse zum Marktplatz – und vor dem Spitalhof stoße ich auf Charlotte. Die das Cembalo meisterlich beherrscht. Die uns alle gut kennt. Und die uns lieb und vertraut ist. Keine neunundzwanzig Jahre alt. Charlotte hat schon gehört: Die anstehende Hochzeit in eurer Familie ist wohl ein Eiertanz, sagt sie. Ich sage, wie fein leicht du doch die Dinge siehst, Charlotte. Wie nett du scherzen kannst. Eine solche Frau sollte man haben, wenn man sich scheiden lässt. Du wärst gut geeignet für eine Scheidung. Sie sagt, das Problem ist aber, dass man mich dazu erst heiraten muss. Du bist echt eine gute Seele, erwidere ich.

Melchingen. Wir essen in der Theaterkneipe und sehen dann *Berta und Marta*. Die Autorin ist Susanne Hinkelbein. Der Regisseur Christoph Biermeier. Reinhold Biesinger und Bernhard Hurm sind Berta und Marta. Das eine Halbrund der Drehbühne zeigt fünf Musikanten bei einer Probe, aus der nie mehr etwas werden kann, Sphärenmusik soll es sein. Das andere Halbrund enthält die beiden alternden Schwestern Berta und Marta, die an Schlaflosigkeit und Angst leiden und sich, seit der übermächtige Vater tot ist, gegenseitig das Leben vermiesen. Sehr traurig und sehr komisch. Von der Alb. Dieser Theaterabend begleitet uns noch lange. Wir beziehen uns auf ihn und können uns Vorwürfe machen und Hässlichkeiten sagen. Berta hat geschwollene Beine.

Wenn ich dumm daher rede, kann Teresa sagen, Berta, du schwätzsch 'n Scheiß, oder droht sie mir, mich ins Altenheim zu tun.

66

Es ist charmant, wie die Felder und Wiesen ins Dorf kommen. Degerschlacht. Wo Teresa neuerdings wohnt. Ein paar Schritte aus dem Dorf hinaus, und du hast den Blick auf die Schwäbische Alb. Die Ansicht – heute so, morgen so. Uns berührt die plastische oder pralle Sinnlichkeit der Albberge. Bei klarem Sonnenwetter vorzugsweise weibliche Konturen, nur sind da auch diese langen Linien der Tafelberge und der Steilabfall nach Norden. Wenn es diesig ist, aber nicht zu sehr, ziehen sich die Berge zurück und bedecken ihre dunklen Spalten mit feinen Schleiern. Manchmal liegt die Alb da, als wäre sie nur hingehaucht oder nur eine Ahnung, manchmal bildet sie eine etwas eintönige blaue Mauer. Teresa erzählt mir auf unserem Spaziergang, sie müsse wegen eines verlorenen Schlüssels mit ihrer Vermieterin reden, und plötzlich ist die Szene in einem Porzellanladen. Ein Elefant sagt mit meiner Stimme: Das ist doch keine weltbewegende Sache. Nicht weltbewegend, ruft Teresa, aber *mich* bewegt es! Ich schäme mich. Ich war rücksichtslos. Bei Kafka führt Rücksichtslosigkeit nach verwickelten Prozessabläufen zum Tode. Wenigstens bin auch ich zum Teil Ihrer Meinung, sagt K. zu Frau Grubach, nachdem sie geäußert hatte, dass ihr seine Verhaftung wie etwas Gelehrtes vorkomme, das sie zwar nicht verstehe, das man aber auch nicht verstehen müsse. »Entschuldigen Sie, wenn ich etwas Dummes sage«. K. sagt daraufhin höchst sarkastisch und überdies völlig blind für seinen Prozess: »Es ist gar nichts Dummes, was Sie gesagt haben Frau Grubach, wenigstens bin auch ich zum Teil Ihrer Meinung, nur urteile ich über das ganze noch schärfer als Sie, und halte es einfach nicht einmal für etwas

Gelehrtes sondern überhaupt für nichts«. Nicht einmal für etwas Gelehrtes, sondern überhaupt für nichts. Was für eine Feststellung! Der Positiv ist die Verhaftung, der Komparativ ist »etwas Gelehrtes«, also schon einmal ziemlich indiskutabel, der Superlativ dann »nichts«.

67

Einen Tag, nachdem Teresa mit ihrem ersten Kind aus dem Krankenhaus nach Hause gekommen war, damals, sie wohnten in einem Städtchen an der Donau, fuhr ihr Mann nach Ravensburg (nach Ravensburg): um dort bei seiner Mutter den Rasen zu mähen. Es gibt auch viele Geschichten über mich, wo ich mit meiner Frau nicht mithalten konnte, nur bin ich nicht derjenige, der sie erzählen will. Bei seiner Mutter den Rasen zu mähen. Einen Tag, nachdem Teresa mit ihrem ersten Kind aus dem Krankenhaus nach Hause gekommen war. Wahrscheinlich sind wir Männer tatsächlich nicht sensibel genug. Da und dort dampft ein Kesselchen Paprikaschoten.

68

Teresa ist fröhlich und zupackend. Ihre Augen sind voller Kraft. Ihren Sexappeal hat sie, wie alle Frauen, von einer Göttin. Sie ist lieb, geradezu und witzig. Und diese Dinge wird sie gerne lesen, denn sie findet es wunderschön, wenn man schöne Sachen über sie sagt. Sie hat zu allem hin ein überaus feines Wahrnehmungsvermögen. Da muss man sich, wenn man so gebaut ist wie ich, der ich ganz gern abtauche, manchmal in Acht nehmen, da gibt es kein Entrinnen. Ihre Sensibilität grenzt andererseits gelegentlich an Melancholie. Manchmal ist sie sehr streng. Eine Journalistin hat sie angerufen, um von ihr Patientengeschichten zu erfahren, damit sie (die Journalistin) einen guten Osterartikel schreiben könne. Der hat sie den Plan gehörig vermasselt, da hat es geknattert, ich habe es am Telefon mitgekriegt. Oder nahm sie auf einem Elternabend einen meiner Kollegen her, weil er die anwesenden Schülerinnen ohne Respekt behandelte – ich habe nur die Luft angehalten. Sie schneidet aber niemandem die Ehre ab und kann der beanstandeten Person jederzeit wieder in die Augen sehen. Wenn es wirklich einmal knallt, dann hat das natürlich seinen Grund. Katharsis. *Goldne Rücksichtslosigkeiten* nennt Theodor Storm das. T. ist auch eine sehr gute Autofahrerin, was ich gerade jetzt im Alter genieße, wo ich zu allem hin auch noch einen Augeninfarkt hatte, so dass meine Sehkraft nur noch Prozente beträgt, und ich mich vom eigenen Autofahren verabschiedet habe.

69

Der große Orgelmeister unserer Stadt hat, als er mich in einer Andacht von Teresa in der großen Kirche sitzen sah, so heißt es, gefragt: Was tut denn der alte Atheist da? Müsste er ja eigentlich sehen. Wenn Atheist, dann übrigens doch einer, der das alles kennt. Immerhin habe ich, seit ich acht bin, am kirchlichen Leben teilgenommen, und immer auch am Religionsunterricht, der, in der Oberstufe, bei Dr. Futter, am Kepi, sogar das Intelligenteste war, was wir *nach 45* an Unterricht hatten. Unsere Lehrer dort waren in der Regel übrig gebliebene Männer aus dem Krieg. Und von der Tochter des Methodistenpfarrers mit ihren glühenden schwarzen Augen, die uns Flüchtlingskinder in Pliezhausen von der Straße weg, Esslinger Straße, in die kleine Kirche der Evangelischen Gemeinschaft gelockt hat, wird noch die Rede sein. Außerdem habe ich mich, als ich dreißig war, taufen lassen, zusammen mit meinen Zwillingstöchtern als Babys. Ich sehe ihn noch vor mir, Pfarrer Paul Bechtle von der Christuskirche, wie er im Taufgespräch, als es um die Körperlichkeit Christi ging, wenn er bei uns sei oder wenn er wiederkomme: vor Erregung mit seiner Krawatte auf die Platte von unserem langen Couchtisch aus Teakholz eindrosch. Er drosch mit seiner gepunkteten Krawatte auf diesen Tisch ein und Jesus saß, eher in sich gekehrt und etwas verwundert, in seiner feinstofflichen Art unter uns, wie er gleichzeitig bei vielen anderen Menschen auch saß, vielleicht nicht unbedingt an Teakholztischen.

70

Karfreitag. Teresa predigt. Katholisches Erbe, katholische Jugend, eigene melancholische Grundgestimmtheit, ihr Beruf: evangelische Pfarrerin – alles wirkt bei ihr zusammen, um die Karwoche für sie auch wirklich zum geistlichen Hauptereignis des Jahres zu machen, zusammen mit der Aussicht auf Ostern, welches Fest sie, seit sie erfahren hat, dass sie sich aus eigener Kraft aus ihrer Verlassenheit emporarbeiten konnte, fast ebenso euphorisch als Fest der Auferstehung feiert, aber sie ermahnt uns auch, wir müssen das Leidensgeschehen ganz zulassen und nicht durch die Antizipation der Auferstehung verwässern. Ein Jahr später, in einer Reihe feministischer Andachten in der Kreuzkirche, soll Hagar ihrer Herrschaft ein Kind gebären – dann wird sie mit diesem plötzlich in die Wüste geschickt, Jeftah wird von ihrem Vater auf dem Opferaltar verbrannt, weil der Herr General ein Gelübde getan haben, Tamar wird von ihrem Halbbruder hinterhältig herbeigelockt und vergewaltigt und dann davongejagt, und der so hoch gelobte König David, der Vater, lässt das seelenruhig zu. Biblische Geschichten.

71

Ein Brief von Cynthia. Die alte Frage, ob man zwei Frauen lieben kann. Ich habe mit Teresa und mit Cynthia darüber gesprochen. Wir wissen, dass Teresa recht hat, in der

Praxis kann man das natürlich nicht. Die Praxis merkt sich die kleinen Sachen immer alle und ist verdammt kapriziös. Vor genau zwei Jahren, am 20. Mai 1998, die dann folgenden 21 Jahre bitte großzügig ignorieren, saß ich mit meinen Schülerinnen und Schülern auf dem Nachhauseweg vom Austausch mit Billericay School im Omnibus und kritzelte zur Entlastung des armen Herzens heimlich kleine Briefe an Cynthia von wegen yesterday. Da kannte ich Teresa noch gar nicht. Ich habe Cynthia seither nicht wiedergesehen. Das sind Nachrichten aus der älteren Schicht dieser Skizzen. Die Akte Cynthia hatte ich weiter oben, wie Sie wahrscheinlich mitbekommen haben, schon zugeschnürt und weggepackt.

72

Wir sitzen im Garten des Heimatmuseums auf einer Bank in der Sonne. Der Garten mit seinen alten Mauern an der Rückfront dieses ältesten Bürgerhauses der Stadt ist ein Kleinod. Teresa ist überarbeitet. Sie legt den Kopf in meinen Schoß. Auch sie ein Kleinod. Am Ostersonntag sind wir zum Gottesdienst in der Marienkirche. Ich lag in schweren Banden. Mit Hilfe seiner rhetorisch geschulten Faust und mit kräftigem Wort hämmert Dekan seine Predigt von der gotischen Kanzel herab, der Tod gehöre ausgelacht und veralbert. Das sehe ich ganz anders. Hier scheiden sich nun wirklich die Geister. Für ihn als Christ ist dieses Leben offensichtlich nur Vorbereitung, Vorstufe, Vorhof, wie auch immer, zum wahren Leben, zum *ewigen* Leben, wie es immer heißt. Das leere Grab nach der Kreuzigung und die Begegnungen mit dem auferstandenen Jesus – okay, da gab es Leute, die das glauben wollten. Was wollten die Leute nicht alles glauben! Ich halte die gewaltigen theologischen Konstruktionen, wie sie im Verlauf der Jahrhunderte danach entwickelt worden sind, erst einmal für Unfug. Himmelfahrt und so, wie das Ganze dann auch im Glaubensbekenntnis gelandet ist. Es ist ja in Wirklichkeit nicht so, dass da etwas Wahnwitziges geschah und die Leute so in ihren Bann zog, dass sie glauben wollten oder mussten, sondern genau umgekehrt, sie wollten, sagen wir ruhig: naturgemäß, so irre Sachen schon immer glauben, weil, zum Beispiel, niemand gern mit dem Gefühl aus der Welt geht, jetzt ist alles aus, jetzt kommt nichts mehr, oder besonders auch, weil man in der Regel klein und schwach ist und es einem ein gutes Gefühl gibt, da ist etwas Großes, Starkes, das für mich da ist, das mich beschützt und das mich, bis zu Luther hin gesprochen, rechtfertigt. Also *wollten* die Leute glauben, schon immer, und dann geschah ganz geschickt etwas, es hätte alles auch ein bisschen anders sein können, das wäre egal gewesen, es geschah etwas, das zu ihrem Wunsch einigermaßen passte oder das man gut passend machen konnte, oder es tauchte eine Person auf, an der man gewisse Wünsche festmachen konnte, ein furioser Wanderprediger zum Beispiel, und dann haben sie sich gerne darauf eingelassen, haben sich darauf gestürzt, Paulus zum Beispiel und Lukas, und haben gesagt, das ist es, das halten wir jetzt fest, da machen wir etwas Grundsätzliches daraus und schreiben genauer auf, was denn zu glauben wäre, da können wir eine schöne Religion drauf aufbauen. Und die Bauleute in den ersten Jahrhunderten nach Christi Geburt waren immens fleißig!

73

So sind letztlich alle Religionen entstanden. Die Menschen wollen glauben und finden dann etwas, womit sie ihre Sehnsüchte verknüpfen können. Oder haben irgendwelche Individuen eine Vision, die sie (anmaßenderweise) als Offenbarung eines Gottes (und sehr viel seltener einer Göttin) ausgeben, und dann ist das die Grundlage für die schlauen Intellektuellen oder Medizinmänner, daraus eine Religion zu basteln. Ich aber sage euch – ich werde mich hüten, den

Tod zu verlachen! Da hat der engagierte Prediger-Menschen-
fischer in unserer Stadt mich nicht an der Angel.

74

Teresas Neffe feiert Erstkommunion. Wir sind in Biberach.
In der Stadtkirche. Danach, auf dem Marktplatz und auf
dem Holzmarkt, frieren wir alle jämmerlich. Auch die Kirche
war kalt. Warum können die Katholiken nicht heizen? Kal-
te Kirchen. Routinierte Gottesdienste. Menschenverachten-
de, besonders frauenverachtende Lehrmeinungen. Verwaltet
von alten Männern. Die, so es wirklich gelang, alle kommu-
nikative Sexualität aus ihrem Leben verbannt haben. Was
für ein Irrsinn. Welche Arroganz. Sie haben von wichtigen
Dingen nicht viel Ahnung und wollen trotzdem am liebsten
immer an vorderster Front mitreden. Der deutsche Papst sei
so gescheit. Ich kann das nicht finden. Mit 90 Jahren, als
er schon längst nicht mehr im Amt ist, lässt er verkünden,
ohne Gott gebe es keine Moral. Da haut es doch dem Fass
den Boden aus! Der unbedingte Wille zur Wahrheit, seht
doch! Inzwischen, 2018, liegen Veröffentlichungen über den
tausendfachen Missbrauch von Kindern und jungen Menschen vor, begangen von katholischen Geistlichen. Ich muss
meinen Text deswegen gar nicht ändern. Alles passt zusammen. Die lauwarmen Reaktionen der Priesterkaste auf die
erschütternden Nachrichten aus der Welt der Sakristeien
zeigen, dass kein Wille zur wahren Aufklärung da ist. In den
Talkshows begegnet uns, genau dafür hundert Prozent typisch, ein Bischof namens Ackermann. Kein Ackermann aus
Böhmen, der so hartnäckig mit dem Tod sich anlegt. Diese
Dinge sind mit angehaltenem Atem eventuell zu verstehen,
indem es, wenn man Abhilfe schaffen wollte, *unmittelbar*
an die Glaubensgrundlagen ginge. Und es scheint nichts Fes-
teres zu geben als katholische Dogmen. Sonst müsste man
das ganze Gewese eben einfach hinwegfegen. Verstehen,

sage ich, aber doch nicht zu entschuldigen. Inzwischen gibt es auch einen *neuen* Papst und der ist der beste Zeuge für die von mir soeben getroffene Aussage über den Grad der Unaufrichtigkeit dieser in den Klamotten und den Finanzen hoch ausstaffierten Elite. Und wie sie über Jahrhunderte das Volk klein gehalten haben! Teresa ist vor ihrem Theologiestudium konvertiert. Jener deutsche Papst, der es ja gar nicht mehr ist, lässt sich aus seiner römischen Gruft heraus vernehmen, am Zölibat dürfe man auf keinen Fall rütteln. Wie intelligent ist das denn? Was durchschaut er denn da?

75

Ich kenne Priester, ganz zu schweigen von Pastoralreferenten und Diakonen und von Pastoralreferentinnen, da tut es mir sehr weh, dass mein Urteil so hart ausfällt. Auch manche von meinen besten Freundinnen und Freunden sind katholisch, auch Peter Kossen ist katholisch, ist katholischer Priester – daran allein kann es also gar nicht liegen. Sozusagen. Es muss am Führungspersonal liegen. Jetzt habe ich auch noch eine Papstgeschichte gelesen, von Helmut Hiller (dieses *Jetzt* war jetzt damals!), da sträubten sich mir während des Lesens die Haare. Eine Geschichte von Rechthaberei und brutaler Gewalt. Ich dachte die ganze Zeit, die werden mich jetzt doch nicht belangen und kastrieren lassen oder an den Galgen bringen. Wegen meiner Uneinsichtigkeit. Papsttum und Verblendung, das ist dasselbe Haus, und um die Ecke lauert grinsend das Verbrechen, so hatte ich das damals kommentiert. Natürlich könnte ich statt Papsttum auch einfach Herrschaft sagen. Sokrates war einmal in die Politik gegangen und hat fast noch am selben Tag gesehen, das geht nicht, und hat sich wieder herausgezogen. Aber ich habe es mit dem Papsttum. Weil da so viel Heuchelei dabei ist. Natürlich, manchmal, oder sogar oft, auch guter Wille. Aber wir wissen ja, wie das mit dem guten Willen so ist. Und es sei nicht vergessen: Die Medien reden von Missbrauch auch seitens der evangelischen Kirche! Nur scheinen die Zahlen etwas kleiner zu sein.

76

Das festliche Essen, wir sind also bei der Erstkommunion von Teresas Neffen, ist in einem Dorf unweit von Biberach, wo ich die Ehre habe, neben Teresas Mutter zu sitzen. Sie macht mir zwar Komplimente, aber das nützt jetzt nichts mehr. In Teresas Kindheit hat sie, allen Erzählungen zufolge, nämlich viel Unheil angerichtet, indem sie die Kinder, sechs an der Zahl, eher in Angst gehalten hat, statt ihnen als Menschen Mut zu machen. Auch das ein Merkmal der katholischen Kirche viele Jahrhunderte lang. Klein halten. Angst einjagen. Mit dem Teufel drohen. Höllenbilder malen. Was glaubsch du eigendlich, wer du bisch! Tausendmal hat mein Schätzchen dieses Sätzchen hören müssen. Ein wunderhübsches Ding, so fein wie Porzellan, wie auch immer in die Welt gekommen – und dann saust der Hammer der mütterlichen Erziehung hernieder! Das ist nie wieder gutzumachen.

77

Die Fahrt nach Wien dauert acht Stunden. Unser erster gemeinsamer Urlaub. Am ersten Abend müde und gereizt. Café Prückel. Was hast du? Ist was mit dir? Mit dir ist doch was! Vorwürfe: Das ist alles andere als attraktiv! Warum sollten wir uns hier reinsetzen? Und als ich anbot, das Lokal zu wechseln: Glaubst du denn, ich zieh ewig um? Ich kann das nicht leiden, wenn man die alten Entscheidungen... Pause. Explosion. Auf, und raus aus dem Lokal, den Ring hinauf zum Schwarzenberg. Und plötzlich war alles gut. Wir stießen mit einem Viertel St. Paulus auf uns und unsere Beziehung an, dann auf »unsere« sieben Kinder, wir sprachen über frühere Wienerlebnisse, über unsere Perspektiven, wir beide als Paar, und über die beiden hübschen studierenden jungen Frauen, die uns in aller Eleganz im Zug von München bis Wien gegenübersaßen. Teresa gibt mir nicht das Gefühl, in der Partnerschaft gefangen zu sein, sie stößt mir nicht ihren Ellbogen in die Rippen, wenn ich mich im Anblick von so viel jugendlichem Reiz für ein paar Augenblicke verliere oder wenn meine Augen, nachdem mein braves Ich sie gerade in die Schule genommen oder zurückgepfiffen hat, schon wieder kurz was ausprobieren. Gottfried Keller vergleicht die Augen einmal mit Wanderschuhen. In der Secession: Carpenter – Autos mit schönen Frauen. Der Inbegriff des Schönen im 20. Jahrhundert? Die alten Männerfantasien. *Wien* in der Frühlingssonne mit seinen weißen Gebäuden und seinem Charme ist wie eine Hostess, die ihrem Dienst an uns mit Freuden nachkommt. Im Wombats dürfen wir zum Frühstück eigentlich kein Tablett nehmen, es ist einfach nicht üblich, wir begreifen auch nicht, warum das so ist, wir tun es trotzdem, wir sind selbstbewusst. In den Schauräumen der Hofburg eine Sonderausstellung zu Ehren von Teresa. Thronfolger Rudolf, Freitod mit Baronesse Mary Vetsera 1887, schwamm gegen den Strom, ein Strom gespeist von Macht und Arroganz, und Teresa fühlt, sie hat in diesem Rudolf einen Verbündeten. Nein, ich werde nicht noch einmal alles aufzählen. Erwähnen will ich kurz noch den *Schwierigen* von Hofmannsthal, mit Helmut Lohner, eine Matinee im Theater in der Josefstadt. Wir saßen so weit oben, dass uns beim Runterkucken schwindlig wurde. Lohner als Graf Bühl war gute *dreißig* Jahre zu alt. Das ist unprofessionell. Barbarisch. Und ich muss erwähnen, dass Teresa nach der Matinee beschließt, die schon gebuchten und bezahlten Karten in der Burg für *Cyrano* am selben Abend einfach schnappen zu lassen. Ich hätte das von mir aus nicht hingekriegt, bin aber lernfähig, ich sage das ohne Ironie, es ist schön, von der Freundin zu lernen. Wir hatten uns, wegen meiner unersättlichen Programmplanung, total übernommen, und nun nahm Teresa das Heft in die Hand! Im Zug auf der Heimfahrt vier Tage später sitzen uns bis München zwei hässliche alternde Frauen gegenüber, die dekadente Gespräche über ihre Essgewohnheiten / Fressgewohnheiten führen und rummampfen. Die dicke sieht aus wie ein altes Sofakissen. Hin- und Rückfahrt, wenn ich vergleiche: Plötzlich verstehe ich Luthers Zweireichelehre. Zur Rechten die Hinfahrt mit den intellektuellen Schönen, zur Linken die Rückfahrt mit den beiden alten Sofakissen. – Früher hatte diese Wienfahrt dreieinhalb Manuskriptseiten, jetzt ist es eine! Da könnte man mich auch einmal loben.

78

Ich geh jetzt ficken, sagte mit herausfordernder Miene und leicht zurückgeworfenem Kopf die sehr junge Frau, deren genauere Identifizierung ich als unnötig betrachte, als sie an einem Freitagabend im Mai hoch gestylt davonrauscht. Ich finde das originell. In gewisser Weise kollidierten hier Witz und Realität: so, wie ein Schwerlaster oder ein Muldenkipper (der Witz) mit einem Cinquecento (der Realität) zusammenkrachen und Letzterer unter die Räder kommt. Ich muss daran denken, dass Sophie Andresky, der angeblichen Nummer eins in Sachen pornografischer Literatur (wer legt das fest?), nachgesagt wird, sie wisse, was Frauen wirklich wollen. Sie sagt, es habe einen Grund, wenn Frauen nicht *kommen*, und der liege nicht im großen kosmischen Mysterium verborgen, sondern neben ihnen im Bett, sei eins achtzig groß und habe die Feinmotorik eines Berggorillas. Das ist nicht unwitzig. Aber den Berggorillas wird Frau Andresky möglicherweise nicht gerecht. Und ob die beiden Einzelheiten, von denen hier die Rede ist, zusammenpassen, ist hausgemacht – Quatsch: ist überhaupt nicht ausgemacht.

79

Teresa und ich kannten uns in gewisser Weise schon vorher, aber nicht wirklich. Sie war eine attraktive (und streitbare) Schülerinnenmutter, sonst nichts. Ich war ihr, so erzählt sie, schon sehr früh in der Unteren Wilhelmstraße aufgefallen, längst ehe ich der Lehrer ihrer Tochter wurde, sie meinte, ob ich vielleicht ein Künstler sei, sie war dann sehr überrascht, als sie mich zum ersten Mal auf einem Elternabend in meinem Gymnasium sah. Heute mag ich mein Äußeres nicht mehr. Das Alter versucht, mich kleinzukriegen, und findet es am leichtesten, von außen anzufangen, um sich dann womöglich ins Innere oder in den Kopf vorzuarbeiten. Es ist doch aber nachweislich so, dass ich in meinen besten Jahren sehr gut ausgesehen habe. Wenn ich mir entsprechende Fotos anschaue – das ist unglaublich. Am liebsten würde ich sie mit mir führen, um den Leuten jederzeit sagen zu können, kuck mal, so habe ich einmal ausgesehen, da hatte ich noch tolle schwarze Wimpern und einen schwarzen Oberlippenbart, und mein Körper war so drahtig, dass er mir feine Bewegungen erlaubte.

80

Eine Mutter in der Sprechstunde. Es ging die ganze Zeit darum, dass sie ihrem Sohn nicht so viel Druck machen sollte. Die Mutter ließ sich das über zwanzig Mal sagen, obwohl sie derselben Meinung war, das war schon seltsam. Auch ihr Mann und ihre Tochter sagen dasselbe, sagt sie. Die Mutter steht unter einem rätselhaften Druck, für ihren Sohn ehrgeizig zu sein. Sicherlich, der Sohn ist kein guter Schüler im klassischen Sinn. Er wird fast überall Vieren haben. Aber ich habe gesagt: Solange es gute Vieren sind! Beruhigen Sie sich doch! Ihr Sohn wird schon merken, wohin die Fahrt geht. Wir können ihm helfen, seine Situation zu reflektieren, aber triezen Sie ihn nicht! Die Dame hat, ohne Übertreibung gesagt, mindestens zwölf Mal von ihrem *Kerlchen* gesprochen.

Fast hätte ich es ihr verboten. Aber dann tat sie mir doch leid. Sie hat einen seltsam scheuen, verkniffenen Gesichtsausdruck und Mauszähnchen. Sie trägt rote Pumps, weiße Jeans. Meine Blicke gleiten über ihren Schoß. Sie möchte ihrem Kerlchen nicht so viel Druck machen und war glücklich, dass ich sie darin bestärkte. Ich werde nicht mehr viele Elternsprechstunden in meinem Leben haben.

81

Und meine eigene Mutter? Eine Mutter hatte ich einst natürlich auch. Das Verhältnis zwischen meiner Mutter und mir war von den Zeiten an gestört, als sie anfing, mich nicht mehr nur als ihren Sohn zu betrachten. Mein Vater hatte sich mittels einer Meningitis dem Leben schon entzogen, als ich drei Jahre alt war. Meine Mutter wusste, seit ich vierzehn war oder so, sicherlich nicht, dass sie mich mit ihrem verliebten Getue nervte, aber das machte die Sache nicht besser. Meine Besuche bei ihr in ihren letzten Jahren im Altenheim waren bis ganz zuletzt sehr spärlich. Nach ihrem Tod hat sich unsere Beziehung dann aber merklich gebessert. Ich habe in vielerlei Hinsicht eine große Achtung vor meiner Mutter. Ihr Leben reicht gerade noch zurück ins 19. Jahrhundert. Sie hat studiert, was damals für Frauen eher als auffällig galt, war emanzipiert, jugendbewegt, unkonventionell, vermutlich auch eine ganz schön flotte junge Frau im Berlin der zwanziger Jahre, wo sie bei einer Zeitung arbeitete, und hat später mit meinem Vater sieben Kinder gehabt, die sie, als sie 43-jährig verwitwete, allein durchbringen musste, mit Flucht aus Pommern, Lagerleben in Dänemark und einem Neuanfang in Süddeutschland, und hat das alles, zumeist mit viel Optimismus und Freundlichkeit, gemeistert, sie war belesen, sozial engagiert und ist für ihr Leben gern gewandert.

Meine Vermieterin im Kreuzem hat mir erzählt, dass ihre wunderschöne Tochter nun jemanden Adäquates gefunden hat. Er sei achtzehn Jahre älter, Oberarzt irgendwo, und werde demnächst Abteilungs- oder Klinikchef in einer großen Stadt im Südschwarzwald. Wir sind gespannt. Die sozialen Unterschiede sind so groß wie der Altersunterschied. Die Ehefrau des neuen Freundes soll gesagt haben, was willst du denn mit der kleinen Russin? Er soll geantwortet haben, ihm sei das statusorientierte Leben, das er führe, zuwider, ihm seien Waldspaziergänge lieber als Golfspielen. Nach meiner Einschätzung geht es dieser Tochter allerdings nun auch nicht wirklich um Waldspaziergänge, aber das wird unser Oberarzt noch selbst merken.

83

Warum weigert sich die Landeskirche immer noch, homosexuelle Paare zu segnen? Ein Arbeitsblatt auf einem diesbezüglichen Treffen scherzte: Wann haben Sie entdeckt, dass Sie eine Neigung zur Heterosexualität besitzen? Haben Sie mit Ihren Eltern darüber gesprochen? Wie haben die reagiert? Wissen Ihre KollegInnen Bescheid? Fußnote: Sehr viel später höre ich, dass *Teile* der Landeskirche anfangen, sich eines Besseren zu besinnen. Was soll ich dazu sagen? Gottes Mühlen mahlen offensichtlich viel langsamer als die staatlichen Maschinchen.

84

Teresa ist auf einer Tagung in Blaubeuren. Als wir telefonierten, kam das Wort Lebensmuster ein paar Mal vor. Ich benütze das Wort nicht und habe mit leichter Ironie gefragt, ob das dasselbe sei wie Tagesablauf. Teresa ist auf den Scherz aber nicht eingegangen und hat nur gesagt, dass es da Überschneidungen gibt. Wobei ich das Wort Überschneidungen als schmerzhaft empfand. Lebensmuster? Was ist das? Was soll das? Ein solcher Begriff macht mir Angst. Ich lebe doch nicht nach einer Vorlage. Wie ein Schnittmuster vielleicht? Bei *Schnittmuster* kann ich einen Sinn erkennen, bei *Lebensmuster* nicht. Das Schnittmuster kommt ja *vor* dem Zuschneiden der Bluse. Soll ich mir für mein Leben einen Plan machen und den dann befolgen? Und wann mache ich den Plan? Gleich nach der Geburt? Das geht gar nicht. Vielleicht mit acht Jahren? Dann würde ich Cowboy werden und mein Leben vielleicht unter den Hufen einer Büffelherde beenden. Mit zwölf Jahren? So ähnlich wie Jesus? Und wenn was dazwischen kommt? Oder sollte der Begriff genetisch gemeint sein? Dass ich genetisch programmiert sei? Oder ist es gar nur ein soziologischer Begriff, den die gescheiten Leute an das Leben anderer Leute angelegt haben, um es zu sezieren? Gut, bei mir ist das alles nicht mehr so realistisch. Ich bin auf der jüngsten Ebene dieser Erzählung einundachtzig Jahre alt und dann doch auch zweiundachtzig. Ich habe vergessen, ob ich das schon mitgeteilt habe. In Blaubeuren war übrigens einer, der hat Teresa, erzählt sie, immer angekuckt. Dann hat er sie auch angesprochen, sie sei so schön gekleidet. Vermutlich meinte er nicht nur die Kleidung, aber das muss uns hier gleichgültig sein. Blautopf bleibt Blautopf. Kamala Harris For President!

85

Ich fantasiere aus Spaß ein »Lebensmuster«: Geburt / Kita / Kindergarten / Schule / Realschulabschluss / Arbeit als Kellnerin / Heirat mit Facharbeiter / zwei Kinder / Vierzimmerwohnung / Spaß mit Freunden / Krankheit / OP / Renteneintritt / Wohnwagen / Tod des Partners / Altenheim / Tod. Und was wäre das jetzt? Frau? Arbeitende Frau? Frau mit Kindern? Mutter? Frau nicht akademisch, *obere* untere Mittelschicht?

Familie mit Wohnwagen? Frau mit abschließendem Tod? Ich finde Soziologen immer so klug. Wenn sie reden, verstehe ich meistens gar nicht, was sie sagen. Mehr Fremdwörter als vertraute Wörter und alles immer (vermutlich) irgendwie *zielführend*, nur dass ich die Ziele nicht erkenne. Nicht *alle* Soziologen und Soziologinnen natürlich! – Manche.

86

Der Charme des schwäbischen Dialekts. Als ich kürzlich um halb vier mitten in der Nacht im Kreuzem in die Waschküche stieg und zurückkomme, sagt Teresa, die das halbwegs mitkriegte: I glaub, du bisch ed ganz bache! Übersetzung: Ich schätze die Lage so ein, dass du nicht ganz durchgebacken bist. Bedeutung: Du spinnst. Als sie einen Body kauft, sagt sie zur Verkäuferin: Der Body doo däd mr gfalle. Das heißt: Ich nehme ihn. Zweite Fußnote: Mal Kreuzem, mal Degerschlacht, dann Pliezhausen und wieder Ludwigsburg – das ist eine innere Logik, die sich unseren einfachen Verstehenskategorien nicht immer gleich erschließt. Nicht einmal die guten Kinderbücher machen uns kleinen Lesern und Leserinnen alles einfach. Andererseits finde ich die Idee mit den Perikopen gar nicht so ungeschickt. Man darf von jeder einzelnen ein bisschen etwas Schönes oder Interessantes oder Witziges erwarten oder wenigstens *eine* gute Formulierung, braucht sich aber den Kopf nicht zu zerbrechen, wie alles zusammenhängt. Ein Zusammenhang wird sich am Ende, wie von selbst, ergeben haben. Futur II, Futur Perfekt. Hier hat es einmal ganz seinen Platz. Da und dort dampft ein Kesselchen… Was dampft denn da und dort? Oder wenn Literaturkritiker oder Literaturkritikerinnen immer wieder davon reden, hier *erkunde* der Verfasser oder die Verfasserin in dem Buch etwas, zum Beispiel die Seelenlage eines pensionierten Schiffskapitäns oder die Reaktion der Linken auf das bescheuerte US-Wahlsystem, so ist das Quatsch, denn

du erkundest vielleicht eine neue Umgebung in deinem Ur-
laubsort, aber was du in deinem Buch schreibst, das erkundest du doch nicht! Du kennst es doch.

87

Pallombella rossa, der Filmtitel ins Deutsche witzig übersetzt
als *Wasserball und Kommunismus*. Die Ohrfeige, die Nanni
Moretti der Journalistin mitten im Interview verabreicht! Sie
bleibt mir in Erinnerung. Wie reden Sie denn, sagt er, und
ohrfeigt die junge Frau. Mitten in dem Interview.

88

Ich hatte mehrere erotische Träume. Es ging Schlag auf
Schlag. Zwei ältere Damen wurden plötzlich wieder ganz
jung, eine Kollegin war mit von der Partie, eine dezente
Szene auf dem Rücksitz im Auto, und dieselbe dann noch
einmal, diesmal zusammen mit Teresa und Romy Schneider. Romy Schneider nackt. Sehr angenehm. Meistens träume ich unangenehme Sachen. Vielleicht spalte ich zu vieles
Unangenehme im Alltag ab. Seit meiner Pensionierung habe
ich Schulträume schockweise. Ein Schock hat 60 Stück. Fast
immer geht es darum, dass ich mich nicht zurechtfinde. Ich
finde oft das Klassenzimmer, wo ich unterrichten soll, nicht.
Das Gebäude ist so unübersichtlich und verwinkelt. Es ist
mir fremd. Auch staubig / muffig. Ich weiß gar nicht, welche
Klasse ich unterrichten soll oder kenne dann die Namen der
Kinder nicht. Bin oft auch gar nicht vorbereitet. Keine Figur
aus dem Kollegium kümmert sich um mich oder ist nett zu
mir. Sie sind mehr wie Geister. Am angsteinflößendsten ist
es, dass die Zeugniskonferenzen vor der Tür stehen und ich
habe nicht die vorgeschriebene Anzahl von Klassenarbeiten
geschafft oder oft nur eine oder manchmal sogar gar keine,
und dabei habe ich in meinem ganzen Lehrerdasein nicht

ein einziges Mal nicht alle vorgeschriebenen Klassenarbeiten gehabt. Ich schäme mich im Traum so sehr, dass ich daran aufwache. Natürlich erlebe ich dann die wunderbare Einsicht, das Ganze war ja nur ein Traum. Manchmal bleibt ein blöder Nachgeschmack. Ich gehe den Traum noch einmal durch und versuche, ihn zu verstehen. Hat er eine Botschaft für mich? Deckt er etwas auf, was zu mir gehört und sich bis jetzt versteckt hat? Manchmal werde ich die bösen Eindrücke gar nicht schnell los und spinne in halbwachem Zustand weiter. Dann ist das Frühstück wie ein Kind, das Frohsinn verbreitet.

89

Kurz nach dem Romyschneidertraum bin ich in einem anderen Traum meiner jüngsten Schwester, die vor neun Jahren, vor 27 Jahren, gestorben ist, begegnet. Ich habe sie gefragt, wie es ihr im Tod denn ginge. Sie schien ganz munter zu sein. Sie sagte, sie müsse viel schlafen, sonst sei alles gut. Auch ihre frühere Freundin ist im Traum dabei, in die ich als Elfjähriger so heftig verliebt war, die schon erwähnte Methodistentochter.

90

In aller Frühe sind wir beide damals durch das Neckartal getippelt, von Pliezhausen nach Oferdingen, über die alte, hölzerne Neckarbrücke, an der Mühle vorbei, zur Straßenbahn, die es von Oferdingen aus noch gab, und gegen ein Uhr wieder zurück, drei Jahre lang – aber getrennt! Ich habe mich einfach nicht getraut! Mein kleines Schülerherz hat wild geklopft und meine Hände wurden nass, wenn ich meinen Schwarm sah. Ich wusste genau, wann sie zweite Stunde hatte oder erst nach der sechsten aus hatte. Sie ging aufs Isolde Kurz, ich aufs Kepi. Sie war anderthalb Jahre älter als ich, ich fühlte mich ihr nicht gewachsen. Ich war auch immer so verlegen, was ich denn nun reden könnte oder reden sollte. Du, ich wäre so gerne immer in deiner Nähe, können wir nicht miteinander laufen, ich finde dich so toll, du bist so schön. Das sind die Dinge, die ich hätte sagen müssen. Das weiß ich heute, aber jetzt ist es zu spät. Was machst du, wenn du schüchtern bist und elf Jahre alt? Ich hatte auch das Gefühl, sie sei so gescheit. Und wenn ich noch genauer zurückdenke, kommt es mir so vor, als hätte ich in jenen Jahren einen zu kurzen Hals gehabt.

91

Wer ist Frau Lehmhoff? Ich stehe an dieser Stelle vor einem Problem besonderer Art. Ich hatte in den originalen Fassungen der Nachrichten hier nämlich einen kleinen Schwerpunkt gesetzt, um über jemanden herzuziehen. Ich hatte geschrieben, Frau Lehmhoff wäre wohl gerne groß, sei aber, wenn man alles zusammen nehme, doch nur eine mediokre Person aus unserer Mitte. Sie umgebe sich so gern mit Leuten, die einen Namen haben. Sie stünde so gern im Rampenlicht. Und dann, etwas überhöht, die Lehm- und Schleifspur, mit eben diesem Wortspiel, ihrer Einladungen und sonstigen reputativen Bemühungen ziehe sich durchs Echaztal hin und das ganze Neckartal hinunter bis in die Landeshauptstadt. Ich war dann in den Modus der ersten Person Plural gewechselt, weil es um die Beziehung zu Teresa ging: Wir vermuten geradezu, hatte ich also des Weiteren geschrieben, wir könnten uns die Sache nämlich anders gar nicht erklären, und dann, um richtig hässlich zu werden: »der Drache der Dummheit« habe sich in ihrem Kopf ein Nest gebaut. – Neue Perikope! Ich muss mich konzentrieren.

92

Ursprünglich war hier keine Pause. Die Tirade ging einfach weiter. Was also war mit diesem Drachennest im Kopf von Frau Lehmann? Das wir ja nur vermutet hatten! Ich *zögerte* in jenen Aufzeichnungen, die dann als Buch erschienen, aber (glücklicherweise) nicht wirklich verkauft worden sind, mit Absicht noch ein bisschen. Noch zweimal benützte ich Ausdrücke, um den Grad der Gewissheit dessen, was ich schließlich behaupte, aufzuweichen. Ich hatte geschrieben: Aus Gründen, die wir nicht verstehen, versuche sie... Und: Also, nach dem Bild, das sich über den gesamten Aktus in unseren Köpfen zeichnet... So! Und erst jetzt kam der Paukenschlag: ... sei diese Dame zu den Kirchenbehörden hin geeilt, habe sich »rangeklotzt«, ihr Gewissen hätte ihr keine Ruhe gelassen, wir wüssten es nicht, hatte ich in Parenthese noch einmal betont, und sie habe Teresa angeschwärzt: Teresa würde sich Männer auskucken, sie verführen und ihre Familien zerstören, die Kirche müsse dringend etwas tun.

93

Natürlich verzichte ich in dieser etwas galanteren Fassung der Erzählung auf den Indikativ. Natürlich rühre ich die alten Geschichten nicht wieder auf und gehe in irgendwelche Details, wer diese Frau war und wie alles gekommen ist. Natürlich will ich in diesem Zusammenhang über niemanden mehr herziehen. *Damals* war es halt so, dass Teresa ziemlich mitgenommen war. *Damals* haben wir für Frau Lehmann sogar noch einen Übernamen erfunden, damit Teresa ihren Frust besser los wird, und haben sie Frau Pätzbald genannt, und damals endete meine Darstellung des Falls in der kindlich-dramatischen Exklamation, die Dame Pätzbald werde sich noch »ihre Bratwurstfinger« an ihrer eigenen Moral verbrennen, »die fünf Schlangen« würden sie quälen. Die fünf Schlangen waren mir damals gar nicht wirklich bekannt. Die Sache sollte halt grauslich klingen. Ein bisschen hab ich mir Robert Walser und seine naiven großen Formulierungskünste vorgestellt. Ich bin inzwischen auf Frieden gestimmt.

94

Die Behörde hat mir Weisung erteilt, mich zu entscheiden, ob ich in Pension gehe. Ja, es sieht so aus, ich werde es tun. Beim Nachmittagsschlaf finde ich keinen Schlaf. Ich höre die Krönungsmesse. In meinem nächsten Leben kaufe ich mir einen Toyota. Meine Vermieterin hat mir erneut von ihrer schönen Tochter erzählt. Ihr Oberarzt ist wieder zu seiner Frau. Diese weiß jetzt gerade am Wochenende, dass sie schwanger ist. Das ist sehr praktisch. Wir haben damals, im Fall Lehmhoff, erlebt, dass sich die evangelische Kirche gar nicht *soo* leicht tut, sich solcher Angriffe zu erwehren, haben aber glücklicherweise auch erlebt, dass sie dann doch ein paar exzellente Leute hat, die mit allerlei Misslichkeiten umgehen können und die Sache *deichseln* (Etymologie: mit dem Breitbeil zurechthauen). Ich bin über die Tatsache sehr glücklich, dass es überall auf der Welt klasse Leute gibt, auf die man sich verlassen kann, die etwas hinkriegen, die intelligent sind und nicht nur an sich denken. Gott sei Dank, in großer Zahl auch unter den Unternehmern! Bloße Unternehmerschelte ist nicht hilfreich. Man muss unterscheiden. Man muss, liebe SPD, vor allem eine *gute* Vermögenssteuer und eine *gute* Erbschaftssteuer einführen. Und gut heißt, sie sollten viel Geld einbringen und dürfen die Kreativkräfte der Wirtschaft in keiner Weise schaden! Und genau das ist möglich. Pensionierung, Krönungsmesse, Schwangerschaft, Unternehmertum. Und was ist mit Fräulein Bürstner?

Einer meiner großen Favoriten ist Ernst Ludwig Kirchner. Im Spendhaus sind Bilder von ihm zu sehen. Sie platzen. Sie sind vital. Sie sind depressiv. Etwas Unbeholfenes ist immer dabei, und dafür liebe ich die Bilder der Expressionisten. Kirchner war schlafmittel-, tabletten- und alkoholabhängig. Er hat sich umgebracht. Kurz ehe ich geboren wurde, 1938. Wir sind uns aus dem Weg gegangen, aber das weiß nur ich, er weiß davon nichts. Und wer kennt Schrimpf? Der ebenfalls in meinem Geburtsjahr gestorben ist? Den so intensiv malenden Georg Schrimpf, geboren 1889? Die Nazis wollten ihn eine Weile lang für sich reklamieren und dann haben sie einen Teil seiner Bilder doch als entartet »entlarvt«.

Oder die Oper? Was haben die da in Stuttgart angezettelt? Wir hatten ziemlich teure Eintrittskarten. Aber Don José musste unbedingt ein Fernsehen glotzender Spießer sein. Ein behämmerter Clown geisterte zweieinhalb Stunden lang zwischen den Akteuren herum und sollte alles ersetzen, was an Einfall, Feuer, Esprit in dieser Inszenierung liegen geblieben war. Die weibliche Hauptrolle war beträchtlich in die Jahre gekommen und konnte also nicht mehr Carmen sein. Escamillo? Ein Klotz! Ich will in der Oper nicht die Augen schließen müssen. Ich brauche vier Tage, bis ich mich in einem solchen Fall wieder beruhige. Künstlerisches Getue! Es geht um eine Entrümpelung, sagte Puhlmann. Oder Nübling? Vielleicht hätte man uns das gleich sagen sollen, dann hätten wir alles viel besser verstanden. Wir hatten eher den Eindruck, wir blickten in eine Rumpelkammer. Aber natürlich kann eine Inszenierung auch einmal danebengehen, das sehe ich ein. In der Oper in Stuttgart ist es allerdings geradezu nicht ganz selten, dass die wunderbare Musik, die sie da machen, die Inszenierung weit hinter sich lässt – habe ich

doch erst letzte Woche, Februar 2019, einen entsprechen-
den Brief nach Stuttgart geschrieben, weil uns Frau Viebrock
und Herr Marthaler die Contes d'Hoffmann vergällt haben.
Und die sind an sich echt schön.

97

Sommerreifen. Sommerreifen montieren lassen. Der Sohn
hat das Management des Betriebs übernommen. Der Vater,
dem ich noch als agilem Chef begegnet war, ist zurückgetre-
ten und macht nur noch, was sein Sohn ihn anweist zu tun.
Ich finde das gut. Ich kann nicht verstehen, wie ältere Leute
an ihrem Job kleben (es sei denn, sie brauchen ihn dringend
zu ihrem Lebensunterhalt, aber dann würde ich ja nicht *kleben* sagen) und den Jüngeren nicht weichen wollen. Das
beste Beispiel dieser Tage, jüngere Erzählebene, ist die Bun-
deskanzlerin Frau Dr. Merkel. Mich nervt diese leicht arrogante und ziemlich sture Frau. Siehe aber ein paar Zeilen
weiter unten. Irgendein kluger Kopf hat vorgeschlagen, die
Kanzlerschaft in unserer Republik auf acht oder zehn Jahre
zu begrenzen. Ach Gott, wäre das schön! In der englischen
Königsfamilie haben wir ebenfalls ein sehr krasses Beispiel,
und in vielen anderen Staaten an der Staatsspitze auch.
Dickköpfige und zumeist brutale alte Männer! Mein Bild
von Frau Merkel, das eigentlich nur eine Strichskizze ist,
will ich ergänzen! Gott schütze uns vor einer Nachfolgerin
aus dem so unterschätzten Saarland. Ich bin sicher, ich werde mir die merkelsche Kanzlerschaft zurückwünschen! Mir
fällt eine alte Redensart ein, die die Situation kennzeichnet:
Aus dem Regen in die Traufe kommen. Denn Frau Merkel
hat immerhin die eine Eigenschaft, ohne die gar nichts läuft:
Sie hat Humor. Und ihre Schlichtheit ist auch ein Kapital.
Die Neue hat gar nichts. Nichts, was mir einleuchten könnte. Wenn ich sehe, wie sie sich nun zu den Dobrindts und
Seehofers, und etwas später: Söders, nach rechts neigt, bis

zur Hüftfraktur, aber so tut, als sei alles in Ordnung, und in der nächsten Minute mit Frau Göring-Eckhardt flirtet, und wenn ich sie reden höre, wie und warum sie gegen gleichgeschlechtliche Ehen sei und sicher, sage ich, auch dagegen opponieren würde, wenn es opportun wäre, dann reicht das für mein Urteil dicke. Und im Fasching, als lustige Nummer!, diffamiert sie die Menschen, die nicht eindeutig Mann oder Frau sind. Das ist schlimm. Das sind nun wirklich keine bloßen Geschmacksfragen mehr. Und ihre reaktionäre Haltung kleidet sie in schöne Sprache: Einschränkungen müssten Maß und Mitte haben. Tiefer kann man nicht lügen, als wenn man so tut, als lüge man gar nicht. Die anderen für dumm verkaufen. Ich denke, ihr Problem ist ganz grundsätzlicher Art. Sie tut, als sei sie geleitet von Sachproblemen, aber die Wahrheit ist, dass es ihr um ihre Position geht. Aus diesem Zwiespalt erklärt sich ihre ewige Unsicherheit. Dann muss man forsch auftreten, um die Unsicherheit zu verdecken. In dem Punkt ist sie mit ihrem Parteifreund Spahn verwandt. Der übrigens die Abschaffung des Verbots durch das Bundesverfassungsgericht, geschäftsmäßig Sterbehilfe zu leisten, als Gesundheitsminister bekämpft, wo er nur kann, weil seine bornierten Moralvorstellungen natürlich über allem stehen sollen. Karl Lauterbach sagt, Spahn missachte die Gewaltenteilung. Ich tendiere eher dazu zu sagen, er gehöre aus dem Verkehr gezogen.

98

Ich schreibe den Brief ans Oberschulamt, mit dem ich um meine Versetzung in den Ruhestand bitte. Ich bin knapp 62, schrieb ich, und liege im Trend. Ich werde Sehnsucht nach der Schule haben, aber die Belastung wäre zu groß, schrieb ich. Kollege Kimmerle schaut mich immer so an. Und dann hat er gesagt: Woisch, i kuck di immer oo, i kenn dees voo meim Vaddr. Der hot au zwoi Infarkt kett, und beim dridde hots baddschd, verschtoosch. – Übersetzung: Weißt du, ich kuck dich immer so an, ich kenne das nämlich von meinem Vater, der hat auch zwei Herzinfarkte gehabt und beim dritten war Sense, verstehst du?

99

Man sollte Künstler vielleicht gar nicht über Kunst reden lassen. Sie können es meist nicht. Aber die Interpreten oft auch nicht. Es ist ein Dilemma. Was lernen wir, wenn der großartige Franz Marc sagt, Kunst sei niemals etwas anderes als Wille zur Form, aber Wille zur Form sei nur ganz selten da, nur dann, wenn eine neue Zeit reif sei, Form zu werden. Oder wenn Conrad Felixmüller sagt, Kunst sei Gewissheit vom Leben und liege jenseits von Zufall und Chaos – Kunst sei Ordnung, wenn sie Kunst sei. Oder wenn Max Pechstein sagt, Kunst sei keine Spielerei, sondern Pflicht dem Volke gegenüber. Sie sei eine öffentliche Angelegenheit. Hilft uns das alles? Ich wage eine These: Siebzig bis achtzig Prozent aller Äußerungen über Kunst sind kitschig oder überflüssig. Ob es in der Musik auch so ist, kann ich nicht sagen, weil ich musikalisch ungebildet bin. Ich will nur ergänzen, dass ich zur Kunst-Biennale in Venedig 2019 eine Würdigung von Hanno Rauterberg gelesen habe, die meiner These richtig ins Gesicht klatscht. Rauterberg geht mit der Sprache meisterhaft um, er schreibt geistreich und fantasiebegabt, so dass man am liebsten gleich nach Venedig reisen möchte. Und unser Franz Marc? Laut Klaus Lüßenhop (in einem Leserbrief in der *Zeit*) hat er eine außergewöhnlich aufschlussreiche Antwort gefunden, als ein Ausstellungsbesucher in kritischer Weise zu Marc sagte: »Pferde sind nicht blau«! Weißt du, was Franz Marc gesagt hat? Er hat gesagt: »Dies sind auch keine Pferde. Es sind Bilder«. Das ist ein Satz (eigentlich ist es wirklich *ein* Satz), den man in die Schulbücher schreiben sollte.

Müntefering ist wieder auferstanden, schrieb ich. Ich habe
den Anlass vergessen. Aber das ist der Schuft, der die Pen-
sionsgrenze hochgeschoben hat. Mir muss es auch egal
werden. Ich kann mich nicht um alles kümmern, ich kann
die Löcher im Bau nicht mehr alle stopfen. Das hat Kafka
gut beschrieben, der mich gar nicht kannte. Ganz am Ende,
wenn das letzte Wort gesetzt ist, kannst du noch zehn Jahre drauf packen. Die Kunst des Weglassens. Heinrich Mann
zum Beispiel in der Künstlernovelle *Die Branzilla,* die ich
mir gerade einverleibt habe. Es ist ein schöner früher Mai.
Ich lese ein paar Liebesgedichte. Ich stoße auf zwei gelungene Partikel bei Karl Alfred Wolken und Steffen Mensching
und montiere sie: Seine langsamen Pfoten auf ihr. / Sie riss
sein Hemd auf, die Knöpfe spritzten / Zwischen die Bücher.
– Das gefällt mir! Die Gedichte, die ich nicht mag, streiche
ich mit Bleistift aus, selbst, wenn man mir sagt, das sei eines
Philologen nicht würdig. Die wenigsten Gedichte sind auch
nur gut oder nur nicht akzeptabel, insofern klappt die Sache
sowieso nicht ganz. Das ist nicht uninteressant. Ich will außerdem bemerken, dass das Barometer sehr wohl einmal auf
freundlich stehen kann und dann fetzt irgend ein Wort, ein
Gedanke, ein Satz rein: und alles ist kaputt. Beispiel: *An das
Herz* von Jakob Michael Reinhold Lenz, ein sehr mediokres
Gedicht zwar, aber trotzdem. Am Schluss heißt es: Lieben,
hassen, fürchten, zittern, / Hoffen, zagen bis ins Mark / Kann
das Leben zwar verbittern; / Aber ohne sie wär's Quark. –
Die Pointe ist eine ganze Stinkbombe. Mich ärgern viele
Gedichte. Ich kann Geilheit nicht leiden. Brecht ist manchmal nur säuisch und frauenfeindlich. Oft wird Geilheit auch
verbrämt. Oft aber auch nicht: Bloß paar schnelle Sprünge
weg vom Wege / Legte ich ihr weißes Fleisch ins Gras / Mit-
tagssonne brannte durch die Fichten / Als ich sie mit meinem Maße maß. – Dieser geile, hochmütige Schwachsinn ist
von Wolf Biermann. Mein Aug steigt hinab zum Geschlecht

der Geliebten. – Dieses Getue von Paul Celan. So auf dem Bauch, die Schenkel angezogen, / stellt sie den Hintern hoch und kniet / sich breit, so dass man alles sieht / zwischen den Beinen, zärtlich hingebogen. – Äußerst kitschige Pornografie von Karl Krolow. Und so etwas ließ man ihm durch! Auf einmal fasst die Rosenpflückerin / die volle Knospe seines Lebensgliedes. – In Sirup getaucht, von Rainer Maria Rilke. Lass deinen Leib von meinem Leib umgleiten. – Ein harmloses Stückchen Kitsch von Ricarda Huch. Schlachtet und klafft und brütet und verdickt euch: / Aufrauschung will geschehn: Mein Hirn! Oh! Ich! – Natürlich, unser Gynäkologe, aufrauschend verdickt: Gottfried Benn. So könnte ich weitermachen. Mein Geschlecht zittert / wie ein Vögelchen / unter dem Griff deines Blicks. – Hilde Domin. Gefeierte Namen. Kitsch bis zum Brechreiz. Ich wechsle das Thema.

101

Von meinem Vetter, der bei den Olympischen Spielen in Berlin 1936 beim Einmarsch der deutschen Mannschaft irgendeine Fahne schwingen durfte, wenn es stimmt, was ich da aus Erzählungen zu erinnern glaube, der als junger Hauptmann aus dem Krieg gekommen war, den er in Nordafrika mitgemacht hatte, und 1947 zu uns nach Pliezhausen kam, 27 Jahre alt, um in Tübingen Medizin zu studieren, der North State geraucht und zwölf Tassen Kaffee täglich getrunken hat, und der mit Billigung meiner Mutter an mir, neun Jahre alt, dann noch etwa vier Jahre lang den Erzieher gespielt hat, weiß ich, dass der 17. Mai, von wegen Paragraph 175 damals im Strafgesetzbuch, als ein gehässiges Geheimwort für Schwulsein verstanden wurde. Leider habe ich von meinem Vetter damals nichts von den entsetzlichen Problemen gehört, mit denen Schwule konfrontiert waren, oder davon, dass Tausende von ihnen ermordet wurden. Mir blieb die ganze Thematik fremd. Wie restaurativ mein

Vetter war, den ich für vieles ja auch bewunderte, habe ich erst später entdeckt. Ich habe viel Verständnis für ihn, man muss ja nur einmal seine Lebensdaten anschauen! Sei du 1933 mal 13 Jahre alt! – Und dennoch! Wenn mein Vetter, übrigens: Vetter zweiten Grades, Macht über mich ausgeübt hat: Das kam bei mir nicht gut an.

102

Eine Kollegin, Corinna, legt im Lehrerzimmer Holzbretter aus. Sie dienen als Muster für ihren Boden in ihrem Eigenheim in einer etwas abgelegenen Stadt: geleimte Nut- und Federbretter. Wie wir die finden? Davon hier abgesehen, bin ich im Dienst zum ersten Mal in meinem Leben leicht unterfordert. Umso mehr treibt mich die Frage um, wie es mir wohl ergehen wird, wenn ich pensioniert sein werde. Werde ich empfinden, ich sei nichts mehr wert? Darf man seinen Wert über seinen Beruf definieren? Wenn man sich diese Frage stellt, ist sie ja schon beantwortet. Aber was ist dann das Problem? Ist es die Angst vor dem Verlust? Ist es Angst vor Leere? Rolf Dobelli: Arbeitslos und damit bedeutungslos. Nach dem Unterricht hole ich mir auf alle Fälle meine Passbilder ab. Ich kriege einen Schwerbehindertenausweis. Für meinen Herzinfarkt.

103

Bei der Verabschiedung einer verdienten Mitarbeiterin auf der Gynäkologie sei Frau Ministerialrätin a. D. Geschke, die in unserer Stadt auf vielen Hochzeiten tanzt und die wir Hütchen nennen, weil sie meistens einen Hut trägt, auf Teresas Kollegin zugekommen, habe etwas geheimnisvoll getan, was denn nun sei mit der Frau von dem Hugot, das sei doch empörend, was ihre Kollegin, das wäre also Teresa, sich da geleistet hätte. Man könne nun nicht einmal mehr den eigenen Mann ins Krankenhaus lassen. Ein altes Sprichwort sagt: Eyn bös maull ist schärpfer dann eyn schwerdt. Manchmal denke ich, bin ich denn der einzige, der sich scheiden lässt? Sind die anderen alle viel tapferer? Viel zuverlässiger? Viel geschickter? Auch moralisch so toll gefestigt? Kann es denn nicht sinnvoll sein, noch einmal einen neuen Weg zu suchen? Hütchen flieht, so stelle ich mir das vor, und es scheinen alle hier zu wissen, ihren Hausstand – auf Englisch: husband. Sie betäubt sich mit philanthropischem Aktivismus.

104

Das Gegenüber wird ja in der Liebe so wertvoll. Man wird ganz närrisch mit ihm, wenns drauf ankommt. Bei den eigenen Kindern und den Enkelkindern funktioniert das wie von selbst, bei Fremden muss erst einmal ein Stimulus her. Auf der Gender-Ebene neben seelischen oder geistigen Attraktionen vorzugsweise *venustas*, Schönheit, erotische Reize, sexuelles Verlangen, aber auf anderen Ebenen auch. Ein Blick, eine Bewegung, eine Körperwendung, eine Geste können genügen. Ein Satz oder ein freches Lächeln können dich kirre machen. Als wären sie ein Teil von mir. Ist es Identität? Ursprung? Geht es um ein Ziel? Um Glück? All das vielleicht. Es sind alles nur Wörter. Vielleicht geht es um Heimat. Wo ich her komme. Wo ich hin gehöre. Wo ich zu Hause bin. Ist es nicht seltsam, dass sich der höchste Grad von Verliebtheit, den man sich vorstellen kann, zwischen der Mutter und ihrem Neugeborenen verwirklicht? Es ist schön, dem nachzugehen. Es macht mich ruhig. Der Gedanke des Todes spielt mit. Der Tod nimmt dich in etwas Vertrautes hinein. Oder Verliebtheit überhaupt. Wenn wir uns verlieben, sind wir auf die Spur von etwas gekommen, was wir immer schon gesucht haben, es war im Grunde schon da, die Sehnsucht zeigt uns den Weg dahin. Das Mädchen in der Hofstattstraße, lässig an eine Hauswand gelehnt. Cynthia bei der Wimsener Höhle, der Spaziergang mit ihr. Teresa auf Intensiv. Aufbruchstimmung. Wir sind in Aufbruchstimmung. Wir trauen uns was. Wir haben Herzklopfen. Das müssen wir, denn die Wahrheit ist verschüttet, die Heimat fern. Es ist ein uraltes religiöses Motiv, dass dich das Sterben zurück in die Heimat führt. Da hätten Verliebtheit und Sterben ihr Gemeinsames. Belmonte und Constanze in ihrem Duett vor dem Finale in der *Entführung* oder schlicht: *Quand les amants*, gesungen von Edith Piaf und Charles Aznavour. Gefühle der Sehnsucht. Starke Gefühle. Immer wieder habe ich Sehnsucht. Und ich weiß oft gar nicht genau. Nach dem Leben, das ich hatte und das nun zu einem so großen Teil hinter mir liegt? Nach dem versäumten Leben? Nach einem Zustand ohne Schuldgefühle? Nach gesteigerter Geborgenheit? Nach dem Paradies? Nach einer Welt, wo die Galeerensträflinge frei und die Heilande arbeitslos wären? Meine Sehnsucht wächst mit dem Alter. Weinerlichkeit kommt dazu. Ich kann das Weinerliche an alten Menschen nicht leiden. Aber wenn sie weinen, das kann ich gut verstehen. Sich weinend von der Welt verabschieden. Auch Christoph Schlingensief hat das getan. Er war noch nicht alt. So schön wie hier kanns im Himmel gar nicht sein, hat er empfunden. Mit dem Tod vor Augen produzierte er dann noch ein Kunstding, da hätte man schon den Titel nicht besser erfinden können: *Eine Kirche der Angst vor dem Fremden in mir.* Auch das war Weinen. Ohne Weinerlichkeit. Wir haben Schlingensief gemocht, in einer Weise, wie man seine Kinder mag. Die Kinder wachsen doch über uns hinaus und verrichten Dinge, die wir gar nicht mehr verstehen, und trotzdem lieben wir sie.

105

Manchmal berühren Teresa und ich uns kaum. Manchmal ist sie zu kaputt, manchmal sind wir so im Reden, will ich mal sagen, dass der Gedanke (bei ihr, will ich mal sagen), dass man sich berühren könnte, gar nicht aufkommt. Ganz anders die Wildbienen. Die bestäuben auf Deubel komm raus! Es gibt 570 Wildbienenarten, unter anderem die Hahnenfuß-Scherenbiene und die Zaunrüben-Sandbiene! Wer hätte das gedacht? Ach, wie gut, dass niemand weiß, dass ich Rumpelstilzchen heiß.

106

Einmal, in einer Stadt auf der Schwäbischen Alb, hat Teresa einen sterbenden Mann begleitet. Die Frau konnte ihren Mann nicht gehen lassen. Warum willst du denn gehen? Du kannst mich doch nicht allein lassen! Der Mann schien zum Schluss nur noch für seine Frau dageblieben zu sein. Teresa sagte, die Frau solle nicht klammern. Lassen Sie ihn! – Der Atem des Mannes wurde ganz ruhig. Die Frau hat ihm einen langen, zärtlichen Kuss gegeben, und dann ist der Mann gestorben. Jeder Tod ist anders. Es gibt kein Muster. Teresa setzt sich jedem Sterben neu aus. Nach der Sterbebegleitung, wenn alles vorbei ist, friert sie. Wenn ich so mit dem Tod konfrontiert bin, dann will ich ins Leben zurück, ich brauch das dann, sagte sie gestern zum Beispiel, als sie nach Hause kam, und stürzte sich in die Putzarbeit.

107

Ein jüngerer Kollege hat kürzlich verlauten lassen, die weiblichen Wortformen betonen zu wollen, sei kein akutes Problem mehr, die Linguisten hätten dieses Problem beseitigt. Ich wusste davon noch nichts. Ich kannte zwar das Gerede vom generischen Maskulinum, so dass du, wenn du Sportler sagst, auch Sportlerin oder Sportlerinnen meinst, aber genau darin liegt ja gerade *keine* Lösung des Problems. Ich saß gerade an meinem Platz im Lehrerzimmer und veränderte die Formulare. *Der Schüler Cordula Ammann liefert oft gute Sachbeiträge.* Ich streiche alle *Schüler* durch und schreibe stattdessen *Schülerin* hin. Dann steht wenigstens auf meinen Blättern, die ich weiterreiche: *Die Schülerin Cordula Amann... / Die Schülerin Klaus Weiß hat des Öfteren ihre Hausaufgaben nicht.* Das wäre dann das generische Femininum, das in der Diskussion aber kaum vorkommt. Ich denke an meine vier Damen. Däubler-Gmelin, Merkel, Schavan, Süßmuth: ein Quartett von Männern in Frauenkleidern? Das weltliche Reich? Aber irgendwie auch sau-cool! Ich habe Post von Cynthia. Geschrieben hat sie am 18. Mai. Am Schluss schreibt sie: Remember tomorrow, und freut sich über das Paradoxon. In der großen Pause machen wir ein Video für die Abiturfeier. Ich bin Reinhold und muss Franz Biberkopf aus dem Auto stürzen. Albschwergewicht Walter ist Biberkopf! Inzwischen verstorben. Ich habe mich außerdem entschlossen, alle Eltern der Problemkinder in der 5b noch einzuladen. Die Eltern sind immer Mütter. Die Kinder sind immer Jungen. Schröder sagt, die Merkel habe mehr Haare auf den Zähnen als er am Sack. Das ist ungezogen. Teresa und ich holen in der Stadt Prospekte für einen Polenurlaub. Später wird aus Polen Ahrenshoop. Aber zu diesem Zeitpunkt wussten wir das noch nicht. Am Abend kucken wir Fotoalben. Von der neugeborenen und dann bald einjährigen Tochter, ein anderes, als der Ehemann noch in der Familie lebte, die Sache war aber schon hin, und eins, als Teresa mit ihren Kindern in die Stadt kam. Kindergarten, Einschulung, Ballett, und was man nicht alles macht. Indem sie erzählte, durchlebte sie alles noch einmal. – Ich nenne *diese* Art von Perikopen, diese Absätze, diese Partikel oder Kapitelchen, bei Jean Paul vielleicht Zettelkasten oder Summula, wo sich das ganze Zeug ineinander schiebt, *stream of consciousness*, was man, auf meinen Fall gemünzt, mit *Früchtekörbe* übersetzen könnte. Ich mag sie, wie man die irren kurzen Schnitte in Werbefilmen mag. Ich vermute ihr Reiz liegt darin, dass man perzeptorisch eigentlich überfordert ist, es den Machern oder Macherinnen aber nicht übel nimmt, weil die so gesendeten Botschaften inhaltlich gar nicht so wichtig sein *können*. Es geht da um den ästhetischen Genuss. Nachtrag zu Kramp-Karrenbauer, die ja nun auch noch Verteidigungsministerin geworden ist. Die Bundeswehr habe das verdient! Höchste Priorität! – Wie geschmacklos. Sprechen wir auch von Frau Beer von der CSU. Beide haben hohe Ämter inne und werden einst tolle Pensionen erhalten. Von Frau Beer höre ich, das Binnen-I oder das Sternchen, um neben Männern auch Frauen zu benennen, verhunze die deutsche Sprache. So etwas zu sagen, ist verantwortungslos. Mir scheint, sie wäre bei der AfD gut untergebracht. Da *lebt* man diese Haltung. Wenn sie Sternchen und so nicht mag, könnte sie freundlicherweise ja zum Beispiel von Wirtschaftsanwälten und Wirtschaftsanwältinnen reden, aber das ist ihr die Sache nicht wert. Das ist ihr zu umständlich. Frauen auch zu erwähnen ist zu umständlich. Da passt es möglicherweise ganz gut, dass Frau Beer Staatsministerin für Digitales ist. Meines Wissens gibt es da nur Einsen und Nullen. Anderer Nachtrag zu Kramp-Karrenbauer. Sie macht ganz einsam Politik, indem sie einfach, solo, so Sachen sagt. Jetzt will sie uns Deutsche militärisch wieder auf Vordermann bringen, damit wir in der Welt wieder wer sind. Vielleicht weiß sie gar nicht, wie das vor über 75 Jahren mit uns aussah. Und dann geriert sie sich auf den Parteitagen, als sei sie das Gelbe vom Ei. Ich führe euch sicher in die Zukunft, ihr braucht mir nur immer gerne zu folgen. – Warum ist Kollege Scheuer noch im Amt? Hat sie das auch gesagt? Wenn man Paprika von hinten liest, ergibt sich: Akirpap.

Zwischen vier und acht Jahre alt waren die drei Kinder, als Teresa ihrem Mann das Valet gab. Eine große Mühsal, die drei alleine zu betreuen, zu pflegen, zu erziehen, Hoffnungslosigkeit, wenn ein schwerer Tag nicht aufhören will. Ich muss das nicht ausmalen. Wer Kinder kennt, weiß es. Du schaffst es, du bist stark, die Kinder dürfen sich auf deine Solidarität verlassen. Diesen Trost musst du dir leider selbst zusprechen. Raising children, Kinder aufzuziehen oder hochzubringen, ist eine *Lebensleistung*, ein Wort, das die englische Sprache so gar nicht hat.

Der gute Steuben macht ungebrochen, unverdrossen weiter, stets zuverlässig, zumeist wortreich. Schon als ich Student war, war er mein Zahnarzt. In den achtziger Jahren hats mich dann erwischt: präsenile Dissolution, hat er einmal gesagt. Wenn ich diesen Begriff Teresa gegenüber erwähne, lacht sie. Das ist eigentlich unfair, aber ich kann ihr nicht böse sein. Sie ist wie ein Kind. Sie reagiert auf senil, obwohl sie weiß, dass es prä-senil heißt! Ich kann das betonen, wie ich will, und mein Stolz ist bei diesem Thema nicht gerade auf Tauchstation, Teresa lacht halt. Bei meinem Zahnarzt kann jeder gebildete Mensch jederzeit seinen Wortschatz erweitern. Heute war es ein *Momentum*, eine scherzhafte Ermahnung an die Sprechstundenhilfe hin, und die Farbwirkung von Prothesen habe *biogen* zu sein. Mit neuem Biss bin ich dann zum Friseur. Zurzeit ist Salon Kurtz mein Favorit. Ich schließe die Augen und bin weit weg. Als Letztes verstrubbelt sie mir das Haar.

Aus den Abschiedsreden Jesu. Jesus stellt sich als Paraklet dar, Fürsprecher bei Gott, Helfer, Beistand, Tröster. Teresa erinnert sich über das Wort, wie ihre kleine Tochter, wenn es ihr nicht gut ging – sie wollte dann auf den Arm genommen werden, man musste mit ihr herumlaufen, sie streckte den rechten Arm vor und rief: Mama, tröste! Immer wieder. Tröste! Das Heil lag immer weiter vorne. Ich finde beachtlich, dass das Kind sich offenbar an gelungene Tröstungsaktionen erinnert, sonst käme es doch gar nicht auf die Idee, die Mutter zum Trösten aufzufordern. Oder? Jesus als Paraklet, das ist okay! Aber warum die Herren Jesus zum Gott erhoben haben, darüber komme ich nicht hinweg. Dieses mythische Denken – gut für kleine Kinder. Das waren so übertriebene Reaktionen. Der Witz ist ja, und nicht nur der Witz, sondern letzten Endes war es der Zweck der Übung, dass diese Herren sich mit der Erhöhung einer anderen Person *selbst* groß gemacht haben, was man bis heute am katholischen Getue auch wunderbar demonstriert bekommt. Ich war in Ludwigsburg einmal bei der Investitur eines katholischen Priesters, weil ich von dem Mann gute Nachrichten aus seinem früheren Amtsgebiet hatte, aber mich hat es schier aus dem Anzug gelupft. Solch ein Zauber! Das Heilige, das ist doch gar nicht so schwer zu begreifen, das sind diese Leute selbst! Ich sehe das heilige Gesicht von Kardinal Marx vor mir. Wie ein Pfannkuchen. Sein Nachfolger scheint diesbezüglich allerdings, den geschichtlichen Entwicklungen sei Dank, weniger heilig daherzukommen.

111

In der Friedhofsgärtnerei kaufen wir Blumen für den Sechzigsten (von jemand) und Teresa setzt mich bei schönstem Maienwetter an der Pomologie ab. Ich latsche unter Tränen die Memminger Straße entlang und den Elisenweg hinunter nach Hause ins Kreuzem. Ich halte Rückschau. Ich ärgere mich, dass ich als Vater Mist gebaut habe, und bin gleichzeitig sehr traurig. Ich habe einmal meine vielleicht achtjährige Tochter verhauen, weil ich sie damit nachdrücklich darin unterrichten wollte, dass sie sich von anderen Kindern nicht kritiklos zu irgendwelchen Sachen überreden lassen dürfe. Sie war abends im Dunkeln zu spät nach Hause gekommen, weil ihre Freundin sie noch angestiftet hatte, durch irgendwelche Rohre zu kriechen, und da haben sie die Zeit vergessen. Ich denke, das war der Tatbestand. Ich schäme mich auch heute sehr dafür. Ich muss mich überwinden, es wenigstens hin zu schreiben. Ich habe mich meiner Erinnerung zufolge auch ein zweites Mal als ein prügelnder Vater präsentiert. Ich war verführt durch ein Buch über Erziehung, das ich gelesen hatte. Ich glaube, ein Ehepaar Ritter hatte es geschrieben. Da stand, man solle, wenn es unter den Kindern Streit gäbe, nicht etwa erforschen, wer angefangen hat, und diese Sachen, sondern sollte alle gleichermaßen strafen, sprich, schlagen, denn alle wären mit Sicherheit irgendwie schuld, und dann war ich so irritiert, so dumm, so geil an dieser neuen Idee interessiert, siebziger Jahre, dass ich das in die Praxis umsetzte, weil es irgendwas gegeben hatte. Strafen! Ich bin entsetzt über mich selbst. Diese beiden Inzidenzen verfolgen mich nun seit guten vierzig Jahren. Ich kann mich einfach nicht verstehen. Ich finde es schlimm. Besonders schlimm ist es, wenn man bedenkt, dass jedes Kind, das »gestraft« wird, der strafenden Person haushoch überlegen ist. Es *selbst* müsste der Strafende oder die Strafende sein, spielt moralisch aber in der obersten Liga und würde nicht im Traum daran denken, so etwas zu tun.

112

Wir sitzen im Visavis. Teresa erzählt von ihren Suiziden: einmal eine Patientin aus Ulm, knappe zwanzig, mit ihrem

Bruder. Die wollten sich nicht einmal einen halben Tag Zeit nehmen. Der Selbsttötungsversuch sei ein Ausrutscher gewesen. »Da braucht meine Schwester eben eine Säschn beim Psychiater«. Eine andere Patientin erzählt, wie lebendig sie sich wenigstens dann fühle, wenn sie sich wieder einmal zu einem Suizid aufraffen könne. Da spüre sie etwas. Da erlebt sie sich. Und ich gehe auch heute zu Fuß aus der Stadt nach Hause, wieder über die Pomologie, dann Kammweg oder Aaraustraße usw. Ich denke, welchen Identitätsverlust die Pensionierung bedeutet. Bedeuten mag. Vielleicht folgt nach einer Phase der Umorientierung und Trauer auch ein Identitätsgewinn? Wenn nicht alles dem Beruf untergeordnet ist? Im Weggehen, in der Altstadt, hatte Teresa gesagt: Bleib mir treu. Ich fragte, ob ihr das wichtig sei. Sie sagte: im Groben schon! Wir haben uns zugewinkt, bis sie im Katharinengässle verschwunden war. Ich denke an die Welt, der ich hier in der Bundesrepublik, den Göttern sei Dank, *nicht* ausgesetzt bin: Frieren, Hunger, Terror, Folter. *Den Göttern sei Dank* hätte ich auch weglassen können. Auf wessen Konto geht denn das Elend der Welt?

113

Juni. Die alte Kapiteleinteilung schimmert immer wieder durch. Das wird bis zum Schluss des Buches so bleiben. Die Grundlage waren Tagebuchnotizen im Kreuzem, als ich zum ersten Mal in meinem Leben, zweiundsechzigjährig, Zeit für mich selbst hatte! Teresa in ihrem männermordenden grünen Leinenkleid mit Puffärmelchen. Sie ist noch ganz angetan von der Geburtstagsfeier. Pfarrer Weingärtner war dabei. Er ist in Pension. Im letzten Amtsjahr soll er manchmal Zeug durcheinander gebracht haben. Er ist bescheiden, gescheit, charismatisch, sicher einer der besten Prediger in unserer Stadt, seit Alber hier gepredigt hat. Er habe dem Geburtstagskind zwei fingierte Briefe überreicht, einen vom Bundespräsidenten und einen sogar vom Papst. Vielleicht hat Weingärtner ja die Liturgie auch schon einmal verwurstelt, bei Gott, ich weiß es nicht. Nichts ist, das auf der Welt, / Wie schön es immer sei, / Bestand und Farbe hält. – Gryphius. – Jetzt lacht das Glück uns an, bald donnern die Beschwerden.

114

Ich möchte den Menschen, die dieses Buch auf irgendeine Weise erworben oder sonst in die Hand bekommen haben, Mut machen, weiterzulesen, auch wenn bisher kein Mord passiert ist, keine Verschleppung, keine Entführung stattgefunden hat, keine sadistischen Handlungen an Untergebenen oder an Gefängnisinsassen, keine Schlächtereien oder Vergewaltigungen geschildert oder ausgemalt worden sind, unsere Stadt nicht plötzlich von Killerheuschrecken angegriffen worden ist, keine infame Intrige oder ein ekliges Wirtschaftsverbrechen zur Aufklärung gebracht oder eine vergessene Ethnie in den Strudel der Ereignisse gerissen wird. Es könnte jemand im Siechtum begriffen sein oder sein Gedächtnis verloren oder hinterlistigerweise zwei Kinder vertauscht und den eigenen Ehemann umgebracht haben oder: dass meine Enkelkinder auf eine Insel verschlagen werden und dort ihren eigenen Staat aufbauen müssen, oder dass ein Fötus mitbekommt und reflektiert, wie die Eltern einen Anschlag vorbereiten, oder, dass ein paar Ordensschwestern aus dem Fichtelgebirge als Zombies bei uns weiterleben und eine von ihnen plötzlich an unserem Frühstückstisch sitzt und sich beschwert, dass mein verstorbener Vater erneut regelmäßig übergriffig sei und ihr etwas antun wollte, oder ginge es darum, dass ein junger verheirateter Kollege seine Angststörung nicht los wird, dass eine investigative Reporterin oder eine kirgisische Prostituierte auf geheimnisvolle Weise umkommt, dass ein kleiner Hund in einer Röhre feststeckt oder dass ein grässlicher Fluch aus dem Mittelalter in unsere Tage nachhallt und ein ganzes Dorf zermalmt. Vielleicht aber auch, dass in diesem Buch alsobald historisch-politische Reflexionen angestellt werden, Königsberg der Bundesrepublik zuzuschlagen und die Krim unter türkische Verwaltung zu stellen. Auch könnte es um die Darstellung eines technischen Großprojekts gehen: dass man, um dem Anstieg des Meeresspiegels bei steigender Erderwärmung zu wehren, dazu übergeht, Wasser aus dem Meer abzusaugen und es auf den Mars zu transportieren. Vielleicht stellt sich aber gegen Ende des Buches gar heraus, dass die Gesamtheit der Nachrichten hier gefälscht, zu Deutsch: gefakt ist, insofern der Autor sich an irgendeinem Spiegelreporter süffig gelesen hat. – Nein. Das wird in diesem Buch alles nicht passieren. Ich weiß, dass es zum guten Ton gehört, Spannung aufzubauen, möglichst schnell in die Puschen zu kommen, wie sich eine Rezensentin meines ersten Versuchs geäußert hatte, und dann unter Strom weiter. Aber mir, Hugot, genügen die kleineren Dinge. Ich habe für die größeren kein Talent. Wem das zu doof ist – dann legt das Buch lieber weg. Noch gibt es ja die Chance.

115

Wir gehen in die Pomologie, es ist heiß, Teresa badet ihre Füße. Wir reden über die Zusammenhänge von Ostern, Himmelfahrt, Pfingsten und Fronleichnam. Ich erfahre, dass die Katholiken die Messe als Opfergottesdienst verstehen. Trinkt man im Abendmahl Blut? Isst man Menschenfleisch? Wir beobachten eine Familie. Eine der Töchter hat das Down-Syndrom. Sie gehen witzig miteinander um. Wir reden von Frau Lehmhoff. Teresa vergleicht den dazugehörigen Ehemann, strähniges Haar, ungebügelte Anzüge, mit einem geretteten Obdachlosen. Geretteter Obdachloser. Ein Beispiel für Teresas Mutterwitz (der bei ihr Vaterwitz heißen müsste). Am Abend kucke ich ohne Teresa Sabine Christiansen mit einem daherredenden Möllemann und einem stänkernden Goppel. Das Benzin sei zu teuer! – Die Herren haben dieses Problem heute nicht mehr, aber auch während die zweite Buchauflage entsteht, ist das Benzin zu teuer. Auch während die dritte Buchauflage entsteht, ist das Benzin zu teuer. Und jetzt soll ja auch noch eine CO_2 Steuer drauf. Und der Diesel hat zu viel NO_2 und die Habecks und die Baerbocks solle der Teufel holen. Und Covid ist eine hinterlistige Erfindung von Bill Gates. In den Echaz-Nachrichten kucke ich manchmal, ob ich den Tod meiner Schwiegermutter verpasse. Ein wichtiges Thema ist mir das nicht, ich bin vom Clan abgenabelt, aber trotzdem. Es kommt immer einiges zusammen. Die Schwiegermutter lebt inzwischen natürlich nicht mehr. Sie ist gestorben und begraben. Noch vor ihrer Ehe mit dem Schwiegervater, so geht die Erzählung, war sie einmal württembergische Jugendmeisterin im Speerwerfen.

116

Man korrigiert eine Schülerarbeit in der Meinung, sie sei von Frieder Kauffmann, weil man das auf dem Etikett so gelesen hat. Beim Weglegen des Heftes nach der Korrektur merkt man, dass das Heft von Frieder Kauffmann jetzt erst kommt. Man hat sich geirrt. Man hat den Namen auf dem obersten Heft vom Stoß gelesen, als man das zu korrigierende Heft schon geöffnet in der Hand hielt. Da erlebt man nachträglich, wenn man den Irrtum realisiert hat und die Arbeit noch einmal durchgeht, wie einen beim Korrigieren Erwartungshaltungen bestimmen, die sich an den Namen knüpfen. Das korrigierte Heft war von Dominik Stayrer und die Arbeit war bei genauerem Hinsehen gar nicht so schlecht. Ein sehr böser Spruch im Lehrerzimmer: Der hot a Vierer-Gsicht. Mehr isch doo ed drin!

Ich habe mein Leben lang ganze Nächte hindurch korrigiert,
mit Deutsch und Englisch bist du immer dabei. Dann heißt
es kurz vor fünf Uhr nachts ins Bett und um halbsieben
Uhr wieder aufstehen. In meinem nächsten Leben werde ich
Lateinlehrer. Latein und Mathe. Am liebsten noch Polnisch
dazu, für Arbeitsgemeinschaften am Nachmittag.

Es gibt ein sehr brauchbares Buch von Bernard McLaverty,
das ich jetzt schon zum zweiten Mal in einem Englisch-LK
gemacht habe: Der IRA-abhängige, katholische Protagonist
verliebt sich in die Frau des von ihm und seinem Kumpel
erschossenen protestantischen Polizisten und sie sich in ihn.
Da spielt der Isenheimer Altar die Rolle eines zentralen Sym-
bols für Schuld und Sühne, Verbrechen und Strafe. Und dieses
Buch tritt achtzehn Jahre später wieder in mein Gedächtnis,
als Großbritannien aus der EU austritt und viele Menschen
befürchten, dass es zwischen der Republik Irland und Nordir-
land erneut zum Krieg kommen könnte. *Cal.* Der Brexit ist
mir ein Rätsel. Vielen Briten offensichtlich auch. The British
are a horse of another colour? Der dreijährige Sohn meiner
Gastgeber in den frühen sechziger Jahren sagte zu seiner
Mutter morgens im Bett: Mum, I love cabbage. Ich sage: Hea-
vens above, I love Great Britain. Ich bezweifle übrigens, ob
man den sogenannten Backstop wirklich braucht. Vielleicht
waren die Europäer in den Verhandlungen zu stur.

Teresa muss einen Vortrag halten. Sie stößt auf ein krasses Beispiel einer Krisenakkumulation. Eine Frau hat eine
komplizierte Hüftoperation. Ihr Mann geht gerade in den
Ruhestand. Ich, Johann Frederik Hugot, weiß, das ist als

Krisenpotential nicht zu unterschätzen. Der Bruder der Frau stirbt. Beide Töchter ziehen aus. Natürlich wäre das Stoff für einen ganzen Roman. Vielleicht kein ganz großer Roman mit über fünfhundert Seiten, aber auch, wenn es nur 114 Seiten wären. Heute reicht das für einen Roman. Heute ist jedes kleine erzählerische Werk ein Roman. Weit weg von den Ursprüngen des Begriffs.

120

Nur das Schöne und Starke findet Anerkennung. Du musst besser und schneller sein als dein Nachbar. Dorothee Sölle sagt, wir können uns doch nicht auf das geistige Niveau des Kapitalismus zurückschrauben und ständig Sinn mit Erfolg verwechseln. Eine unglaublich gute Formulierung für so vieles, was uns heute widerfährt und was wir selbst mit uns anstellen! Sinn mit Erfolg verwechseln! Wenn also jemand Erfolg hat, und sein kleines Möbelgeschäft wächst und wächst und bald knacken die Einkünfte die Millionengrenze, dann ist das Sinn! In der Zeitung lese ich, man könne den neuen Kapitalismus ruhig mit einem totalitären System vergleichen, und wenn ich die Gewinne der großen Energiefirmen, der digitalen Riesen oder der Finanzjongleure und Spekulanten betrachte und die Ohnmacht der Politik reflektiere und beobachte, dass ihre Repräsentantinnen und besonders ihre männlichen Pendants in die kapitalistischen Machenschaften häufig selbst (tief) verstrickt sind, kann ich das gut nachvollziehen. Ich denke zum Beispiel auch an den schockierenden Tod von Ken Saro-Wiwa dieser Tage, hatte ich geschrieben. Der Mann hatte den Mut, sich gegen die Machthaber zu stellen. Die Liste der Saro-Wiwas ist inzwischen sehr lang. Ein aktuellerer Name, als ich das alles noch einmal betrachte, ist der von Jamal Khashoggi und, noch aktueller, der von Alexej Nawalny. Aber leider ist mit drei Namen noch nicht viel gesagt, so herzzerreißend das

Schicksal der Betroffenen ist. Dass ein Prozent der Weltbevölkerung fast achtzig Prozent des Weltvermögens besitzt, ist ein so ungeheurer Gedanke, dass man ihn kaum wirklich zu denken wagt, geschweige denn, ihn zu reflektieren sich traut und Schlüsse zu ziehen, die unser Handeln bestimmen. In einem Interview mit der *Zeit* sagt Philippe Martinez folgendes: Ein Hemd der französischen Nationalmannschaft kostet heute bei uns 80 Euro. Der Lohnanteil in China liegt bei 40 Cent. Weil das zu teuer ist, produziert man die Hemden nun in Vietnam mit einem Lohnanteil von 20 Cent. Und Thomas Assheuer beschreibt unter Berufung auf John Locke, Richard Hofstadter und Fintan O'Toole den in Amerika herrschenden Sozialdarwinismus. Wer es nicht schafft, bleibt eben liegen. Selbst schuld. Und wer für Covid 19 nicht stark genug ist – nun ja! Man muss doch nicht alle retten! – Da ist Trump schon der richtige Mann.

121

Es ist Mitternacht. Die beiden Schülerinnen, sechs und elf Jahre alt, tragen weiße Schleier und spielen mit Tüllfetzen. Ich sage zu den Mädchen, ich werde sofort zurückkommen und euch nach Hause bringen. Dann gehe ich mit meiner früheren Frau: Der Garten erinnert an Kamień Pomorski, woher ich (wie Uwe Johnson) gebürtig bin. Ein bisschen verlottert. Die Szene ist konkret dann aber doch im Flur unserer ersten gemeinsamen Wohnung hier in unserer Stadt, im Kammweg. Meine Frau schält unten, gleich über dem Fußboden, ganze Hände voll Ungeziefer hinter den Tapeten hervor: Maden, Würmer, Spinnen, immer mehr. Die Nacht ist vorangeschritten und mir fällt ein, dass ich die beiden Mädchen vergessen habe. Ich gehe in den Park – nein, Verzeihung! – ich gerate in Panik und wache auf. – Ich möchte meine Träume verstehen, ich habe Carl Gustav Jungs Empfehlungen, die Menschen sollten sich mit ihrem

Unbewussten arrangieren, lange genug missachtet. Ist es nun, dass die augenblicklich statthabende Aufarbeitung der Vergangenheit, siehe das Ungeziefer hinter der Tapete, das, wenn es sprechen könnte – zum Beispiel über eine Made sich artikulieren könnte – vermutlich sagen würde: *Du, hör mal, du Lump, irgendwas stimmt doch da in deiner Ehe nicht, da musst du dich mal kümmern*, mich meine Pflichten in der Schule vergessen lässt? Was aber sollen die bräutlichen Attribute der beiden Mädchen? Dass ich eher mit der Schule verheiratet (gewesen) sei?

122

Ich fahre mit dem Rad nach Bad Urach. Drei Stunden mit Jock und seiner neuen Hüfte vergehen schnell. Als er Ende fünfzig war, hatte er eine große Krise. Ehe, Beruf, alles. Davon erzählt er mir, und von seinen Bemühungen, sich ein Bild von Gott zu machen. Was man ja eigentlich gerade nicht soll, oder wie? Er liest Drewermann. Er ist 77. Ein feiner Geist! Er war mehrere Jahre in Kriegsgefangenschaft. Er habe es genossen, Englisch zu lernen, Englisch zu sprechen. Später hat er Ökonomie studiert. Um sieben kommen die Damen. Wir gehen essen. Teresa und Jock trinken ein Viertel Wein. Auf der Rückfahrt packen wir mein Fahrrad ins Auto und Teresa dazu. Sie hockt hinten drin in ihrem eigenen Auto, *Unterm Rad*, im wahren Wortsinn, mit eingezogenem Genick. Trotzdem behält sie ihre Laune.

123

Meine Vermieterin bringt mir ein Essen rauf. Fette Kohlsuppe mit Fleisch. Borschtsch. Ich höre mir die Geschichte an, wie der Doktor mit der schönen Tochter meiner Vermieterin nun doch zusammenziehen will. Ich weiß schon, wenn ein Essen die Treppe hoch kommt, dann gibt es Neuigkeiten!

Die Tochter will aber ihre Pfullinger Wohnung (sicherheits-halber?) noch behalten. Ich könnte sie (vorübergehend) um achthundert Mark haben (die Wohnung), will aber nicht. Immer wieder hat meine Vermieterin solche Schnapsideen, obwohl gerade *sie* nicht alkoholkrank ist. Einmal sollte ich billig zwanzig Sakkos kaufen, ein anderes Mal fand ich mich, ehe ich mich versah, in meiner eigenen Wohnung als Mitbewohner einer WG wieder, zwei junge Georgierinnen waren eingezogen, eine davon unendlich hübsch, so dass mir schwindlig wurde. Teona Dadiani. Ich traue mich das trotz verschärfter Datenschutzvorschriften so hinzuschrei-ben. Wirst du das hier je zu lesen bekommen, teure Teona?

124

Als Heranwachsende hat Teresa einmal an Sepp Mayer geschrieben. Sie zitterte mit Timo Hildebrand, seit er im VfB-Kader war. Wenn ein Torwart seinen Job macht und einen nicht ganz leichten Ball brav rausholt, ruft Teresa: Mann, ist das ein toller Torwart! Man muss aber kein Torwart sein, die *meisten* jungen Fußballer finden den Weg zu Teresas Herz schneller, als sie rennen können. Das jüngste Beispiel, wie eine Rakete: CR7. Die Männer in unserem Freundeskreis rol-len dann immer die Augen, wenn sie sich outet. Das ist lus-tig. Aber wenn wir schon beim Fußball sind, den Teresa und ich gleichermaßen mögen, will ich die Gelegenheit nutzen und mich öffentlich über eine blödsinnige Regel ärgern. Der 1. FC Heidenheim darf 2020 nicht in die Erste Bundesliga aufrücken und muss sich wegen dieser blödsinnigen Regel (Auswärtstore zählen mehr) gegen SV Werder Bremen ge-schlagen geben, obwohl Bremen es in zwei Spielen nicht geschafft hat, Heidenheim zu besiegen, sondern zweimal unentschieden gespielt hat. Das ist unfair. Ein Tor ist ein Tor! Basta! Man könnte ja hundert andere Gründe hernehmen, um zu sagen: Das war jetzt kein so ein wertvolles Tor. Ein

Tor zum Beispiel, wo der Ball nur über die Torlinie *rollt,* oder eines, das bei fürchterlichem Regen erzielt wurde. Schafft sie ab, diese blödsinnige Regel, ihr Funktionäre! Wozu haben wir das Elfmeterschießen?

125

Der letzte Tag der Schulferien. Dass ich aufhören will, wird immer klarer. Ich habe mir vorgenommen, mir dann ein Jahr lang keinen Druck zu machen und zu sehen, wie die Dinge sich entwickeln. Aufarbeiten, was sich schriftlich angesammelt hat, Italienisch lernen. Vorerst. Ich lese einen kleinen Roman von Ane Schmidt (*Jalousien*): unruhig, geil, besorgt, voller Schönheit und Intensität. *Feuchtgebiete* sind trotz des sehr guten Titels sehr trockene Kost dagegen. Kontrast von feucht und trocken. Den Abend sind wir im LTT. Theatersport. Teresa freut sich wie ein Molkendieb über die Fantasie des Stegreiftheaters und die Verwandlungskünste der Agierenden, über den getanzten »Seerosengießer« von Helge Thun zum Beispiel. Am Abend fantasieren wir unsere eigenen Fantasien. Figura etymologica. Heideblitz, sagt Teresa.

126

Dignitas. Hat auch in Deutschland ein Standbein. Man bekommt, so bin ich informiert, zum Sterben, 1dl Wasser mit 15g Natrium-Pentobarbital. Ich bin leider auch in der chemischen Wissenschaft ein Analphabet. Vielleicht reicht den Sensibleren unter uns ein Bad im Badewasser eines nahen Angehörigen, wie bei Goldfischen. Im Ernst gesprochen aber bin ich in der Tat ein Verfechter von aktiver Sterbehilfe oder Assistenz beim Suizid, und ich werde ungehalten, wenn gewisse Leute das Thema auf Palliativmedizin und Hospiz einzugrenzen versuchen und niedlich daherreden wie Ursula von der Leyen zum Beispiel, ehe sie Miss Europa wurde, ebenso wie ihre edle Bischöfin. Sie sind ideologisch verrammelt, sie können sich nicht vorstellen, wie viel schöner der Tod sein kann als das Leben! Es ist unwürdig, sieche Menschen *gegen* ihren freien Willen am Leben zu erhalten. Es ist auch Quatsch, im Sinne mancher Christen zu argumentieren, nur Gott dürfe über mein Lebensende entscheiden, weil er mir das Leben gegeben habe, denn er hat mich dann auch mit dem freien Willen ausgestattet, darüber selbst zu entscheiden. Oder will er uns den freien Willen etwa nicht gegeben haben? Sollen wir in seiner Knechtschaft leben und immer tun, was er oder seine geschliffenen Interpreten sagen? Und dann wäre der Satz noch zu hinterfragen, ob wirklich Gott mir das Leben gegeben hat. Ich finde den Gedanken so schrecklich abstrakt, dass er allen Sinn verliert. Sind es denn nicht eher meine Eltern gewesen? Eher, sage ich, denn, mir das Leben *gegeben* zu haben, ist auch nicht gerade glücklich ausgedrückt. Die sind doch nicht irgendwann in den Herbstferien zusammengekommen und haben gesagt, du, komm, jetzt geben wir dem Johann Frederik das Leben. Weitere Fußnote: Dem Bundesverfassungsgericht müssen meine Ausführungen hier irgendwie bekannt geworden sein. Sie haben jetzt ein Urteil zu diesen Fragen in meinem Sinne gefällt. Zack. Die Froschkönigin.

127

Teresas jüngere Tochter arbeitet bei Minimal, sie braucht Geld für den Führerschein. Teresas Sohn brennt eine CD. Er hat das Problem, ob er nicht bis zum Abitur weitermachen soll. Er hat gejobbt und fand das ganz schön blöd und dann hat er gesagt, ich fühle mich für die Arbeitswelt noch nicht reif. Heute *hat* die Tochter natürlich ihren Führerschein und braucht ihn, um ihre drei Kinder zu ihren Besorgungen und Aktivitäten zu fahren, und der Sohn ist *natürlich* reif für die Arbeitswelt geworden und hat soeben angefangen, Enkelkinder in die Welt zu setzen. Mein Betablocker hieß damals Nebilet. Mein Ansprechpartner in Aulendorf war Dr. Thannhäuser. Dieser hatte prophezeit, jener werde keine Potenzstörungen verursachen! Ich bin Ärzten begegnet und auch einer Ärztin, denen diese Frage gleichgültig war. Dr. Thannhäuser war es nicht egal, ein Nachfahr des Priapos. Im Traum verwehrt mir ein junger Krimineller den Eintritt. Aber Eintritt wozu? wohin? Seine linke Hand hielt er mir mit dem Handrücken vor die Augen und schlug mit seiner rechten Hand, mit der Handkante, in die linke hinein: Wenn ich dich heute Abend hier noch einmal sehe, bist du dran. Ich hatte Angst und bin nicht hinein. In einem anderen Traum haben Teresa und ich einen authentischen Kriminalfall gelöst, und in einem dritten begegne ich in einem leeren Zimmer einem intergalaktischen Anwalt, der der Rechtsberater meiner Frau ist, und rechne schon mit allem Möglichen, aber es war dann gar nicht der große Herausfinder und Spion, sondern eine Maske, und hinter dieser Maske verbarg sich meine zweite Tochter. Sie nahm am Ende die Maske ab. Sie interessiert sich für die Zahlungen, die ich für ihre Mutter leiste.

128

Die Unterhaltsforderungen an mich, seit wir getrennt wohnten, waren überspannt gewesen. Da hat mit Sicherheit die Tatsache eine Rolle gespielt, dass meine Frau sich an ihren Schwager gewandt hatte, der mit Hilfe eines weiteren Kollegen derselben Kanzlei in die sachliche Auseinandersetzung einen wilden Trotz eingeführt hatte, was ich sogar verständlich fand. In Antwort darauf habe ich mir dann doch auch einen Anwalt genommen, und zwar keinen beliebigen, und keine Platzpatrone aus den Gelben Seiten, keinen Schlaumeier aus der Nachbarschaft, keinen fremden Kellermeister, der immer noch ein bisschen Most abzapfen will, und auch nichts Intergalaktisches. Jetzt gibt es eine Lösung, mit der beide Seiten zufrieden sein können. Ich zahle etwas mehr, als ich müsste, weil mich die Regelung, dass meine Frau mit der Scheidung aus der Beihilfe herausfällt, echt erbost, um nicht zu sagen, wütend macht. Sie kann auch nicht zurück in die gesetzliche Krankenkasse. Was für ein Irrsinn! Ich hoffe, dass sich mein Buch in den einschlägigen Ministerien des Sozialen und der Gesundheit verbreitet und dort ein Verständnis dafür weckt, dass man aufpassen muss, was mit den Partnern passiert, wenn sich ein Beamter oder eine Beamte, deren Partner nicht auch Beamte sind, scheiden lassen. Wäre ja auch etwas für unseren stromlinienförmigen Gesundheitsminister, der die Gesetze im Takt einer Ladenkasse raushaut.

129

Dem Vorsitzenden des Beamtenbundes selbst werde ich das Buch natürlich auch schicken. Ich werde ihm dabei auch eine meiner Lieblingsideen, was soziale Reformen betrifft, mitteilen. Ich bin seit Jahrzehnten der Meinung, dass Beamte und Beamtinnen, wenn sie die hohen Ränge erreicht haben, viel zu hohe Pensionen erhalten. Das betrifft auch das Heer von Ministern und Ministerinnen, Ministerialbeamten und Beamtinnen und Abgeordneten in unserem Land und in unseren hundertneunzehn Bundesländern und in unserem gigantischen Parlament in Berlin. Dem deutschen Volke! Eine Geldverschwendung, die ihresgleichen sucht! Sollen sie sich doch von ihren bravourösen Gehältern rechtzeitig etwas zurücklegen, wenn sie den ganzen Komfort wirklich auch im Alter brauchen! Ich frage mich oft, was kann jemand im Alter mit einer Pension von mehr als vielleicht vier oder fünftausend Euro denn wollen? Andere haben vielleicht eintausendfünfhundert und wieder andere noch weniger. Wie viele Menschen in unserem Puppenstubenland haben keine tausend Euro zur Verfügung! Und die Zahl derer, bei denen es noch krasser ist, geht in die Millionen. Man kann sein Geld nicht in den Tod mitnehmen. Mammon will das nicht. *Jedermann* erzählt von diesem Problem. Warum kann man den explodierenden Reichtum oben nicht abschöpfen und den »*einfachen*« Menschen mit dem Abgeschöpften ein angenehmeres Leben verschaffen: ohne finanzielle Not und die zermürbenden Alltagssorgen? Den Krankenschwestern und Pflegern, den Erzieherinnen, den Leuten im Polizeidienst, den Angestellten in den Supermärkten, den Putzhilfen, den alleinerziehenden Müttern, den Friseurinnen und vielen vielen mehr. Den Austrägern zum Beispiel! Das Geld ist doch da! Warum verdient ein Mensch, der eine Maschine wartet, mehr als einer, der Kinder betreut oder gebrechliche Alte wäscht, wird immer wieder gefragt. Aber die Antwort bleibt aus. Es heißt im Gegenzug hysterisch: Aber die Wirtschaft muss laufen, das Geld muss doch woher kommen. – Das ist doch selbstverständlich! Das bestreitet niemand, der sich für einen guten Sozialstaat einsetzt. Nein, es geht uns um die krasse Ungerechtigkeit des Zuviel auf der *einen* Seite und um die jahrtausendealte Verhärtung der Herzen und Sinne der Besitzenden. Sie bewegen alle Hebel, sie beschäftigen millionenschwere Anwälte und Anwältinnen und Steuerberater und Steuerberaterinnen und Vermögensverwalter und Vermögensverwalterinnen und tricksen und betrügen, was das Zeug hält, nur um nichts hergeben zu müssen. Dividendenstripping. Cum-Ex. Das finanzielle Potenzial allein, das zur *Abwehr* von Ausgleich arbeitet, würde vermutlich gut genügen, um einen Mindestlohn von 23 Euro zu verankern. Warum haben wir eine SPD (wer sonst sollte so etwas politisch angehen?), die sich nicht traut?

130

In der Aula begegne ich einer Schülerin. Kommt die junge Gräfin die Treppe herunter, trägt einen langen schwarzen

Rock, hochhackige Sandalen. Ihre kleine Bluse mit dem hübschen kleinen Busen darin ist weiß. Ihr Name ist Venus. – Trinkt, o Augen, was die Wimper hält, / Von dem goldnen Überfluss der Welt! – Ich denke in solchen Augenblicken immer auch, was für ein Vorteil es doch ist, auf die Welt gekommen zu sein, ein Mensch geworden zu sein. Ich vergleiche uns mit denen, die es nicht geworden sind. Weil irgendwelche bösen Forscher sie in den Ausguss geschüttet haben oder weil die Eltern nach dem Fernsehen zu faul waren oder weil da zwischen irgendwelchen potenziellen Eltern einfach gar nichts stattgefunden hat, wie zum Beispiel zwischen jenem *assistant teacher* anno 1961 in Chiswick und der hübschen Martine aus Dakar, oh, oh, oder weil es überhaupt gar niemanden gab, der einen gezeugt hätte, oder wegen der Kondomindustrie. Es bedarf meiner Meinung nach unserer fragwürdigen Strukturen, Kleist spricht von der *gebrechlichen Einrichtung der Welt*, damit Schönheit möglich wird. Ich bezweifle, dass es in der flachen Konturlosigkeit des Paradieses so etwas geben kann. Ich korrigiere mich: Ich *weiß*, dass es in der flachen Konturlosigkeit des Paradieses so etwas nicht geben kann. Das Konkrete, sich der Bestimmung Entziehende, präsentiert sich gern als ein Schönes. Und wenn es mal so richtig gut drauf ist, dann sprechen wir von einer schönen Frau. Wie war das doch? So schön wie hier kann es im Himmel gar nicht sein. *Trinkt, o Augen* ist aber nicht von Schlingensief, sondern von Gottfried Keller.

131

Ich habe geträumt. Ein greiser Professor, der vor einem riesigen Auditorium in Tübingen Eichendorff macht, hakt, um den Rhythmus eines Gedichts zu verdeutlichen, plötzlich zwei Assistenten unter und fängt zu schunkeln an, was sich in den ganzen Saal fortsetzt. (Eichendorffs Rhythmus kann das nicht wirklich sein!) Dann lässt er sich »authentische Eichendorffschuhe« geben und sägt mit einem Taschenmesser gewisse Riemen davon ab. Er demonstriert, wie leicht das dann ist. Im Traum macht das Sinn. Die ganze Lektion ist im Traum pädagogisch von außerordentlicher Klasse.

132

Ich habe mich bei der Behandlung romantischer Gedichte im Leistungskurs ganz auf Eichendorff konzentriert. Fraue, in den blauen Tagen / Hast ein Netz du ausgehangen, / Zart gewebt aus seidnen Haaren, / Süßen Worten, weißen Armen. // Und die blauen Augen sprachen, / Da ich waldwärts wollte jagen: / ›Zieh mir, Schöner, nicht von dannen!‹ / Ach, da war ich dein Gefangner! – Toll! *Da ich waldwärts wollte jagen* wurde für eine längere Zeit ein Arbeitstitel für dieses Buch. In der Prüfung damals kam dann ein Gedicht von Brentano dran, der übrigens, zu allem hin, was man Aufregendes über ihn sagen könnte, ein Judenhasser war. Immerhin haben trotz der manipulierten Voreingenommenheit für Eichendorff drei Schülerinnen aus meinem LK die Gedichtinterpretation gewählt. Ich habe als Germanist Glücksgefühle, wenn ich erlebe, dass auch andere Menschen gerne Gedichte lesen oder gar interpretieren. Susan Sonntag und Hans Magnus Enzensberger schimpfen über Gedichtinterpretationen, aber sie haben dabei etwas anderes im Sinn. Sie denken an Interpretation als ein zu Lehrendes und sagen, mit der dann erzeugten konkreten Gedichtinterpretation vergewaltige man den konkreten Text. Und wenn ich Sonntag und Enzensberger erwähne und mir auch andere vorstelle, die ich als Intellektuelle bewundere, Karl Heinz Bohrer, in gewisser Weise Wolf Wondratschek, Ursula März (und es gibt wirklich viele viele andere mehr!), dann möchte ich anmerken dürfen, wie klein ich mich oft neben ihnen fühle. Wie klaffen doch die Begabungen auseinander!

133

Ich träume viel. Ich komme in ein Altersheim und finde dort meine geschiedene Frau, ihre Mutter und ihre Schwägerin. Meine Frau apathisch, leicht zurückgelehnt, die Augen sehr klein, ihre Mutter schräg dahinter, abgemagert, die Schwägerin neben ihrer Schwiegermutter, aber liegend, ebenfalls abgemagert, gealtert. Ich zögere, ob ich auf die drei zugehen soll, ich tue es. Ich gebe meiner Frau die Hand und frage, wie gehts dir? Der Schwiegermutter nicke ich nur zu, und der Schwägerin strecke ich die Hand entgegen, sie aber sagt: Mit dir möchte ich nichts zu tun haben. Ich wende mich ohne Emotionen ab. Ich glaube, ich habe einen weißen Kittel an.

134

Der Ehemann der geträumten Schwägerin, mein damaliger Schwager, als er hörte, wir würden auseinandergehen, das war nun außerhalb des Traums, hatte einen Kredit, den er uns für einen Wohnungskauf auf unbestimmte Zeit und zinslos überlassen hatte, umgehend zurückgefordert. Das heilige Geld. Diese Aktion meines Schwagers hat für mich eine überragende symbolische Bedeutung gewonnen. Außer meinem Patensohn in Regensburg, der selbst in einer Patchworkfamilie lebt, hat sich die ganze Sippe von dem Missetäter abgewendet. Ich weiß nicht, ob es der Schock war? Ist es als dünkelhaft zu interpretieren? Wissen sie es einfach besser als ich? Könnte ja sein. Ich habe aber, je länger das schon geht, desto stärker, das Gefühl, es geht nur um Moral, und zwar um Moral in jenem engeren Sinn, dass du selbst nicht unter die strengen Regeln fällst, die du aufstellst. Ich glaube, ich müsste schon Lessing, Kant, Voltaire und Kemal Atatürk in einer Person sein, um diese Starre aufzubrechen. Corinna, in der Schule, wo alles ganz anders ist, sagt mir, wie traurig sie sein werde, wenn ich gehe.

Es ist Fronleichnam. Niemand kennt die Etymologie dieses Wortes. Ich habe mich schon längst einmal gekümmert, aber die Leute fragen mich nicht: Du-u, warum heißt das eigentlich Fronleichnam? Ich fahre mit Teresa zu ihrer Mutter nach Biberach. Welche im Krankenhaus liegt. Herzklappe. – Rund um mich her ist alles Freude! – Das Schützenfest-Lied in Biberach. Die Zeit in Schwermut zu verträumen, heißt es da auch, ist Gottes Welt zu voll, zu schön. In Biberach dreht sich immer alles um die Schütze. Ein Essen bei Kolesch, unter den schönen Kastanien. Der Wirt erzählt uns ein bisschen von den brodelnden späten sechziger Jahren in Biberach, wo die lokalen Strukturen aufgemischt worden sind. Ich muss an eine auch von revolutionären Gedanken angehauchte Schülerin von mir denken, die auf ihre Weise um ihre Rechte und die ihrer Klasse kämpfte. Ich erinnere mich an einen witzigen Text aus der neunten Klasse. Es ging darum, eine Kaffeemaschine »in die Klassengemeinschaft zu integrieren«. Die Überschrift war: »Zu hoffende Lösung«. Die Schulleitung war gegen Kaffeetrinken in der Neunten. Und wie sollen Fünfzehnjährige, frage ich, ohne Kaffeemaschine im Klassenzimmer, bitteschön, groß werden? Als ich mit dem Stadtbus auf dem Weg ins Kreuzem bin, spüre ich eine Unruhe und meine Augen bleiben wieder überall hängen, wo sie nicht sollen. – Was ist Promiskuität?

Eine andere Schülerin, Maria Montessori, hat im Unterricht kürzlich eine kleine Szene als Lehrerin gespielt. Streng, aufrecht, gerade, ein sehr entschlossenes Gesicht, sie wusste genau, was sie wollte, und war schlank und schön. Wenn sie spielt, verwandelt sich die ganze Person in etwas Bestimmtes, Festes, voller Konzentration und Grazie. Ich höre, dass sie Ballettunterricht nimmt. Sie ist für mich zu einer Art

Wunschbild dafür geworden, dass ich auch im Ruhestand noch einmal Schultheater mache. Die Kraft dieser jungen Menschen macht mich verrückt. Inzwischen hat sie aber ihr Abitur, und ich habe keinen Finger gerührt. Mein Ruhestand, das kann ich nun zu einem großen Teil überblicken, ist nicht durch Theaterarbeit gekennzeichnet gewesen oder auch jetzt nicht gekennzeichnet, sondern durch Flüchtlingsarbeit. Das ist auch gut. Ich sag es euch allen: Ich habe in den siebzehn Jahren, die ich das jetzt mache, unter den Flüchtlingen nicht einen einzigen gehabt, den man einen Lump oder als Frau vielleicht eine Schlampe nennen kann, sondern durch die Bank prachtvolle Menschen, und wenn ich intensiver an sie denke und zurückdenke, kann ich meine Tränen nicht unterdrücken. So viel Herzlichkeit, so viel Demut und Dankbarkeit, so viel Inspiration, so viel Erschöpfung und Elend! Für sie würde ich noch das Beten anfangen. Ich habe in dieser Arbeit Sinn gesehen. Erfolg war leider eher klein geschrieben. Diesem *Wir schaffen das* ist leider viel zu lange nichts gefolgt, das nach Integrationsbemühungen aussah!

137

Von Maria Montessori und den Flüchtlingen zu Maria Müller und den Evakuierten. Maria Müller – das war ein erotisches Schlüsselerlebnis, als ich fünf oder sechs Jahre alt war. Meine Mutter war immer nur eine Person im Hintergrund gewesen. Den Vordergrund füllten die jüngeren meiner älteren Geschwister aus (alle meine sechs Geschwister sind älter als ich) sowie Besuch, den wir hatten, und Hausmädchen, oft solche, die man damals Pflichtjahrmädchen nannte. Seit 1944 kamen auch Evakuierte aus dem Raum Essen zu uns nach Pommern. Ein gestrenger katholischer Herr Müller und seine Tochter Maria gehörten dazu, die dann bei uns einquartiert waren. Maria war dunkelhaarig, nicht sehr groß, wahrscheinlich sechzehn Jahre alt und hatte schon eine frauliche Gestalt. Ich sehe sie mich auf den Arm nehmen, es kann sein, sie wollte mich trösten, weil ich mich angestoßen hatte, und ich erlebte eine kleine Verzückung. Ich bekam ihre Brüste zu spüren. Warm, weich, pneumatisch. Ein tolles Gefühl. Von mir durch ihren Pullover hindurch floss ein winziger Strom elektrischer Liebe. Oder die andere Richtung. Wechselstrom? Ich spürte gleichzeitig Dankbarkeit. Ich, Ödipus, hätte nicht die welkende Mama, sondern die süße Erzieherin geheiratet.

138

Mit der Post kommt eine Rechnung von den Psychologen aus der Reha. Im Grund ist das ein Witz, denn mein Psychologe dort war, bezogen auf seine Arbeit mit mir, mit Verlaub, eine Krücke. Gut, vielleicht wollte er das so: Krücke – verstanden als Stütze? Dieser bärtige Seelenklempner hat in den wenigen Sitzungen, die ich ihm gewährt habe, ehe ich ihn bestreikte, immer nur darauf geachtet, dass ich ihn gut unterhalte, er wäre sonst vielleicht eingeschlafen. Auf der Rechnung steht psycho-physische Erschöpfung, die ich, und nicht etwa der Psychologe, gehabt haben soll. Auch das ist frech, denn psychisch war ich sehr stark. Was einen nerven konnte, waren eben nur die Sitzungen mit diesem Experten. Teresa ist allerdings anderer Meinung, sie sagt, ich sei zu jener Zeit äußerst labil gewesen. Am Abend kommt sie. Klopft wie eine Fee an die Tür meines Zimmers. Das Klopfgeräusch, wenn sie an die Glastür klopfte, höre ich noch heute. Unsere Haustür im Kreuzem war immer offen, so konnte Teresa auch immer gleich bis zu meiner Glastür vorstoßen. Beim Frühstück im Bett am nächsten Morgen hören wir die Entführung, und gegen die Krümel auf dem Laken (Laiduech, das Leintuch) setze ich meine spezielle Bürste dafür ein und ernte Teresas Spott. Heit koosch joo endlich amool dei silberne Kriemelbirscht oowende! Es erklingt die Marterarie. Später erzählt sie mir von ihrem Traum oder der ganz anderen Welt. Der Raum war voller Beziehungen, sagt sie. Alles waren Beziehungen. Ein wirres Durcheinander von Schleifen, Schnörkeln und Bändern. Barock und schwülstig. Oft sind es solche Beziehungswelten, manchmal sind es Farben, manchmal vegetative Gebilde, Bäume, Blattwerk, in Aulendorf waren es Barockengel, ein anderes Mal, witzig, lauter braune Damenkostüme. Trance.

139

Ich habe Teresa von dem Hochspringer erzählt. Er wurde einst interviewt, als ihm an einem Regentag nicht viel geglückt war. Er meinte, das liegt wohl am Regen. Da sprach ihn der Reporter vorsichtig auf frühere Misserfolge an, die gar nicht so selten gewesen zu sein schienen. Da sagt der Hochspringer wörtlich: Ha, irgendwie rägnets immr! – Das kann man nicht widerlegen. Das kann man an Schlagfertigkeit und Witz auch nicht überbieten. Irgendwie rägnets immr.

140

Die Regie der Perikopen sorgt für die Länge der Perikopen sowie für ihre Reihenfolge, aber auch dafür, ob ein Inhalt überhaupt erscheinen, sprich, herausgeschnitten werden soll, um zu erscheinen. An dieser Stelle stand ein Text, den ich rausgeschmissen habe. Es ging um eine Frau, die zu jung zum Sterben war, aber im Sterben lag, und um die herum zwei Männer kreisten, von denen der eine der einstige Ehemann war, der sich da ein Paket Trauer abholte, und der andere der augenblickliche Geliebte, der die Frau mit überschwänglichen, romantischen Vokabeln in den Tod begleitete. Meine Geliebte, mein Täubchen, mein Engel. Ich sah plötzlich den Bezug zu meinen eigenen Erfahrungen nicht mehr. Stattdessen das hier: Brave new world einmal anders! Ein fünfjähriges Kind und ein etwas gestresster Vater. Räum das da weg! Sitz gerade, zum Teufel! Schieb den Teller nicht so weit weg! Und was sagte das Kind daraufhin zu seinem Vater? Das Kind sagte zu seinem Vater: Sei du erst einmal freundlich zu mir! – Sei du erst einmal freundlich zu mir. Eine moralische und sprachliche Glanzleistung! Sie verrät ein starkes Empfinden für das gute Funktionieren von mitmenschlichen Beziehungen. Kinder sind von unserem zerfransten Getue und unseren Zermürbungsprozessen manchmal noch frei. Kinder und Narren.

141

Als ich Teresa ein Gedicht zeige, das ich selbst geschrieben habe und in dem das Ich unter die Räder kommt, sage ich mit Nachdruck, dass ich selbst und das lyrische Ich nicht dieselbe Person sind. Sie weiß das sehr wohl. Sie hat in Frau Peterhans eine ausgezeichnete Deutschlehrerin gehabt, die ich in Biberach kürzlich sogar das Vergnügen hatte, inzwischen alt geworden, über den Marktplatz schlurfen zu sehen. Nun adressiert Teresa mich heute als lyrisches Ich. Sie veräppelt mich. Sie will damit auch demonstrieren, dass sie gut erkennt, wie eng beieinander lyrisches Ich und Verfasser in den Gedichten oft sind. Als ich spät noch mit T. telefoniere und dabei niese, sagt sie: Es ist wichtig, dass das lyrische Ich sich jetzt nicht erkältet. Sie nennt mich einfach lyrisches Ich.

142

Zwingli ist überfahren worden. Ein Schlag für meinen älteren Sohn. Angesichts diverser eventueller Deprivationen, um die kein Heranwachsender und kein Studierender herumkommt, war ihm der Kater immer ein Trost. Seine Zeit im Evangelischen Stift, ich spreche von dem Sohn, geht übrigens demnächst zu Ende. (Das war damals, als seine Zeit im Evangelischen Stift *demnächst* zu Ende ging.) Das sorgt für Unruhe, ergänzte ich dann. Ihm war das Stift nicht nur Studienort, sondern auch Zuflucht, Heimat, Familie und die Gelegenheit, Stocherkahn zu fahren. Bei Kepler, Schelling, Hegel, Mörike und all den anderen, Hölderlin natürlich, war das anders. Für sie spielte das Tübinger Stift, denke ich, eher die Rolle einer strengen Gouvernante. Drill. Abhängigkeit. Man wurde klein gemacht. Ich kann mir vorstellen: Besonders für Hölderlin das pure Gift. Wohin denn ich?

143

Am 30. Juni 2000 stelle ich also meinen Antrag auf Zurruhesetzung. Ohne Vorbehalte. Es war ein leicht überschaubarer Satz. Lakonisch. Der Schulleiter und sein Stellvertreter haben bloß gekichert. Ich bin zufrieden, dass das jetzt in diesem Text so klar festgehalten ist. Das ist ein Orientierungspunkt. Ich weiß doch oft selbst nicht, was mit mir los ist. Ende Juli, an meinem Geburtstag, ist es so weit. Ende Juli 2000. Ich merke sehr wohl, dass mein Gedächtnis nachlässt: 2019. Namen besonders. Ich kann mir Namen nur noch ganz schwer merken. Eben auch die Namen, die ich *früher* drauf hatte. Wenn man mich unvermittelt fragen würde: Wer hat eigentlich die Hymnen an die Nacht geschrieben? oder: Wie hieß der Vorgänger von Joachim Löw? Ich stünde erst einmal ziemlich verlegen da. Aber nicht nur Namen. Ich habe auch immer nur ganz grobe Vorstellungen, wenn es um die zeitliche Einordnung irgendwelcher Ereignisse geht. Wenn mich zum Beispiel jemand fragt: Du, wann war denn gleich nochmal der Zoff mit Herrn Ulshöfer? 2007? – Keine Ahnung! – Wann waren wir zuletzt in Südtirol? Und haben in Welsberg den verstörten Jesus gesehen, von Pacher, dem Teresa, wenn ihre Haare nach dem Haarewaschen runterhängen, so ähnelt? – Ich weiß es schlicht nicht. Irgendwann in den letzten Jahren halt. Keine Ahnung.

144

Teresas Mutter hat Herzrhythmusstörungen. Woisch, Mädle, dees isch dr Weddrumschwung! Das mitgebrachte Geschenk hat sie nicht einmal aufgemacht. Dees isch schee. Dees woiss i, doo brauch i gar ed neikucka, dees gfällt mir ganz arg! Es war ein Nachthemd. Ziemlich amüsant fand sie die Geschichte von dem Greis, der sich seinen Penis mit einer Wäscheklammer zuklemmt, damit es nicht tröpfelt, aber ansonsten ist es schwer, sie zu unterhalten, sie bügelt alles, was sie emotional angehen könnte, runter, deckt ihre Gefühle durch ein Reden in Stereotypen zu. Ich probiere oft gerade das Gegenteil. Auch Teresa spricht gottseidank ihre eigene Sprache und keine vorgestanzte. Und wir beide sind allergisch gegen eine Rede, die von *äh äh* durchsetzt ist, wie das heute, meine ich, ähm, zunimmt. Es darf natürlich auch *ähm* sein. Thomas Müller und Manuel Neuer sind unsere Klassiker. Fast gleichauf mit drei der brillantesten Mitgliedern unserer politischen Klasse: Frau Kramp-Karrenbauer, Herrn Seehofer und Herrn Altmaier. Bei Ersterer sind viele Ähs, aber eben auch längst nicht alle, auf eine Weise verhuscht / versteckt, wie ich das sonst noch nicht beobachtet habe und wie es, besonders das Verstecken dessen, was dem zu Grunde liegt, wovon sie redet, für sie charakteristisch ist. Teresa und ich gehen an die Decke. Einen ausgeprägten Spezialisten auf dem Gebiet habe ich noch gar nicht erwähnt. Es handelt sich um Thomas Bach, dem Sportsmann, der die Olympiaden managt. Bei ihm ist es besonders peinlich, weil ihm gelegentlich, zum Beispiel immer, wenn Olympische Spiele wegen einem Virus oder so verschoben werden müssen, die ganze Welt zuhört. Ich glaube, Robert Habeck kommt ganz ohne Ähs aus. Er *denkt* beim Reden, sein Reden ist lautes Denken. Ich nenne es analoges Reden. Seine politische Partnerin, Annalena Baerbock, redet etwa viermal schneller. Auch sie ist nicht wirklich ein Äh-Typ. Sie scheint ein unbegrenzt aufnahmefähiges Gedächtnis zu haben, so dass sie beim Reden gar nicht viel denken muss, sondern einfach die Dinge, die sie gerade braucht, abrufen kann. Wie ein Computer. Ihr Reden ist eher digital zu nennen. Ihr ungeheurer Faktenspeicher macht sie für die pragmatisch-politische Rede sehr begabt. Ich tue den oben genannten Spezialisten vielleicht Unrecht, wenn ich sie so hervorhebe, denn das angesprochene Phänomen ist auf der ganzen Fläche verbreitet. Was ist denn da los? Und wird in anderen Ländern heute ebenso herumgegackst? In China zum Beispiel? Ein *äh* oder *ähm* ist eine Leerstelle: Ich weiß nicht, wie ich anfangen soll, weiß auch gar nicht, was ich überhaupt sagen soll, weiß nicht, wie ich es sagen müsste, weiß nicht, wie es jetzt weitergeht, kann auch gar nicht sagen, wie eins mit dem anderen zusammenhängt oder worauf etwas hinauslaufen könnte. Im Grund ein ziemlich drastisches intellektuelles Versagen. Und wenn man beobachten sollte, dass die Ähs heute zunehmen, dann liegt der Schluss nahe, dass die *Digitalisierung* unserer Welt damit im Zusammenhang steht. Die im weitesten Sinn rhetorischen Künste kommen unter die Räder / sind unter die Räder gekommen. Und wenn rhetorische Kunst an Inhalte gebunden ist, dann muss die Diagnose auch *dem* Rechnung tragen. Nehmen wir den Idealfall an: Die rhetorische Kunst sei inhaltlich der Wahrhaftigkeit verpflichtet. Dann stünden wir heute tatsächlich beträchtlichen Verfallserscheinungen gegenüber. Ein deutliches und gleichzeitig simples Beispiel *dafür* liegt in dem doppelten Versagen zweier Männer, die nach der Kanzlerschaft in unserer Republik streben. Merz und Spahn sagen gleichermaßen, sie seien bereit, Verantwortung zu übernehmen. Das ist, was sie sagen. Und auch gleich vielfach sagen. Was sie aber meinen, ist, dass sie scharf darauf sind, Kanzler zu werden. Als ob das dasselbe sei! Spahn verschiebt seine Ambitionen gerade auf etwas später. Da rechnet er sich mehr Chancen aus. Dann verschiebt er sie eventuell doch wieder nicht. Sein Kompass sind die Umfragewerte. *Mein* Kanzlerkandidat ist Olaf Scholz. Der redet so diszipliniert, dass es schon an ein Wunder grenzt. Intellektualität pur. Und wenn wir schon bei ihm sind, dann will ich an dieser Stelle doch eine Frage formulieren, die mich schon seit einiger Zeit umtreibt. Warum um alles in der Welt liegt die bundesdeutsche SPD so im Umfragetief, wenn sie doch so glanzvolle Leute wie Scholz oder Hubertus Heil oder Lauterbach oder Peter Tschentscher oder Rolf Mützenich oder Lars Klingbeil, der neben (dem nun verstorbenen) Thomas Oppermann überhaupt mein Liebling ist, und Heiko Maas und Carsten Schneider oder die Damen Schwesig, Dreyer, Schulz und Nahles hat, um nur einige zu nennen und um die große Begabung des jungen Kevin Kühnert noch dranzuhängen, der nur lernen muss, etwas umsichtiger zu sein, schnauf, wo ich auf Seiten der Union bloß einen Mann benennen könnte, der meine ganze Hochachtung hat, nämlich Helge Braun? Auch Reul übrigens. Und Gerd Müller natürlich. Die Leute von der SPD ziehen den Karren! Die meisten Repräsentanten und Repräsentantinnen der Union scheinen mir die Pflege ihrer Karriere vor alles andere zu setzen. Wortspiel Karren – Karriere. Dazu gehört es auch, die Nähe zur Wirtschaft zu suchen. Amthor ist sicher kein Zufall. Und natürlich weiß ich, dass in der Union viele viele gute Leute sind, sehr respektabel, so dumm bin ich ja auch nicht, ich rede hier aber von den Spitzen, die der durchschnittliche Bundesbürger oder die durchschnittliche Bundesbürgerin so zu Gesicht bekommt. Und natürlich weiß ich, dass auch in der SPD so manch ein Gimpel und so manch eine Pute ihre Körnchen picken. Gabriel und Schröder zum Beispiel können kaum genug davon kriegen.

Ich lese von Wolfgang Schmidbauer: *Jetzt haben, später zahlen*. Er macht die interessante Feststellung, dass Goebbels berühmte Frage, wollt ihr Butter oder Kanonen? eine rhetorische Frage war. Die Antwort lag vor. Sie war natürlich: Kanonen! Und er sagt auch, dass positives Denken entweder kein Denken sei oder nicht positiv. Witzig. Und ich lese etwas später in Gomaringen, wo wir angenehmerweise zwei offene Bücherschränke haben, auch *Die Tagesordnung (L'Ordre du Jour)* von Éric Vuillard, ins Deutsche toll übersetzt von Nicola Denis, weil mein Französisch für Vuillard leider nicht ganz reicht, und bin begeistert. Literatur und Geschichtsschreibung finden sich bei Vuillard zu einer brillanten Ehe zusammen. Ich werde mehr von ihm zu lesen versuchen.

Teresa zieht unter ihrem Kopfkissen einen Zettel mit den Worten: »Spanische Nächte mit schwäbischen Frauen – hmm!« hervor. Den Ausdruck der spanischen Nacht hat sie geprägt, nicht lange her, zwischen Tür und Angel. Heute wirds wohl nichts mit einer spanischen Nacht, hatte sie gesagt, und war verschwunden.

Das *Haupt*ereignis am heutigen Tag ist ein Schnupfen. Mein Sohn, der mit den Katzen, sagt, *sein* Friedrich Theodor Vischer, der Faust III geschrieben hat (welches Monstrum man heute aber nicht mehr lesen kann, sage ich, der es versucht hat) und der hier aus Ludwigsburg kommt (welche Anmerkung nicht für alle sofort zu durchschauen ist), hätte dann auch ein paar Seiten daraus gemacht! Das beschämt mich. Dieser Sohn liest Wieland und Hamann und Herder und Moritz, liest Grabbe und E.T.A. Hoffmann und Vischer und Ror

Wolf, er ist kein Germanist, er bastelt sich seine eigenen Fahrpläne! Das berührt mich wie ein verliebtes Gefühl. Neuerdings sind Immermann dabei und Stifter. Man kann einen leicht konservativen Touch bei der Auswahl nicht leugnen. In einem Telefonat am 28. Februar 2019 höre ich, dass er auch Eichendorffs Romane und *Maler Nolten* gelesen hat. In einem Telefonat am 19. April desselben Jahres erfahre ich, dass er zusammen mit seiner Frau gerade am *Torquato Tasso* dran ist. Ich frage, lest ihr so etwas in verteilten Rollen? Er antwortet: Nein, wir lesen uns abwechselnd vor. Der eine liest vor und der andere schläft ein. Gestern, höre ich, sie haben zusammen den Dreißigjährigen Krieg von Schiller gelesen. Man stelle sich vor, sie würden Lesegeräte dazu benützen.

148

*Neben*ereignisse am heutigen Tag sind Korrekturen, Einkauf, eine Lehrerkonferenz, und abends eine Einladung, sie: Wertpapiere, er: Kunststoffe, dazu Schwiegereltern, Knabbergebäck, Rotweingläser in Blumenkelchform. Teresa sitzt viel zu weit weg von mir, mir droht die gleichzeitige Lähmung aller vier Gliedmaßen (Tetraplegie), wir müssen unbedingt lernen, solche Einladungen nicht anzunehmen. Als wir wieder zu Hause sind, leisten wir Teresas älterer Tochter Gesellschaft. Sie sitzt an einer Wiendokumentation für ihren LK. Sie will wissen, wie das seltsame Theaterstück von Werner Schwab heißt, das wir in Wien gesehen haben, wo die Schauspieler und Schauspielerinnen in äußerst hässlichen Badeanzügen wahrhaftig in vier hässlichen Wasserbecken herum schwimmen und du läufst rum und kuckst von oben rein. Als Theaterstück. Das Stück heißt: *Der Himmel mein Lieb meine sterbende Beute* und war auch so. Schwab hat beim Schreiben sicherlich gesoffen. Ich versuche, das zu vermeiden.

Der Abiball dieser älteren Tochter ist gleichzeitig *meine* letzte Abiturfeier als Lehrer. Wir sind an derselben Schule, wie bereits kundgetan. Als ich auf der Bühne stehe und mich den Ritualen noch einmal unterwerfe und etwas Unterhaltsames zum Besten gebe, spüre ich schon: Das ist nicht mehr das alte Herzklopfen, nicht mehr das alte *Interesse,* ich bin nicht mehr dabei, meine Worte sind ohne Glanz und ohne Relevanz, sie fallen hinunter. Teresa aber ist fröhlich. Ihr erstes Kind mit Abitur. Die Tochter tanzt, als wolle sie das olle Schulleben einfach wegtanzen. Wir Großen *gehen* noch vor Mitternacht und überlassen das Feld der Jugend, die mit ihrer verrückten Band bis zum Umfallen weiter feiert. Ferne Erinnerungen an die Abschlussfeiern meiner eigenen Kinder, jung und ausgelassen, das Abitur als stolze Zäsur, schöne Kleider, das Gefühl von Freiheit, alle Türen offen, was kostet die Welt, eine wundervolle jugendliche Festlichkeit, und die Scheunen sind voll. – Jetzt gerade sind meine Enkel dran. Drei sind schon im Besitz dieser Trophäe. Und jene Tochter hat Karriere gemacht. – Wer sind Sacco und Vanzetti?

150

Meine frühere Frau und ich sind in einem neu eingerichteten Zimmer. Es geht um die neue Situation. Die Einrichtung ist spärlich, es ergibt sich nichts Wohnliches, wir sitzen auch nur da, das heißt, sie sitzt und ich stehe, Ausgänge oder Fenster gibt es nicht, wir reden nichts miteinander, es ist, als ob wir gefangen wären. Was Träume doch für wilde Regisseure sind!

151

In einem weiteren Traum stoßen Teresa und ich in der Stadt an einer etwas abgelegenen Stelle auf einen Motorradfahrer mit einer leichten, eleganten Maschine, und dieser lederbekleidete Mensch besteht darauf, dass wir uns an der Bezahlung der Maschine beteiligen, so wie man Schutzgelder erpresst. Ich habe der Gewalt nichts entgegenzusetzen und frage, an welche Summe er gedacht habe. Er sagt zu meinem Entsetzen 36.000. Ich hatte mit vierzig Euro gerechnet. Ich habe den Verdacht, dass der Motorradfahrer mein neues Leben symbolisiert, das mich in mancher Hinsicht sehr viel kostet.

152

In einem weiteren Traum werde ich in den Operationssaal geschoben (Spinalkanalstenose) und sehe, wie die Krankenschwester ein Reagenzglas zerbeißt. Mein immer wacher werdender Sinn für Träume und Traumdeutung sagt mir, dass es hier um das Zerbeißen von Reagenzgläsern seitens des begleitenden Klinikpersonals auf dem Weg in den Operationssaal geht. – Und dann ein Anruf von meinem Anrufbeantworter (Festnetz). Hallo, Schatz, ich bins. Ich möchte dir einfach sagen, dass ich gestern (nach dem Abiball) noch so gern… Wie eine Freundin.

153

Corinna nervt. Wir hören, wie blöd ihre Deutschklasse ist. Am Nachmittag Lehrerkonferenz. Abends mit den Engländern aus Billericay das traditionelle Treffen auf dem Georgenberg. Doctor Roger Winter, Mary McLeod und Kollege W. haben sich viele Jahre lang abgerackert und den Austausch viele Male organisiert, ich selbst nur hin und wieder einmal. Ich werde die drei für den Muschelorden vorschlagen: Order of the Cockle. Er wurde 1269 gegründet und hat seinen Anlass, die Rettung Schiffbrüchiger vor der afrikanischen Küste, das gab es auch damals, nicht überlebt. Nun würde er wiederauferstehen. Roger bringt mir aus England dunkelblaue Socken mit, die das englische Wappen mit den drei Löwen tragen. Meine Füße fühlen sich geschmeichelt. Beim Fußball mit den Sechsern am nächsten Tag schieße ich ein dummes Eigentor. Ich spiele als Torwart, und in einer dramatischen Szene vor meinem Kasten misslingt mir ein Rückzieher und ich jage den Ball ins Netz. Etwas peinlich. Und auch schon mein zweites Eigentor in diesen Aufzeichnungen, aber es kann sein, dass ich das erste gelöscht habe. In einer Sprechstunde dann eine Mutter, die einst von Teresa begleitet worden ist. In unserer Stadt ist die Welt klein. Wenn ich Besorgungen mache, treffe ich immer Leute, die ich kenne. Immer. Meine älteste Schwester wird 76. Sie wurde damals 76, als ich das alles konzipierte. Heute sind sie, Jahrgang 1924, und meine zweitälteste Schwester, Jahrgang 1925, nicht mehr am Leben. Ein Wort zu den passenden Männern gibt es weiter unten im Text. Ich nenne T. eine Großmeisterin der Liebe. Sie sagt, ich werde dich schachmatt setzen.

154

Aus unbestimmter Richtung höre ich, meiner früheren Frau gehe es schlecht. Es hieß auch, sie warte, dass ich zurückkomme. Worauf das fußt, kann ich mir nicht vorstellen. Unser Wohnungsnachbar an unserer letzten gemeinsamen Adresse soll zu meinem jüngeren Sohn vor einem Jahr gesagt haben (oder war es der ältere?), er solle mir bitte ausrichten, ich möge doch bitte zurückkommen. Bei aller Spottlust, die ich gelegentlich verspüre, muss ich sagen, dass ich das in seiner Hilflosigkeit geradezu rührend finde. Ich meine die Hilflosigkeit meines damaligen Nachbars.

Das Fernsehen berichtet über den Massenmord in Srebrenica vor fünf Jahren. Es werden auch junge bosnische Serben von heute interviewt. Es hat keine Versöhnung stattgefunden. Es ist weiterhin ein Denken in sterilen Kategorien der Feindschaft. »Wir werden sie vernichten!« Borniert und unaufgeklärt. Peter Handke sieht den gesamten Konflikt aus serbischer Sicht, das ist zwar originell, macht aber die Sache nicht besser. Und macht ihm das Leben auch als Nobelpreisträger nur noch schwerer, der er doch so gern in anderen Zeiten oder in irgendeiner unglaublich tiefen Wahrheit leben würde. – Auf einem anderen Sender konnte man die Love Parade sehen. Das war auch nicht gerade ermunternd, wie verzweifelt manche Leute versuchen, sich zu amüsieren oder einen Partner zu finden.

Mich treibt um, was alles falsch läuft. Ich verstehe es so wenig. Ich verstehe nicht, *warum* so vieles falsch läuft. Mit hoher Wahrscheinlichkeit ist das *eine* Hauptproblem die Überbevölkerung unserer Welt. Von ihr ist aber, soweit ich sehe, nicht oft die Rede. Es ist ein fast vergessenes Problem. Die Nachrichten im Alltag sind frei davon. Es gibt natürlich eine intensive wissenschaftliche Diskussion über das Problem, aber ich fürchte, sie bleibt ohne Konsequenzen. Bastian Berbner, bei der *Zeit*, allerdings, würde mir energisch widersprechen. Er ist sehr optimistisch und meint, sobald die Weltbevölkerung einmal 11 Milliarden Menschen umfasst, wird sie sich ziemlich schnell wieder reduzieren und wir werden nach afrikanischen Pflegekräften lechzen. Ich höre am Weltwassertag 2019, dass es jetzt schon eineinhalb Milliarden Menschen sind, die keinen sicheren Zugang zu sauberem Wasser haben. Noch vor einem Jahr hieß es, es seien eine Milliarde. Die einen sagen zwar, dahinter stehen strukturelle Probleme, zum Beispiel die ungleiche Verteilung von Landbesitz und die unterschiedliche technologische Entwicklung der Weltgegenden, aber mit der bloßen Zahl hat die Sache sicherlich auch zu tun. Das angesprochene Problem ist verzahnt mit anderen, die man ebenfalls Hauptprobleme nennen kann. Dazu gehört die Kluft zwischen Arm und Reich, dazu gehört mangelnde Bildung und, wenn sich das von Letzterem losgelöst betrachten lässt, Mangel an Rechtsstaatlichkeit und, wiederum damit verzahnt, Mangel an Humanität / Freundlichkeit / von sich selbst absehen können / den Willen haben, dass es auch anderen gut geht – Mangel an diesen Dingen! Wie sagt Seehofer? Für nationale Alleingänge stehe ich nicht zur Verfügung. Es geht darum, Flüchtlingen zu helfen. Das Wort Raubtierkapitalismus, meint ein kluger Kommentator im Internet, Dirk Patze, so fetzig es ist und so treffend es erscheinen mag, treffe die Sache nicht wirklich, die hier höchstwahrscheinlich im Zentrum steht, denn im Tierreich sei das Tun der Raubtiere in ein funktionierendes biologisches System eingebunden, während die Raubtiere in der Wirtschaft, man könnte auch Finanzhaie sagen, keine Grenzen kennen und das ganze System gefährden. Ich höre auch die Rede von Investorenkapitalismus. Das ist vermutlich ökonomisch der präzisere Titel, vielleicht aber auch schon zu präzise, als dass er die ganze Bandbreite dieses wüsten Gebarens indizieren könnte. Auf der Suche nach einem Schlüssel für das komplexe Rätsel, warum so vieles falsch läuft, muss ich bestimmt zusätzlich fragen, wo eigentlich Fanatismus herkommt. Das ist ja wieder so ein Ding: Fanatismus kommt im Tierreich nicht vor, bei uns Menschen aber auf Schritt und Tritt.

157

In meiner sechsten Klasse kursieren Zettelbotschaften. Sechste Klasse! Das sind Elf- bis Zwölfjärige. Ein solcher

Zettelverkehr ist original erhalten. Vermutlich habe ich ihn abgefangen und war neugierig genug, ihn später auch zu lesen. So etwas tut ein guter Pädagoge eigentlich nicht. Da er nun aber einmal da ist und die Sache längst verjährt ist, teile ich seinen Inhalt trotzdem mit. Ich amüsiere mich keineswegs dabei. Ich bin fasziniert, wie so etwas funktioniert: Hi Funzel! Jetz sag doch was es ist. Du bist doch nicht sauer auf alle (auser deine liebe Natha vieleicht). Was haben wir dir getan? Ciao Dagi – Du nervst Gugenberg. – Warum? was hab ich jetzt schon wieder gemacht? Ich sag ja du bist immer gleich genervt. – Du bist schon wieder hergekommen und hast an meinen Haaren rumgemacht. – und darum bist du schlecht gelaund, o man! – Diese kleine Korrespondenz umfasst fünf Briefchen, die alle mehr oder weniger heimlich ausgetauscht werden müssen bzw. der eine Zettel geht hin und her. Ich spüre, wie wichtig es ist. Es geht um die Beziehungen! Das ist enorm viel wichtiger als die Passivform des Perfekts im Englischen. Ich verstehe das wirklich! I've been convinced. Die Namen habe ich neu erfunden.

158

He ihr geilen Boys langt mir doch mal von hinten an meine feuchte Muschi – ein anderes Briefchen aus dem Gymnasium, es lag neben dem Pult in einer achten Klasse auf dem Boden. Ich quittiere das mit einem Lächeln und werfe das Zettelchen weg.

159

Teresa kommt von einer Beerdigung, legt sich hin und schläft. Ich sitze am Schreibtisch und genieße ihre stille Anwesenheit. Ich lasse dafür beim Korrigieren die Herdplatte an und ein Rest aufgekochter Kaffee verbrennt. Später gehen wir im Ratskeller essen. Wir reden über unsere Enkelkinder. Eines meiner Enkelkinder hat zurzeit »Zweiter Weltkrieg« in der Schule und liest, fächerübergreifender Unterricht, parallel dazu in Englisch *Animal Farm*. Benjamin, dem Esel, der immer meine Lieblingsfigur war, ist in seiner politischen Ohnmacht und seinem Herzeleid nur Zynismus übrig geblieben! Was hat Deutschland mit den russischen Kriegsgefangenen im Zweiten Weltkrieg gemacht? Es waren über fünf Millionen russische Kriegsgefangene, auch Frauen darunter, und über drei Millionen von ihnen sind von uns Deutschen ermordet worden, abgeschlachtet worden, dem Hungertod und dem Erschöpfungstod überantwortet worden. Generalquartiermeister des Heeres, Eduard Wagner, hat im November 1941, so lese ich in der *Zeit*, gesagt: »Nicht arbeitende Kriegsgefangene in den Gefangenenlagern haben zu verhungern«. Die Grausamkeit der Naziherrschaft geht über alle Begriffe. Sowjetische Kriegstote insgesamt: 27 Millionen. Und dann gibt es heute an der Spitze der AfD bei uns in der Bundesrepublik einen furchtbaren Mann, der den achten Mai, den Tag der Kapitulation der Deutschen, als einen Tag der Trauer betrachtet. Und der darf da im Parlament sitzen! Wenn es nach mir ginge, wäre der *8. Mai* unser Nationalfeiertag und nicht der 3. Oktober, den kaum ein Mensch versteht. Dass auch 15 Millionen Chinesen in dem Krieg zwischen Japan und China kurz vorher und gleichzeitig ihr Leben verloren haben und dass unter anderem das vielleicht grauenvollste Kriegsgeschehen, das sich als ein einzelnes überhaupt denken lässt, das Massaker von Nanking, 1937, stattfand, ist uns Europäern weniger bewusst, dem Durchschnittseuropäer zumindest. So viel also zu dem erwähnten Essen im Ratskeller und gewissen Assoziationen im Anschluss an George Orwell mit seinem Wahnsinnsbuch.

Wieder ein Termin bei Steuben. Ich habe abgestorbene Finger. So hieß das bei uns. Er fragt, ob ich mir keine Handschuhe kaufen könnte, er würde sonst gern eine Sammlung veranlassen. Dann aber nimmt er meine Hände in seine Pranken und massiert sie, mein Zahnarzt. Er ist nicht nur ein Spötter. Er hat auch warme Hände und ein warmes Herz.

Hannah, die Kollegin, ist immer etwas mulschig. In den Charts meiner Fantasien sind ihre Auftritte seltener geworden. Dieser Frust von ihr und das Gefühlschaos und ihr ausufernder Narzissmus sind nicht immer nur attraktiv. Aber stell dir vor, im Jahre 2008, also sieben oder acht Jahre, nachdem ich aus dem Kollegium ausgeschieden war, ich kann hier ja nach Belieben Dinge aus der damaligen Zukunft heranziehen, schlendre ich durch Tübingen, die Lange Gasse hinunter, und vor mir – eine bildschöne junge Frau, groß und schlank und elegant, mit wundervollem Haar, im Gehen angeschmiegt an einen jungen Mann, plaudernd, die beiden, gelassen, federleicht. Sieh mal, sagte mein Herz! Ich habe Hannah aber nicht angesprochen, ich kam mir überflüssig vor.

Beim Einkaufen fällt mir mein Fahrrad um. Ich komme heim und packe aus, da fällt mir eine Flasche Bitterlemon auf den Boden und zerbricht und der ganze Boden klebt. Wenn nur nicht noch etwas Drittes fällt! Schrieb ich damals dazu. Es sind Momente, da schiebt sich das Irrationale in den Vordergrund. Es sagt dir mit leicht vorgeschobener Unterlippe, also spöttisch: Hör mal, Dummer, willst du immer nur so dahin leben? Spürst du uns gar nicht? Pass mir auf, sonst versäumst du noch etwas Wichtiges. Mich hat »uns« in seiner Ansprache ein bisschen gewundert.

163

Eine Mutter erzählt mir von ihren Erfahrungen mit der Freien Evangelischen Schule in der Stadt. Manche Schüler oder Schülerinnen aus dieser Schule landen auch bei uns im Einstein. Das Wort frei im Namen der Schule sei ein Witz, sagt sie. Es handle sich in dem Komplex eher um Unduldsamkeit. Ich kann gut verstehen, was sie meint. Der Herr Jesus ist allgegenwärtig, immer die Nummer eins, Superstar, und du selbst bist eine Niete. Etliche Jahre später scheint sich nichts geändert zu haben. Eine andere Mutter berichtet nämlich von einem »Brief in die Ferien«, den die Schüler und Schülerinnen der Schule zu Beginn der großen Ferien mit nach Hause bekämen. Dieser Brief warne vor den bösen Mächten außerhalb der Schulmauern! Ich denke an das Miedergeschäft, das hinten in diesem Buch noch kommt. Aber *innerhalb* der Schulmauern, das ist meine tollkühne Vermutung, gibt es *auch* böse Mächte. Das lässt sich schon statistisch kaum verhindern. Dann wäre der Brief in die Ferien inhaltlich und mit einem Schuss Selbstkritik dahingehend zu verbessern.

164

Ein verregnetes Sommerfest im Klinikum. Ein Schulfreund von mir hat bei jeder sich bietenden Gelegenheit gesagt, deswegen sind wir nicht geknickt, bei Regen wird im Saal gefeiert. Einst, im Staub des Schultheaters auf der Bühne der Listhalle, wo lange Jahre die großen Veranstaltungen der Stadt »stadtgefunden« haben, war ich Faust, wir spielten den Urfaust, jener Freund war Mephisto, und Beatrice, die Braut von Messina, war das Gretchen. Aus der Jugendzeit.

Keine Schwalbe bringt zurück, wonach du weinst. Beim Korrekturlesen entdecke ich, dass der Nachrichtenstrom, Nachrichten von Hugot, gerade etwas an Kraft verliert. Andere Leute haben, zum Beispiel, auch dumme Sprüche von sich gegeben oder Theater gespielt. Ich denke an den Verlauf der Donau. Nach etwa 23 Kilometern, wenn man die Donau in Donaueschingen entspringen lässt, *versickert* sie sogar und wird doch nachher zu einem beträchtlichen Strom, der noch etliche Länder ostwärts beglückt. Eigentlich versickert die Donau auch gar nicht, sondern sie *versinkt* und treibt sich *unterirdisch* voran! Das ist mit dem Nachrichtenstrom in diesem Buch hoffnungsvollerweise ähnlich.

165

Ein kleines biografisches Schmankerl, das Licht auf die auf mich gerichtete Fürsorgetätigkeit meiner Mutter und ihre gleichzeitige Unbeholfenheit wirft, das Letztere insofern, als sie von Anfang an hätte sehen müssen, dass die Sache im Belanglosen verlaufen wird. Als ich knapp achtzehn war und diese kleinen lokalen Erfolge auf der Bühne feierte, schrieb meine Mutter (ohne Auftrag) an Klausjürgen Wussow, der in Cammin in Pommern (Kamień Pomorski), wo er her kommt, ein Schüler meines Vaters gewesen war und ihn angeblich gemocht hat, ob er mir empfehlen könnte, Schauspieler zu werden. Wussow, der damals in Düsseldorf wohnte und probte, schrieb sehr freundlich, aber auch unter beruflichem Stress stehend, zurück an meine Mutter, er würde mir weder zuraten noch abraten, der Beruf sei verdammt schwer, mehr als früher, aber auch verdammt schön, ob ich denn wohl genug Talent hätte, er selbst aber hätte leider keine Zeit, das herauszufinden, obwohl er es gern machen würde. Er unterschreibt mit Klaus Wussow. Der Brief ist auf mich gekommen und ich besitze ihn noch. In Wien habe ich zusammen mit meiner früheren Frau Herrn

Wussow dann einmal aufgesucht, er spielte im Burgtheater im Don Carlos den Marquis von Posa, dessen zentraler Auftritt bei Philipp II., nebenbei angemerkt, auch in mein Schultheaterrepertoire gehörte: Gehn Sie Europens Königen voran. / Ein Federzug von dieser Hand, und neu / Erschaffen wird die Erde. Geben Sie / Gedankenfreiheit – *Sich ihm zu Füßen werfend.* III,10. Und wir saßen nach der Vorstellung für einen Schoppen Wein zusammen, und ich erinnere mich, dass mich seine Erzählungen etwas langweilten, weil mir seine Welt, die bundesrepublikanische Schickeria, völlig fremd war, ich glaube, wir saßen ziemlich provinziell daneben, wir waren aber auch stolz und freuten uns, dass sich der prominente Mann Zeit für uns genommen und sich uns zugewandt hatte.

166

Mein Abschied vom Austausch mit Billericay School. Wieder ein Abschied. Die englischen Freunde sind dabei. Wir feiern auf dem Übersberg. Siehe unten. Man schenkt mir Gary Larson, den ich von jeher toll finde. Billericay, in Essex, nicht weit von London, hat in meinem Leben, seit ich am Einstein war, tatsächlich eine große Rolle gespielt. Nicht nur, dass ich in diesem Städtchen immer wieder mein Englisch auffrischen konnte, sondern habe ich mich auch immer wieder verliebt, all die Jahre lang, und es gab zu Hause immer wieder Krach, zum Teil wirklich große Szenen, all die Jahre lang, und Cynthia war, ungeachtet der Tatsache, dass sie natürlich die wichtigste ist, nur das letzte Glied in der Kette. Elizabeth war so grazil. Nie werde ich auch die schwarzen Haare und die grünen Augen von Eleanor vergessen, und an Janice habe ich schwüle englische Liebesbriefe geschrieben (und sie nicht abgeschickt). Immer wieder hat meine Frau mir, all die Jahre lang (auch bei deutschen Binnenbeziehungen), vorgeworfen, ich würde meine Eskapaden ja gar nicht bereuen. Sie hatte recht, mir tat, im Grunde, wenn ich ehrlich bin, nichts leid. Die Sprachregelung war zwar, dass ich die Störung des Sollzustands bedauerte, aber mir tat nicht wirklich leid, dass ich für Augenblicke der Wohlanständigkeit entschlüpft war und Herzklopfen hatte oder mir das Eingeweide brannte. Nur tut mir bis heute leid, dass wir die Sache so lange hingezogen haben, regelrecht verschleppt haben, bis es beinahe zu spät war. Immer wieder hieß es, ich sei ja nur zu bequem, sonst würde ich abhauen, und manchmal habe ich das fast schon geglaubt. Was mich wirklich gehalten hat? Ich finde, außer den natürlich auch bei mir vorhandenen moralischen Bedenken, immer nur zwei Antworten, erstens, ich wollte die Kinder nicht lassen, und, zweitens, ich war zu feige, von mir aus auch: zu unreif, die Trennung herbeizuführen und den Jammer in Kauf zu nehmen, den sie verursachen würde. Auch waren die Finanzen ein blödes Problem. Ich kenne die Gefühle heute noch ziemlich genau: Es schien mir gar nicht möglich, mich zu trennen, ich spürte die Unmöglichkeit wie einen massigen Quader aus Sandstein, der alles Nachdenken zerquetscht, auf mir lasten. Meine Gedanken an Trennung blieben immer schon an der (eingebildeten oder was?) technischen Nichtumsetzbarkeit hängen.

167

Zum 25. Jubiläum unseres Austauschs mit Billericay School habe ich ein Reimgedicht angefertigt. Die ungleich langen Strophen zwei und drei gingen so. Strophe 2: Twenty-five long years ago / Keil and Lingaard met, you know, / Between alcohol and beer / They gave birth to the idea. / That's why, since, the ones in charge / Have always met and drunk at large. / Twenty-five stupendous years, / Which is half a lifetime – cheers! // Strophe 3: Lots of kids from here and Britain / Have filled in forms, have hoped and written / Letters

full of fear and pride, / Have had their chance, have seen
their tide, / Have travelled all the way to come, / Had transi-
tory dad and mum, / Mixed up their languages in pairs, / Had
arguments and sweet affairs, / Experienced foreign people's
habits, / Looked after foreign children's rabbits, / Saw cast-
les, churches, parks and caves, / Had dancing parties, trips
and raves, / And on farewell days stood in tears, / Which I
think is a good thing. – Cheers!

168

Auch eine Antigone? Eine junge Frau, Verena, ihre Eltern
sind auseinander. Sie hat noch jede Menge Halbschwestern
oder Stiefschwestern aus der ersten Ehe ihrer Mutter. Verenas Vater sei ihnen nachgestiegen. Alles war verkorkst.
Es wurde ganz schlimm. Die Mutter hatte am Ende nichts
mehr unter Kontrolle. Um Verena kümmerte sie sich, erzählt
Verena, wie ein Hahn um ein sterbendes Huhn, nämlich gar
nicht. Die Mutter war die Geliebte des Mannes gewesen, der
dann Verenas Vater wurde, und am Tag der Hochzeit mit ihr
(der Mutter) habe in einem nahen Hotel schon die Nächste
die Beine für ihn gespreizt. Das ganze Gemenge ist – lass
mich aus! – anthroposophisch. Voller künstlerisch-astralem
Wollen und schönen Wörtern. Man trug Strickkleider. Verena
ist sechzehn. Sie haut ab, sie ist abgehauen, Gott sei Dank,
und das unterscheidet sie auch von Antigone, die bekanntlich
eingemauert worden ist, und lässt sich therapieren. Ich Un-
selige hause / Nicht lebendig bei Menschen / Noch bei Toten
ein Toter. Ich bin nicht sicher, ob Antigone a) hätte abhauen
können und das auch getan hätte, wenn sie gekonnt hätte,
und b) ob sie das Angebot einer Therapie angenommen hätte.
Da ist Verena ihr voraus. Heute steht sie übrigens beruflich
glänzend da. Sie hat sich, wie einst Münchhausen an seinem,
an ihrem eigenen Haarschopf aus dem Sumpf gezogen.

Teresa wird morgen ein Treffen mit Frau Birthler moderie-
ren. Pfarrkonvent. Wir reden über LER: Lebensgestaltung,
Ethik, Religionskunde, das wird Thema sein. Ich habe viele Jahre lang auch Ethik unterrichtet, und zwar sehr gern.
Es geht (außer etwa um Aristoteles, Hobbes und Kant und
Kohlberg) zum Beispiel um Gewissen, um Partnerschaft, um
Tod. Da ist man nah dran an den Jugendlichen. Ethische
Texte sind überdies häufig wie Bohrmaschinen, da fliegen
die Fetzen, ganz anders als in vielen sich so da-hin-zie-hen-
den Romanen, von Walser oder so, die man als Germanist
ja zur Kenntnis nehmen muss, ich habe auch nichts gegen
ein fliehendes Pferd, im Gegenteil. Ich habe Teresa zum Zug
gebracht und habe am Nachmittag Jock und June besucht.
There was once a strange chap from High Beech / Who had
nothing to suck (like a leech) / When his lass was away. / So
he said, well, okay, / Go and see Jock and June, either (each).

Ich stelle für die Projekttage ein Klippspiel her. Man schlägt
mit einem Stock einen Pin, es ist ein bisschen wie Base-
ball, aber für Kinder. Wir haben dieses Spiel in Dänemark
gespielt, wo wir für die schwierigen ersten beiden Nach-
kriegsjahre in Flüchtlingslagern untergebracht und versorgt
waren. Wir waren das erste Jahr in einem Flüchtlingslager
auf der Insel Lolland, und zwar in einem Schloss, das den
Namen Hardenberg trug, ein kleines Landschloss. Es hatte einen schönen Park, der uns nicht zugänglich war, und
einen Schlossgraben, über den eine Brücke führte. Zuerst
wohnte unsere zu der Zeit siebenköpfige Familie in einer
Strohkammer, wir schliefen auf Stroh, wir hatten Läuse, das
Klo war, am Schlossteich vorbei, vielleicht sechzig Meter
entfernt, eine Behelfslatrine mit, erinnerungsweise, sechs
Plätzen, es können aber auch viel mehr gewesen sein. Spä-

ter wurden wir in einen Saal des Schlosses eingewiesen, der mit 54 Personen belegt war. Es gab eine Behelfsschule im Turmzimmer. Meine zweitälteste Schwester war meine Behelfslehrerin. Ich erinnere mich an meinen ersten Rechtschreibfehler. Ich habe das Wort »heute« in meinem ersten Diktat mit »tt« geschrieben, und zwar, weil ich ganz rational vorgegangen war: Ich habe, vor mich hin sprechend und probierend, herausgefunden, dass da zwei Silben sind, nämlich »heut« und »te«. Was willst du da machen? Der (deutsche) Lagerleiter in Hardenberg hieß Schnack. Meine Mutter sagte, glaube ich, einmal, der Schnack ist ein Schwein! Was sie damit genauer meinte, war mir damals nicht bekannt.

Im zweiten Jahr waren wir auf dem dänischen Festland, in einem Internierungslager bei Aalborg, ich glaube, es hieß Aalborg West, Südabschnitt. Es besaß ringsherum einen Stacheldrahtzaun und war von dänischen Soldaten bewacht. Wir wohnten in Baracken, die das deutsche Militär errichtet hatte. Unsere Familie hatte eine Stube zusammen mit zwei älteren Damen. Klo und Waschraum waren am Ende des Mittelgangs für die Bewohner einer Baracke alle zusammen. Ich schätze, es gab zwölf solcher Stuben. Vielleicht auch 14 oder 16. Unsere »Barackenälteste« hieß Frau Donner. Ich hatte Hochachtung vor ihr – dass man so eine gehobene Position innehaben konnte! Das Lager in Aalborg war viel größer als in Hardenberg. Es gab eine Schule, die in drei Baracken beherbergt war, und es gab einen Saal für Veranstaltungen, wo manchmal Kino war. Damit man nicht fror, nahm man vorgewärmte Ziegelsteine mit. Mein erster Kinofilm dort war der erste in meinem Leben. Er hieß *Der Tiger von Eschnapur.* Einmal fand ich 25 Øre, nicht lange danach durfte meine Mutter, vielleicht wegen eines Arztbesuchs, den Lagerbezirk verlassen und ich durfte mit, so sind wir die Landstraße entlang Richtung Stadt getippelt. Am Eingang der Stadt war ein Bäckerladen. Ich bin allein rein und habe mein Øre-Stück, das in der Mitte ein Loch besaß, hingehalten und habe gesagt: Käcks! Mit kurzem »ä«. Ich wollte ausdrücklich nicht »Keks« sagen, weil mir das überhaupt nicht dänisch vorkam und ich mich nicht blamieren wollte. Ich bekam zwei Kekse und war glücklich. Ich musste weinen, als ich das Teresa erzählte. Ich finde die Mischung aus Unbedarftheit und Mut bei dem Siebenjährigen rührend, auch wenn ich es selbst war, und auch die Winzigkeit des Vorfalls und dass er trotzdem haften geblieben ist. So viel dazu. Einmal hatte ich sehr hohes Fieber, weil ich Krätze hatte.

171

Ich habe auf der Flucht und in den Lagern nicht gelitten. Zu essen gab es immer zu wenig für mich, aber es war auszuhalten. Die Dänen haben sich Mühe gemacht. Sie standen wohl auch unter dem Druck der Alliierten. Außerdem habe ich als Kind die Ausnahmesituation als abenteuerlich erlebt, Neues war mir immer willkommen. Meiner Mutter als Witwe mit sieben Kindern wird es ganz anders ergangen sein. Aber auch sie war dankbar, dass wir ernährt wurden. Als wir aus Cammin (Kamień Pomorski) weg gesollt hatten und der erste Termin im April 1945 von der lokalen Behörde storniert worden war, war ich enttäuscht, weil ich mich schon so gefreut hatte, auf einem LKW wegzufahren. Ich war sechs. Ich weiß von anderen Flüchtlingen aus Pommern und Schlesien und Ostpreußen, dass die Flucht verheerend war und die Menschen in höchstem Maß traumatisiert waren, wenn sie überhaupt überlebten. Man spricht von einer halben Million Menschen, die bei Flucht und Vertreibung 1945 umgekommen sind. Früher wurde diese Zahl noch viel höher angesetzt. Auch in Dänemark sind viele gestorben, besonders Kinder. Babys hatten überhaupt so gut wie keine Chance. Ich wusste lange nicht, wer die ganze Flüchtlingsaktion in Dänemark finanziert hat, habe es aber recherchiert. Die dänische Regierung war es. Sie tat es aus humanitären Gründen und unter dem Druck der Alliierten, und wohl auch mit großem Widerwillen. Angefangen hatte das Lagerwesen in Dänemark schon unter der nationalsozialistischen Regierung in Deutschland, als viele verwundete Soldaten und auch Flüchtlinge aus den Ostgebieten in das von Deutschen besetzte Dänemark evakuiert wurden. Nach der Kapitulation aber hat Dänemark die Lager übernommen, betreut und finanziert, und es kamen noch viel mehr Flüchtlinge. Es müssen knapp 250.000 Deutsche in den Lagern gewesen sein. In unendlich vielen Lagern. Dänemark hat nur eine Population von 4 Millionen, dann errechne einmal die Proportionen! Die Stimmung in Dänemark, unter den Dänen, war gekennzeichnet durch Widersprüchlichkeit: Die einen waren empört, die anderen, ich denke, es war eine Minderheit, reagierten freundlich. Es war insgesamt eine riesige Hilfsaktion. Wir hatten Unterkunft und Essen umsonst. Ich bin bis heute sehr dankbar. Die Bundesregierung hat der dänischen Regierung zwischen 1953 und 1958 160 Millionen Kronen in Anerkennung ihrer Leistung damals bezahlt, was nicht gerade viel sein muss, heute bekommt man für 1 Krone etwa 13 Cent. Ich finde es interessant, dass die Aufarbeitung des gesamten Komplexes erst jetzt nach so vielen Jahren auf voller Maschine läuft. Ein Mann namens Karl-Georg Mix hat sich da sehr verdient gemacht. Deutsche Flüchtlinge in Dänemark 1945–1949. Das Buch erschien 2005.

172

Es sind noch drei Tage, dann bin ich im Ruhestand, hatte ich geschrieben. In der Schule ist das große Rumhängen, das man in den letzten Tagen des Schuljahrs gern hat, der Schulleiter hat einmal von *geräuschloser Flexibilität* geredet, die da angebracht sei, das fand ich einen sehr guten Ausdruck. Ein paar Hansel schaffen immer noch am Projekt (*Projekttage*), andere spielen Fußball oder räumen irgendwelche obskuren Schulsammlungen um, ich spiele mit einer Klasse Gesellschaftsspiele und muss unter anderem eine Liebeserklärung an einen Kühlschrank abliefern. Doo hots aber Wiederholunge drin khett, sagt jemand. Ich verteidige mich nicht und sage nicht: Das ist bei Liebeserklärungen so!

173

Abends Tanzkurs. Teresa überfordert mich, weil sie viel emotionaler lernt und ich mir alles immer erst im Kopf klarmachen muss, und das ist auch der Grund, warum wir heute gar keinen gemeinsamen Tanzkurs mehr haben, und Teresa hat sich dem Bauchtanz verschrieben, und das ist auch gut so, denn sie hat die Hüften. Mir fällt natürlich die Tanzstunde ein, die ich als Fünfzehnjähriger bei dem Ehepaar Pfander genoss. Zum Tango hieß es: Die Fieße aus den Hiften! Es war nach der Grundschule und dem Konfirmandenunterricht mein erster Kontakt mit Mädchen, die nicht zu meiner Familie gehörten, und ich war so etwas von sehnsuchtsvoll schmachtend und gleichzeitig deppert, dass es gen Himmel schrie. Meine Abschlussballdame war dann die Schönste im ganzen Erdkreis. Das machte: im Gerangel der beiden Alphatypen unter uns, die um sie wetteiferten, war sie durch die Maschen gefallen.

174

Der letzte Schulausflug führt die 6c und mich zum Uracher Wasserfall, zum Hohen Urach und ins Höhenfreibad. Ich mache viel Quatsch. Ich sage, es komme nicht auf die Qualität der gemachten Witze an, sondern auf die Quantität. Eins der Mädchen hat Teresa und mich auf der Hocketse gestern gesehen und sagt, sie hänt abr a nette Frau, Herr Ügott. Sie weiß nicht, dass Teresa nicht meine Frau ist. Sie wusste damals nicht, dass Teresa damals nicht meine Frau war. Wenn das alles hier noch eine Weile so geht, so genau kann ich das selbst gar nicht wissen, dann wird mir die gebrochene Perspektive von Jetzt und Damals und: so und doch wieder nicht so, womöglich aus den Händen gleiten und ganz ihr eigenes Wesen treiben. Dann wird der Einundachtzigjährige zum Hochzeiter und meine und Teresas Enkelkinder werden erst nach der Kanzlerschaft von Merkel geboren.

175

Ich hole meinen jüngeren Sohn vom Bahnhof ab, wir gehen einen Computer für mich kaufen, und mein Sohn macht sich in seiner schnellschaffenden Art sogleich an die Arbeit, die Geräte sind bald installiert, die alten beiseite geräumt, das Zimmer in ein Chaos verwandelt, mein Sohn davongeritten. Ich räume auf und rufe Teresa an. Wir verabreden uns für den Gospelchor, in dem Teresa früher selbst gesungen hat. Da stehen sie alle mit ihren kleinen, roten Halstüchern in der großen Kirche und wippen vorsichtig zu der Musik, die sie von sich geben, ohne sie zu verstehen. Sonst würden sie nicht wippen. Teresa kennt sie alle. Ihr gehen lauter Geschichten durch den Kopf. Nach einer Weile ziehen wir ab, es ist ein offenes Konzert, wir beschließen den Tag mit einem Eisbecher irgendwo. Der Abschied in der Tiefgarage unterm Rathaus ist ein bisschen wie in einer romantischen Erzählung. Tieck vielleicht.

176

Von fünf bis acht Uhr morgens kann ich nicht schlafen. Mich plagt eine Unruhe. Ich habe Kopfweh. Ich mache mir Gedanken um meine Zukunft. Ich schlafe dann ein und versäume Teresas Gottesdienst. Ich versäume am Nachmittag auch das Frühchenfest im Krankenhaus, das Teresa mit feiert. Ich höre später, dass die jungen Mütter mich gar nicht so schrecklich vermisst haben. Ich lese ein bisschen, schreibe ein bisschen, aber aus dem Tag wird nichts mehr. Che tempaccio, sagt mein italienisches Wörterbuch.

177

Abschied von der Schule. Nun ist es so weit. Ich gehe. Ich werde verabschiedet. Eine kleine Abschiedsfeier für ein paar wenige Kollegen. Nach sechsunddreißig Dienstjahren. Mit unzähligen Überstunden. Die bei uns ja keine sind. Was soll ein Leistungskurs Deutsch mit 22 Schülerinnen und Schülern (ein LK Latein hat höchstens sechs)? oder eine neunte Klasse mit 33? Ich habe immer zu den Kanalarbeitern gehört. Wir haben keine Supervision. Du musst durchstehen. Alle beobachten dich. Nur auf der Ebene der Freundschaft geht was. Ich habe viel Freundschaft am Kollegium erfahren, und der Abschied fällt mir schwer. Ich habe mein Leben lang die Schülerinnen und Schüler geliebt, und der Abschied von ihnen ist schmerzhaft. Ich werde von ihnen nie genug bekommen. Sie sind charmant und bockig, kooperationsbereit und unberechenbar, feinfühlig und robust, liebevoll und laut, sehr fröhlich und sehr traurig, sie werden mir fehlen, ich will sie in Erinnerung behalten.

178

Der Morgen greift mich so an, dass ich mein Nitrospray benutze, was sonst nicht vorkommt. Ich bin froh, dass Teresa zum anschließenden Umtrunk erscheint, was sie Überwindung kostet. Mein Wechsel von einer Ehefrau, die man (meine eigene Schuld!) nicht oft zu Gesicht bekommen hat, zu einer Partnerin, die sich zeigt und die man als Schülerinnenmutter kennt, wird, zumindest im konventionellen Bereich der Höflichkeit, leicht nachvollzogen. Du kannst es im Einzelfall auf den Gesichtern lesen, ob es wirklich so ist.

Bei Kollegin Wildermuth beobachtete ich ein kleines Zucken um die Nasenflügel, das sonst nicht auszumachen ist oder höchstens, wenn sie abfällig über Pubertierende spricht. Teresa wird am Nachmittag noch ins Krankenhaus gerufen. Als ich sie am Abend sehe, spricht sie von Herzschrittmachern. Warum auch immer. Ich habe keinen. Sie sagt: Herzschrittmacher – da stirbst du nie! Glaub mir, die sterben nie. Das ist auch so eine Sache, erwidere ich, um das Problem in einen größeren Zusammenhang einzuordnen. Meine berufliche Laufbahn als beamteter Lehrer im aktiven Dienst ist mit dem heutigen Tag, dem Tag, an dem ich dieses schreibe, zu Ende gegangen. Nie wieder wird das berühmte *Ht.* unter irgendeinem Schulaufsatz stehen. Oh Sohn! Oh Vater! Oh Abreise! Oh Gott! Was wird geschehen? – Zeit für eine Verschnaufpause.

179

Wir sitzen im Visavis. Zwei Männer kucken meine Genossin, das ist die, die den Weidegrund mit mir teilt, beinahe weg. Ein Träger ihres weinroten BHs »lugt« hervor (so hätte Rosegger vielleicht geschrieben). Das evoziert die Unruhe der Tischgenossen. Auch mir versüßt der Träger den Anblick der Trägerin. Zurück auf der Straße: Essen wir Falafel und treffen den Mann mit dem dicken Bauch aus unserem Tanzkurs. Der erzählt uns aufgeregt und umständlich seine Geschichte. Sie gipfelt darin, dass er seine Frau mit fast nichts an auf dem Sofa mit einem Mann angetroffen hat, der auch nur spärlich bekleidet war, und die Ehe ist nun zu Ende, und er sucht eine neue Frau, die muss tüchtig sein fürs Geschäft und darf nicht mit anderen Männern auf dem Sofa rummachen. Das sind ziemlich hohe Ansprüche. Ob da ein Tanzkurs wirklich weiterführt? Ob er da eine neue Frau findet? Bei mir war es die Intensivstation. Ich denke, da bist du auf alles gefasst. Der Name sagt es ja schon.

Jock und June haben mir zum Geburtstag geschrieben: Many happy returns of any kind of limericks. Teresa träumt, Hunderte von jungen Leuten verhindern ihren Gottesdienst. Sie erkundigt sich, was sie tun soll. Sie soll die Leute alle einzeln anrufen, wird ihr beschieden. Frau Lehmhoff schleiche sich in ihre Träume, schrieb ich damals, und ergänzte: sie, Teresa, sei aber eine Kämpferin. Ihre ältere Tochter fährt in die Provence. Die Eltern ihrer Freundin haben dort ein Ferienhaus: in Générac, zwischen Nîmes und St. Gilles. Auch Teresa und ich dürfen im Herbst. Am Abend gehe ich mit Teresa und ihrer Patentochter, die zu Besuch ist, essen. Ich kann erkennen, wie diese Patentochter sich gerade ihre eigene Welt aufbaut, mit ihren eigenen Meinungen, und dabei macht sie doch so ungern Fehler. Ich glaube, deswegen spricht sie so schnell und etwas undeutlich. Unsicherheit, die sich verstecken will. Sie ist freundlich, umgänglich und beherrscht. Sie schmiedet, darin ihrer Patentante nicht unähnlich, mit fester Hand ihr eigenes Glück. Über ihrem Lachsfilet erzählt Teresa, wie sie den revolutionären Aufbruch 1968 erlebt hat. Sie war fünfzehn und aufgeregt. Man ging auf Schülerdemos. Auch damals. Teresa musste sich alles, was politisch und intellektuell ihres ist, selbst erarbeiten! Es gab in ihrem elterlichen Haus keine Bildungstradition, keinen Duden, kein Fremdwörterbuch, kein etymologisches, du konntest die Bücher an einer Hand abzählen. Und ewig singen die Wälder. Vielleicht ist es das, was sie so stark gemacht hat – der eigene Weg. Bei mir gab es sehr wohl eine Bildungstradition, über mehrere Generationen hinweg, nur war sie dann wilhelminisch, ich will nicht sagen: verseucht, aber doch deutlich eingefärbt. Was ist da besser? Ich wache auf und bin 62. – Ich lese das nach einiger Zeit wieder und bin achtzig. – Und also: Bildungstradition meinerseits? Nun, je! Ärzte, Studiendirektoren, Bergbauingenieure, Forstdirektoren, Offiziere, all das in der Familie. Aber ich fühle mich doch betrogen um eine, ich will es einmal: sozialdemokratische Erziehung nennen, eine Erziehung, in der feministische Fragen eine Rolle spielen, eine Erziehung, die auch auf andere Ethnien reflektiert, eine Erziehung, die dem kleinen Hugot doch wenigstens ein Minimum der Monstrosität des Staatswesens, das da um ihn herum entsteht, nein, eben in seinem Geburtsjahr 1938 gerade schon entstanden *ist*, spüren lässt, eine Erziehung, die den Hass der Deutschen auf Juden und den Willen der Deutschen, die Juden und ihre Kultur, und alles andere, was ihnen fremd erscheint, zu vernichten, nicht ausklammert. Da kann ich bei Gott keine Dankbarkeit empfinden. Du sollst Vater und Mutter ehren.

181

Um 9.47 Uhr an meinem Geburtstag hole ich meinen älteren Sohn vom Bahnhof ab und bringe ihn zu 11.11 Uhr wieder hin. Dazwischen liegen knappe eineinhalb Stunden mit ihm, barfuß und mit Zahnschmerzen, in der Stadt. Wir steuern den Museumsgarten an. Dreißig Meter vor dem Ziel lassen wir uns in einem Straßencafé nieder, und er erzählt mir von Karl Philipp Moritz, dem schrägen Klassiker, und seinen sonderbaren Begabungen. Und später, auf dem Bahnsteig, hockt er erhöht auf einem dort aufgestellten Rad einer Lokomotive, kurzärmeliges, knallblaues Hemd, und doziert, was im Jahr 311 mit Constantin war, und warum die Leute unangenehme Glaubensinhalte einfach immer verdrehen, so dass fade Sachverhalte daraus werden. Wer war das, von dem man da nur weiß, er habe mit Gazellen gelebt? Und welche Professorin hat das einfach abgetan, das sei eben ein verbreiteter Topos gewesen? Ich stehe, etwas erniedrigt, vor meinem Sohn, fühle mich ganz wohlig in dem schönen Sommerwetter und habe ihn lieb.

In Degerschlacht warten eine schöne Frau und ein schönes Essen auf mich. Dann folgt ein schöner Mittagsschlaf. Ich denke zurück an meinen Geburtstag das Jahr davor. Wir liebten uns in Neckartenzlingen auf einer Wiese am Neckarufer. Die Spannung war, ob jemand kommt, die Wiese war ganz nah am Dorf. Eine kleine Insel uns gegenüber war von Schwänen bewohnt, und es gab einen, der die anderen nicht dulden wollte, er fauchte und biss sie weg, ich erinnere mich, ich sinnierte über den Kontrast zwischen uns hier in der Blumenwiese und denen da drüben mit ihrem Psychopathen. So einer kann einem alles vermiesen. Ich denke an den Trupp der Schwäne.

Die Sommerreise geht über Hamburg nach Ribnitz-Damgarten und von dort mit dem Bus über die Dörfer nach Ahrenshoop. In Rostock stoßen wir auf die Hochzeiter an. Mein jüngerer Sohn heiratet. Teresa hat Sekt mitgebracht. Unser Hotel in Ahrenshoop ist das Haus am Meer. Was soll ich sagen? Die Ostsee hat es uns angetan. Der Strand. Die Dünen. Der Wald. Und das Meer. Es geht nichts darüber. Luft, Wind, Licht. Die Lungen freuen sich, der Kopf wird frei, das Auge schweift. – Der Himmel weit. Die Wolken alternativlos.

Ahrenshoop zeichnet sich vor anderen Ostseebädern dadurch aus, dass es Kunst hat. Das bekommt uns. Ich genieße auch das Bewusstsein: Das war die DDR, die Menschen hier – ich habe als Kind zu ihnen gehört, sie sprechen meine Sprache, es ist meine Heimat. Vom Meeresstrand in unser Bett sind es achtzig Meter! Wir haben Halbpension, zum Mittag gar nichts und abends Wildschwein. An einem Tag steht

Teresa heimlich auf und besorgt einen Strandkorb. Sie liebt solche frühen geheimen Missionen, wir können sie als eine Morgengöttin betrachten. Wir sind nackt. Wir genießen das und lassen uns von unseren Nachbarinnen fotografieren. Es herrscht hier am Strand Freiheit. Die pubertierenden Mädchen, die wir gesehen haben, sind es am ehesten, die sich der allgemeinen Gewohnheit, sich ganz auszuziehen, nicht unterwerfen. Im Englischen haben wir das Wort *coy* dafür. Es bedeutet sowohl scheu und schüchtern als auch spröde und zimperlich. Quiet ist verwandt. Teresas Lektüre: *Singende Steine*, von Fernand Pouillon, wo in der Provence Klöster gebaut werden, und ich lese *Christus kam nur bis Eboli*, von Carlo Levi. Die berühmten Felsensiedlungen Sassi, Sassi di Matera, werden neunzehn Jahre später Weltkulturerbe! In »Wuschtroh« war ich auf dem Kirchturm, von dem aus man Bodden und Meer gleichzeitig sieht. An einem Bodden bin ich geboren. Mit dem Schiffchen, wie meine Mutter sich ausdrückte, sind wir sonntags über den Camminer Bodden an den Strand gefahren – nach Dievenow (Dziwnów) oder Heidebrink (Miedzywodzie). Zwei Herrschaften aus Bremen empfehlen uns beim Frühstück fünf Tage Helgoland im Winter. Im Darßer Forst verspreche ich, ich werde *Ahnung und Gegenwart* lesen. Neunzehn Jahre später habe ich das Versprechen längst eingelöst. Mit großem Gewinn. Teresa gibt den Pouillon auf und wechselt zu Augustinus und seinen Liebesbeziehungen. Der hat erst schrecklich viel mit Frauen rumgemacht, ehe er moralisch wurde, und dann auch wieder noch. Ich werde mich dazu nicht äußern. Dass es viele Malerinnen und Maler nach Ahrenshoop gezogen hat, wird uns plausibel. Das Tableau von Meer und Strand und Dünen oder Meer und Steilufer erscheint uns in ständig neuen atmosphärischen Verhältnissen. Nicht selten ist es, als ob demnächst ein Gewitter losgehen wollte. Im Wohnhaus der Malerin Elisabeth von Eicken, Galerie Peters-Barenbrock: fünfzehn junge Künstlerinnen und Künstler, darunter Gerd

Mackensen – verworren, verwurschtelt, erotisch. Eine Dame zieht sich ihren Slip aus. Mackensen nennt das Bild: Ohne ist schöner. Wir haben uns nach einer kleinen Krise um ein kleines Buch von Noelle Châtelet, das ich kitschig fand, Teresa aber nicht, dann wieder gut vertragen. Wir haben uns Zeit genommen. Im Akt der Besprechung nimmt die Beziehung die Irritation in sich auf wie die Amöbe ein Nahrungsteilchen. Wenn man sich mag, macht man das. Wenn man ständig hart arbeiten müsste, wäre etwas faul. Hans Kinder im Kunstkaten. So gebildet sind wir nicht, dass wir seinen Namen schon kannten. Wir kennen Chagall, Matisse, Goya und solche Namen, Cezanne und Tizian, Beuys und jetzt auch Brekenfeld. Wir fanden Kinder jedoch okay. Im Neuen Kunsthaus ist unter anderem eine Skulptur, die *Wälzendes Pferd* heißt. Wir mögen sie. Aber über den Titel müssen wir lachen. Was wälzt dieses Pferd denn? Sich selbst vielleicht? Zur Teestunde spielen wir Hero und Leander. In Althagen sitzen wir eine ganze Weile lang auf einer Bank mit Blick auf den kleinen Hafen, der Friede in Person, in zwei hübschen Personen, sozusagen, drei Postkarten werden geschrieben, ein Limerick an Jock und June entsteht, aus Seegras forme ich Schamhaare, die ich zünftig auf Teresas Jeans positioniere. Es ist mir ein großer Schmerz, dass wir mit unseren Kindern viel zu selten Urlaub gemacht haben oder machen konnten, besonders Urlaub an der See! Bei uns ging die Mark / die DM durch sechs. Paul Müller-Kaempf hat die Ahrenshooper Künstlerkolonie im 19. Jahrhundert begründet. Auch er malt Landschaft. Seine Bilder sind aber rationaler, heller, einfacher als die von Elisabeth von Eicken. Weniger ist hier mehr. In seinen Bildern ist das Licht. In ihrer Trance in der Nacht erschienen Teresa natürlich eher die Bilder von Elisabeth von Eicken mit ihren vegetativen Verschlingungen. Ein Gewirr von braunen und roten Wurzeln. Damals habe ich für diese zwei Wochen an der Ostsee viereinhalb Manuskriptseiten verbraucht. Und jetzt zwei! Das ist schon eine große Straffung. Beim Kofferpacken ist Teresa vor mir fertig. Sie sagt: Dees koosch ruhig in dei Werk noh mit neinemma.

185

Wir waren dann immer wieder einmal in Ahrenshoop. Eher im Hotel Nordlicht. Wir begegnen Schorlemmer, der im Dünenhaus eine Lesung machen will, dann aber, ein bisschen eitel, einfach frei plaudert: wirbt für Versöhnung, schilt die Presse und schwärmt vom 9. Oktober 1989 in Leipzig, wo 70.000 Menschen auf die Straße gingen, wir schließen Bekanntschaft mit einem Hautarzt aus Kassel, den wir unseren Dr. Dolittle nennen, mit leuchtenden Augen kam er jeden Abend an unseren Tisch und erzählte uns von Oblomov, einem russischen Taugenichts, Teresa liest wiederholt Sigrid Damm, und wir ärgern uns über Goethe als Macho, bangen mit Charlotte von Lengenfeld und leiden wie Büchner mit Lenz, ich fange endlich den DeLillo an, kriege ihn aber, kann ich in meinem schlauen Rückblick sagen, nie fertig. Diese dicken Romane! Ich glaube, ich sagte es schon einmal. Wir sind im Bernsteinmuseum in Ribnitz, wir machen eine Boddenfahrt von Zingst nach Althagen, wir besuchen Freunde in dem schönen Barth, wir probieren zum Spaß Ringe, wir kaufen Kunst: Teresa zwei Kraniche beim Hochzeitstanz, von Monika Credner, ich die *Sehr kleine Frau mit Zigarre* von Malte Brekenfeld. Meine Finanzen mögen das nicht. Noch nie in meinem Leben habe ich Kunst gekauft, außer ein einziges Mal: ein kleines Vieh von Grieshaber. So verursacht dieser Handel in der Kunstscheune Barnstorf eine Erschütterung in mir. Die Szene: Bank mit Boddenblick. Erstes Bild: Heulkrampf. Zweites Bild und Schluss: Trost an Teresas Schulter. Einmal laufen uns die Puchmayers aus unserer Stadt in die Arme, einmal gibt es ein großes Hallo: Good old Bernhard vom Einstein und seine Frau, die in der Strandhalle *Rast* machen wollen, stehen plötzlich vor der Tür. Und immer unsere alten Wege. Immer wieder auch Neuentdeckungen: der Friedhof am Berg, der Hohe Ort, das Ahrenshooper Holz. Und immer der Strand, das Klatschen des Wassers gegen die Buhnen, der Duft nach Meer und Tang, das schwere Gefühl der Fußsohlen auf dem Sand, das unablässige Schreien der Möwen, die Badefreuden, wenn du von den heranrollenden Wogen emporgehoben wirst und wieder sinkst. Die Strandwanderungen. Der freche Wind.

186

Im Jahr 2010, nahe den Wellenbrechern, bei rauer See, habe ich in Bad Ahrenshoop die schlimme Erfahrung gemacht, fast zu ertrinken. Ich fand es im Moment der höchsten Bedrängnis so schrecklich schade, so gehen zu müssen. Alles leer. Abschiedslos! Seither weiß ich, wie radikal das Ende sein wird. Ich habe für den Bruchteil einer Sekunde jenseits des Lebens gespürt. Teresa saß am Strand und hat mich gesehen. Etwa fünfzig Meter entfernt. Sie konnte nicht erkennen, was mit mir los war. Meine Erlösung lag darin, dass ich nicht den Weg zum *Strand*, sondern hinaus, vom Strand weg, um die Wellenbrecher herum, mir erkämpft habe und auf diese Weise eine Sandbank erreichte und dem Sog entkam, den die Wellenbrecher bei dem Wind erzeugten.

187

Wieder zu Hause, damals, beim ersten Mal – nun wirklich in Pension! Allein. Heimatlos. Erste zaghafte Telefonate. Vorsichtige Annäherung an den Schreibtisch. Kleine Arbeiten im Haushalt. Papiere, Zettel, Hefte, Bücher. Irgendwo hängen bleiben. Hier was checken, dort was notieren. Ein bisschen einkaufen. Zur Bank, zur Post, zur Bücherei. Was schreiben. Zeitung lesen. Träumen. Fantasieren. Man kann das nicht erzählen. Ich weiß noch nicht, was wird. Die ersten Tage im Ruhestand sind wie ein gerade entstehendes Mosaik, dessen Plan niemand kennt. Das Herz ist schwer, aber auf dem Weibermarkt höre ich ein Kind zu seiner Mutter sagen: Vor großen bissigen Hunden habe ich keine Angst. Das könnte fürs Erste ein Motto sein, schrieb ich.

188

Wenn ich mich in früheren Perikopen gelegentlich über Frau Kramp-Karrenbauer ausgelassen habe, so hatte ich ein wenig das Gefühl, ich leiste hier Pionierarbeit, um zu verhindern, dass unsere Republik in eine Situation hinein schlittere, die uns Hautjucken verursachen könnte. Seit gestern aber, 7. Oktober 2019, als ich in unserem Blättle las, dass sich allmählich auch in der CDU selbst ein Bild von dieser Politikerin abzeichnet, das voller Skepsis ist, bin ich überzeugt, ich kann meine Bemühungen einstellen. Irgendein Gockeler, Heilsbringer der Partei, wird es nunmehr richten. Um Gottes willen keine Zusammenarbeit mit den Linken, um Himmels willen keine Flüchtlinge irgendwo aus dem Dreck ziehen, aus dem Elend ziehen, erst einmal Ordnung an den Grenzen schaffen, keine Gefühlsduseleien, es mag denen so dreckig gehen, wie es will, und ja keine Verschwendung von Steuergeldern für sozialen Krimskram, uns geht es doch gut! Fragt Herrn Ziemiak, wenn ihr den Katechismus nicht genau erinnert. Er buchstabiert ihn im Schlaf. Die alte Rückwärtsgewandtheit der Partei wird in alter robuster Männlichkeit glänzen. Die alte Fremdenfeindlichkeit. Der Schornstein muss rauchen. Die Grünen sollen sich nicht so anstellen. Und ich gebe zu, inhaltlich sind da keine Unterschiede zwischen AKK und den Gladiatoren, die da kommen. Am 9. Oktober sah die Nachrichtenlage zwar schon wieder anders aus: Von Machtkämpfen war da die Rede. Aber die Parteivorsitzende hat ausgespielt, so viel steht fest. Mensch ärgere dich nicht.

Sie hat sich wahrscheinlich einfach übernommen. Ich bin ihr gegenüber vermutlich ungerecht und schieße über das Ziel hinaus. Sorry. Machtkämpfe scheinen auf unserer Welt das schlechthinnige Movens zu sein. Macht und Vernunft gehen nicht zusammen, und wenn sie einmal zusammenkommen wollen, dann gibt es genügend Saboteure, die ihre eigene Macht dennoch erstreiten. Warum kann die Türkei nicht darauf hinarbeiten, dass sich ein eigener Kurdenstaat etabliert? Erdogan könnte ein Heiliger werden, der noch Jahrhunderte verehrt wird, aber er ist zu dumm dazu.

189

Im Sommer 1983 bin ich vom Gymnasium Pfullingen weg. Ich hatte mit dem Schulleiter Händel bekommen und das Oberschulamt hatte mich auf mein eigenes Betreiben hin versetzt. Ans Einstein in unserer Stadt. Im November 1984 bekam ich, eine nostalgische Schreibmaschine aus den zwanziger Jahren betreffend, mit der Post folgendes amtliche Schreiben aus Pfullingen von jenem Schulleiter: Lieber Kollege Hugot, anlässlich Ihres Ausscheidens aus dem hiesigen Lehrerkollegium wurde von Ihnen die Bitte vorgetragen, die alte Schreibmaschine, die längere Zeit in der Lehrerbücherei war, zu bekommen. – Ich konnte damals diesem Wunsch nicht entsprechen. Bei einer Inventuraufnahme wurde jetzt festgestellt, dass diese Schreibmaschine nicht mehr aufzufinden ist. Vielleicht können Sie uns einen Hinweis geben, wo diese Schreibmaschine sich befindet. Mit freundlichen Grüßen usw. N. N., Schulleiter. Der Mann war gleichzeitig Landtagsabgeordneter.

190

Mein Infarkt ist aus der englischen Perspektive als ein Trick meines Unbewussten zu verstehen. Ich denke, ich schrieb das damals so, weiß heute aber gar nicht mehr, warum ich »aus der englischen Perspektive« geschrieben habe. Einen Grund muss es ja gehabt haben. Ich weiß es nicht. Lassen wir es so stehen. Oder? Cynthia vielleicht? Ich war aus eigenen Willenskräften, wie schon beschrieben, nicht fähig, das Haus und die Ehe zu verlassen. Die Herzattacke hat mich aber an jenem einen Tag für eine kurze Weile außer Betrieb gestellt, so dass ich auf einer Trage aus dem Haus getragen worden bin. Ich bin nie wieder rein. Das klassische Abhauen mit Kofferpacken und so habe ich auf diese Weise umschifft. Psychologisch ist das schlüssig, moralisch vielleicht nicht. Auch das weiß ich nicht.

191

Beamtenheimstättenwerk, Steuer, Versicherungen. Das hat alles seine eigene Poesie. Sollte ich wieder auf die Welt kommen, werde ich Sachbearbeiter in einer Versicherungsanstalt. So wie Kafka. Schreiben können wir nachts! Als ich Teresas Auto aus dem Klinikum abhole, um eine Kommode zu transportieren, sehe ich meine Schöne in ihrem schwarzen Blumenkleid. Patient im Krankenhaus sollte man sein, sage ich. Sie erwiderte lächelnd, ich glaube, das hatten wir schon. In Degerschlacht darf ich Zwiebeln schneiden und Teig dünn ausrollen, es gibt Pizza. Ich werde gebraucht. Wer sollte die Zwiebeln schneiden und den Teig ausrollen? Auch muss ich Teresas Sohn zu seiner Freundin fahren und ihn später wieder holen. Ohne meine Hilfe würde man sich hier zerschleißen. *Ich Herkules* hieß dieses Buch einmal.

192

Die Männer, sagt Teresa, mit leichter Übertreibung, ziehen sich vielleicht nicht mehr so regelmäßig in die Kneipe, dafür fast permanent hinter den Computer zurück und lassen die

Frauen den Dreck schaffen, sie geben sich den Anschein, sie würden ganz wichtige Dinge vollführen, sie suchen das süße Leben und scheuen die Verantwortung. Wir streiten außerdem wegen einer Praktikantin. Teresa sagt, sie stellt so dumme Fragen. Ich sage, als Praktikantin darf man dumme Fragen stellen. Teresa sagt, es sei nicht wichtig, worunter eine Patientin, die man besucht, leidet, beziehungsweise, was ihre Diagnose sei. Die Praktikantin dachte, das *sei* wichtig. Ich sage, das muss man auch erst wissen, dass das nicht wichtig ist.

193

Mein Patensohn hat eine Oma in Colchester. Sie ist 98. Ihre Tochter, die Tante meines Patensohns, hat drei hübsche Töchter. Das sind seine Cousinen. Ich habe sie kennen gelernt, da waren sie noch klein. Inzwischen sind sie groß. Die jüngste ist mein Liebling. Als Achtjährige hat sie kleine englische Gedichte gemacht, *Shoes*, zum Beispiel: Black shoes, brown shoes, / Walking in the town shoes. // Red shoes, blue shoes, / Sticky, stodgy new shoes. Oder: Upon a grassy and muddy hill, / I saw a little white flour mill. Acht Jahre alt! Ein wundervoller Rhythmus! Ich habe mir 25 ihrer Gedichte damals aufgeschrieben. Es gibt ein Foto, das zeigt mich als jungen Mann mit der fünfjährigen Rosalie auf dem Arm. Auch das war schon in Colchester. Für mich ist die Assoziation von Rosalie und Poesie nie zerbrochen. Als sie erwachsen war, musste sie sich ihres chinesischen Ehemanns erwehren, der sie mehr oder weniger ausgebeutet hat. Jetzt hat sie einen Freund aus Neuseeland, aber mein Patensohn sagt, der Neuseeländer ist auch schon wieder passé. Und die Oma ist mit 101 gestorben.

Teresa hat mir einen Ruhestandskalender gemacht. Vierzehn Postkarten, die mich ermuntern sollen, die Sache cool zu nehmen. Auf der Karte für nächsten Freitag klebt eine Zeitungsannonce aus alter Zeit: Arbeitsloser Seemann sucht Frau mit Schiff. Das *finde* ich cool.

Meine älteste Schwester, die neuerdings mit leichter Ironie, die sie auf sich selbst anwendet, von der Hinfälligkeit des Lebens spricht, nur weil ihre Beine schwächer werden und sie jetzt manchmal hinfällt, hat angerufen und mir mitgeteilt, dass mein Bruder mit einem Blutgerinnsel im Kopf in Frechen in einer Klinik liegt. Wir haben seit Jahrzehnten nicht viel miteinander zu tun. Meine Geschwister sind, immer vorübergehend, weit weg. Ich finde das auch in Ordnung, ich klage nicht, das ist einfach so. Die große Nähe, die es durch unser Zusammenleben früher einmal gegeben hat, ist nicht mehr gegeben. Wenn wir uns sehen, ist trotzdem alles immer ganz einfach! Ein Schock war die Nachricht über meinen Bruder. Am 22. November 2001 ist er gestorben. Sein Grab ist auf dem Südfriedhof in Köln. Ich war zur Trauerfeier da und habe Abschied genommen. Der Pfarrer sagte, wer nun noch in der Schuld des Verstorbenen stünde – das sei jetzt gut, das sei abgegolten. Für mich war das hilfreich. Mein Bruder war fünf Jahre älter als ich, seine Entwicklung hat durch die Wirrnisse und Erschütterungen des Krieges und der Flucht, er war zu Kriegsbeginn sechs Jahre alt, große Störungen erlitten. Wirklich gesucht habe ich ihn zuletzt, als ich knapp zwölf war. Ich bin ihm manchmal mit dem Fahrrad von Pliezhausen am Neckar aus auf die Alb nachgefahren. Er hat dort eine landwirtschaftliche Lehre gemacht. Ich muss heute wehmütig daran denken, wenn ich durch Kleinengstingen fahre.

Wo liegt die Grenze zwischen Lamentieren und Klagen? Der Preußenkönig Friedrich II. hat auf dem sogenannten Schlachtfeld einmal einen sogenannten gemeinen Soldaten, der im Sterben vor Schmerzen schrie, angeheischt: Stirb Er anständig, Kerl! Der arrogante Fürst fordert von dem geschundenen Menschen Heldenmut. Es ist zum Kotzen. Und so etwas stand in den Lesebüchern. Wilhelminisch! Ja, das ist wilhelminisch. Und Friedrich *der Große*? Da kann ich nur frustriert stöhnen.

Im Traum habe ich einen wuscheligen runden Gegenstand erworben, haarig, von dunkler Farbe, sehr vif, aber kein Tier. Ich treibe ihn vor mir her. Das macht Spaß. In einer Pfütze wird er leider dreckig. Ich begegne in offenem Feld einem Mann, der dieses Ding auch einmal kicken will. Er sieht etwas Besonderes darin. Er kickt es und es fällt in einen dort ausgehobenen Schacht. Schräg nach oben verlaufend, liegt in dem Schacht ein Schalbrett. Um das Ding wiederzuerlangen, trete ich auf das Brett, es bricht sofort durch und befördert mich mit Schwung auf den Boden des Schachts. Ich nehme mein Ding und will zurückklettern, aber es gelingt mir kaum. Ich bitte den Mann um Hilfe. Der aber hat eine furchtbare Wut, weil ich das Schalbrett zerbrochen habe. Er hilft mir nicht. Das zerbrochene Schalbrett ist für ihn ein Frevel. Ich schaffe es dann aus eigener Kraft. Als ich draußen bin, verspreche ich ihm, das Schalbrett zu ersetzen, ich weiß aber im selben Augenblick, dass ich mich drücken werde! – Das Schalbrett steht vermutlich für die Vergangenheit. Es trägt nicht. Auch ist es moralisch nicht von weiterer Bedeutung für *mich*. Vielleicht symbolisiert es die hergebrachte Moral. Es wird von dem Mann, dem wütenden Sittenwächter, immer noch als etwas betrachtet, was wiederhergestellt gehört. Ein irrer Traum, besonders wenn man bedenkt, dass wahrscheinlich auch der Sittenwächter Teil meiner selbst ist! Wie sonst hätte auch er mit diesem Ding, das mit Sicherheit ein Vaginasymbol darstellt, spielen wollen? Der Traum zeigt zwei Seiten der Dinge. Im Wachzustand blende ich eine der beiden Seiten aus. Muss das vielleicht tun, um leben zu können.

198

Ich dusche zu Hause im Kreuzem. Wir sind im Grunde immer noch im Kreuzem. Laurence Sterne kommt in seinem *Tristam Shandy* nicht über den Tag seiner Geburt hinaus. Dusche also zu Hause, obwohl ich in Degerschlacht geschlafen habe. Teresa duldet das, ist nicht beleidigt. Sie zitiert manchmal schon selbst den von mir gelernten Satz: Was ist schlimm daran? Ich habe ihn von Gerhard Szczesny aus den Sechzigern. Szczesny wollte demonstrieren, wie wegen ideologischer Barrieren oder irgendeiner Moral immer wieder Dinge tabuisiert werden, an denen, wenn man nachdenkt, nichts Schlimmes ist. Lange Haare, zum Beispiel. Das war seinerzeit ein Riesenthema. Oder ein Kopftuch. Oder eine andere Religion. Was ist schlimm daran? Ich denke jedoch, man darf die Frage nicht als Floskel verstehen, sondern muss sie zu einer echten Frage machen. Es könnte sich ja ergeben, dass an der betreffenden Sache *wirklich* etwas nicht in Ordnung ist. Dann muss man das feststellen und die Konsequenzen ziehen.

199

Teresa lässt zum dritten Mal ihren Tank ausbauen, genauer: den Tank von ihrem Auto, wegen der Benzinuhr, und rauscht in einem schicken, dunklen Firmenwagen von Menton davon. Aus der Zeitung weiß sie, dass sie den alten Herrn Armbruster heute nicht mehr zu besuchen braucht, sprich, ihn gar nicht mehr besuchen kann, weil er gestorben ist. So verzahnt sich bei ihr auf makabre Weise, was sie tut und was in der Zeitung steht. Ich bin unruhig. Ich habe eine Unruhe. Da ist der Statusunterschied zwischen Teresa und mir. Teresa läuft mit einem schlechten Gefühl rum, wenn sie sich nicht um mich kümmern kann. Ich sage, take it easy, mach dich nicht verrückt, ich komme wirklich sehr gut hin, aber das ist leicht gesagt. Ich kann mit meiner Freiheit erst einmal nichts anfangen. Es ist, als ob Druck fehlt. Eine professionelle Deformation? All diese Sätze stammen natürlich aus der Rubrik: *So schrieb ich.* Teresa ruft an, ob wir im Krankenhaus gemeinsam Abendbrot essen. Alles ist etwas schwierig. Nichts erscheint mir normal. Ich freu mich, dass ich nichts tun muss, bin aber deprimiert. Teresa hat drei Stunden Unterricht für Schwesternschülerinnen: über Sterbehilfe, über die Hospizbewegung, über die Begleitung Sterbender, während Jock und June ein Wildschwein ins Auto gelaufen ist. Man vermutet, es war ein Wildschwein. Niemand hat es gesehen. Jock vermutet es.

200

Ror Wolf (Richard Georg Wolf). Am 17. Februar 2020 mit 87 Jahren gestorben. *Wetterverhältnisse.* es schneit, dann fällt der regen nieder, / dann schneit es, regnet es und schneit, / dann regnet es die ganze zeit, / es regnet und... Wer wissen will, wie es weitergeht, muss sich den Text selbst besorgen. Copyright.

201

... *dann schneit es wieder,* würde zum Beispiel passen. Teresas Ausbildungspfarrer hieß Gottlob Ehni. Heute feiert er seinen sechzigsten Geburtstag. Ein Original. Nicht sehr groß, geht leicht gekrümmt, hat ein Auge, das schielt. Er erinnert mich an den Politologen Loewenthal. Er hat hohe Geistesgaben und ein schwäbisches Gemüt, immer das Understatement suchend, immer gut für ein Bonmot, und mit einer trockenen, hellen Lache, wenn er redet – immer nach etwa drei Sätzen. Seine Frau doppelt so umfangreich wie er, ihre Liebesfülle so groß wie ihre Leibesfülle! Sie ist eine Sonnenblume. Auf sie setzt er, sie gibt ihm Kraft. *Er* ist hoch musikalisch und dito chaotisch. *Sie* ist ganz von dieser Welt. Wir sind eingeladen. Der Höhepunkt des Festes ist, wie Ehni die Gäste vorstellt. Jeder Satz ein Treffer, gnitz, voller Herz. Er geht zu allen hin und stellt sie im wahrsten Wortsinn *vor*, nämlich vor sich hin, und erzählt, wer sie sind und was sie ihm bedeuten. Aber zum Schluss packt sein Bruder aus! Er dreht den Spieß um, und der ganze Saal greift zu den Taschentüchern.

202

Ich war bis drei wach und habe bis elf geschlafen. Meine kleine Welt ist aus den Fugen. Mein Mittagessen war um fünf. Wenn man mich fragt, was machst du denn so als Pensionär, dann ist meine Antwort zurzeit: Ach, du, noch ist mein neues Leben überhaupt nicht strukturiert, aber ich habe mir vorgenommen, ich werde mich ein Jahr lang nicht verrückt machen, ich werde sehen, was kommt, weißt du. Ich kann diese Antwort selbst schon kaum noch hören! Ich bringe meinem Schwiegersohn bei einem Besuch vier Bildbände vom Flohmarkt mit. Der Bildband über Mannheim geht glatt über die Bühne. Mannheim sei seine Lieblingsstadt. Mainz, Aalen und Bremen aber kuckt er interessiert an und sagt, darf ich die eventuell auch nicht geschenkt kriegen? Das wäre eine gute Sache: Geschenke nur nehmen müssen, wenn man sie will. Ich habe seine Bitte erfüllt. Geschenke mit sofortigem Rückgaberecht. So musst du dir nie eine gerahmte Jahreslosung an die Wand hängen oder die gedrechselte Holzvase aus Kroatien aufstellen. Meine kleine Welt ist aus den Fugen. Ich zitiere mich selbst. Siehe oben. Der Satz mag für die beiden Vorgängerbücher, die nicht gelaufen sind und wo es hieß: *Muss das denn alles sein?* typisch sein (zweimal »sein«) oder typisch gewesen sein, aber hier haben wir es ja mit einem neuen, einem ganz anderen Buch, mit einem viel ausgereifteren Buch zu tun, und wenn Sie Geduld genug haben und sich lesend noch bis Perikope 235 vorrobben, ohne dass ein neuer Mord passiert oder dass die Nonnen kommen, dann werden Sie erfahren, dass es in meinem Leben noch etwas anderes gab. Wenigstens bin auch ich zum Teil Ihrer Meinung.

203

Wer sich über die Baikal-Amur-Magistrale informieren will, die BAM, dem kann mein jüngerer Sohn weiterhelfen, er hat sich ein Promotionsstipendium ergattert, und nun geht es in die sibirischen Sümpfe. Das Ergebnis sind, das weiß ich später, 500 gewichtige Seiten, fast so etwas wie ein Standardwerk über die BAM, wie ich es einschätze. Die wirkliche Gefahrenzone für die jungen strebsamen Erwachsenen von heute ist aber die eigene kleine Familie, wenn Kinder geboren werden und diese Geschöpfe, die ja eigentlich höheren Sphären angehören, die Energien der Eltern hier unten aufzehren. Ich selbst habe es erlebt. Erst heute, wo ich älter werde, kann ich zum Beispiel auch einmal unbeschwert ins Theater gehen. *Jetzt* erleben es meine Kinder. Unsere Kultur ist kinderfeindlich. Das Feuilleton zum Beispiel ist nur für Kinderlose. Den Philosophen sind Kinder egal. Bis hin zu Wittgenstein geht es diesen Philosophen immer nur um Gott. Als ob sie Theologen wären! Das Ganze hat auch etwas Lächerliches. Mir graust besonders vor Hegel. Zum Teil bin ich nicht gescheit genug. Zum anderen Teil, dem Weltgeist, wenn alles zum Guten kommt, bin ich nahe bei Schopenhauer. Schopenhauer sagt, Hegel tische nur baren

Unsinn auf. Ich glaube, auch Karl Raimund Popper ist da bei uns. Transzendenz ohne Gott können sie (soll ich sagen, außer Schopenhauer und Popper) alle nicht denken, und Kinder kommen nicht vor. Wenn Hegel Hitler erlebt hätte, hätte er den womöglich auch noch für nützlich gehalten, um über Umwege zur ewigen Freiheit zu gelangen. Mein Sohn ist kurz da, hilft mir am PC, dann ist er weg. Vor Popper graust mir natürlich nicht. Aber um die fast eintausend kleingedruckten Seiten, *Die offene Gesellschaft und ihre Feinde,* jetzt auch zu lesen, fehlt mir die Ruhe. Und auch die Kompetenz.

204

Auf Donnerstag, mein Schatz! – Seelsorgekonvent. Tolle Leute in Reute, ein besonderes Völkchen, sagt die Reisende. Ich bringe auftragsgemäß ihr Diensthandy ins Klinikum. Beim Eintritt in das Gebäude erinnert mich alles an meine Zeit als Patient, besonders die Gerüche. Hakan Nesser beschreibt einmal ein grün tapeziertes Speisezimmer, »in dem sich die Gegenstände und die Gerüche die Waage halten«, das ist super sensibel. Ich bin aber nicht der schwächliche Herzpatient, mir geht es gut. Hereinspaziert. Ich bleibe über die Mittagszeit in der Stadt. In einem Stehcafé in der Kaiserpassage finde ich mich neben zwei jungen Frauen stehen, die Russisch miteinander reden. Die eine ist zart wie Irina aus dem russischen Austausch meines jüngeren Sohnes vor ein paar Jahren, die Klavier spielen konnte, die andere fest. Ich nenne sie meine schönen Russinnen. Ich habe eine Sehnsucht. Ich habe Depressionen. Ich bin unglücklich. Zu Hause läuft nichts. Ich habe das Gefühl, es ist etwas umgekippt oder weggerutscht. Ich denke auch, ich besitze zu viele Sachen, zu viel unnützes Zeug. Was soll ich mit den braunen Herrenschuhen zum Beispiel? Telefon mit Jock. Telefon mit Hannah. Telefon mit Pötzer, dem Studienfreund, nach all den Jahren! Telefon mit meiner Tochter. Wir streiten. Sie findet, ich soll mich nicht scheiden lassen, wegen der teuren Krankenkasse. Ich sage, du spinnst. Die Sachen sind klar! Sie hört auch gar nicht, dass ich die Hälfte der Kassenbeiträge übernehme. Bei Osiander treffe ich Valerie, die aussieht wie Marianna Marquesa Florenzi aus der Schönheitengalerie im Schloss Nymphenburg. Abi 89. LK Deutsch bei Hugot. Ist Deutschlehrerin geworden. Ein Schönheitsfleck ziert ihre linke Wange. Sie lächelt. Du denkst an tausend und eine Nacht. Am Himmel stehen scharf nebeneinander ein dunkles Gewitter und ein warmer, lichter Sommertag, und morgen kommt Teresa zurück.

205

Pötzer hat gleich wieder angerufen. Wenn ich ehrlich bin... hm, ich habe Angst, dass mir die Auffrischung dieser Beziehung zur Last werden kann. Pötzer ist so undiszipliniert und sprunghaft. Damals, als Student, hat er sich Zigaretten gekauft. Dann hat er eine geraucht. Dann hat er die Schachtel voller Wut weggeworfen. Und nach anderthalb Stunden war er wieder dabei! Man wird Pötzer aber nicht mit wenigen dünnen Sätzen gerecht, das will ich *dazu* sagen. Er kann prima erzählen. Er ist umständlich und drollig. Er ist originell. Er ist leicht entflammbar. Wilhelm Weischedel erzählt von Kierkegaard und dem Bürgermädchen Regine Olsen: Sorgsam notierte er jede Begegnung mit ihr, er stellte unendliche Reflexionen darüber an, ob sie ihn angeschaut, ob sie gelächelt habe, ob sie stehen geblieben sei, aber er wagt nicht, sie anzureden. – Das ist genau, als hätte Weischedel sich über meinen Freund Pötzer und Elke ausgelassen: Elke, die rothaarige Kommilitonin aus dem romanischen Seminar in Tübingen im Sommersemester 1962. Pötzer: mann du gestern in der mensa pawww mir iss ganz heiß geworden ganz nah iss sie an mir vorbei so kuck ihre haare haben meine schulter berührt ehrlich mann ich hab gedacht ich werd verrückt das war absicht da bin ich sicher da wette ich beim essen saß einer neben ihr ich hab gar nich hingekuckt totaler angeber mann du ich sag dir der kann sich schwingen der hat nie und nimmer ne chance bei der und beim weggehen ich sag dir du die hat in meine richtung geschaut genau wo ich saß die hat gewusst wo ich sitze ich hab das genau gesehen sag mal du die iss scharf auf mich verdammt ich bin da ganz sicher denkst du nich – So ging das über Wochen mit ihm. Und es war nicht nur Elke. Nach einem Monat hieß sie Sonja. Und zum Ende des Semesters Silke.

206

In Mochental im Treppenhaus hängen ein paar Kreidezeichnungen von Lovis Corinth, auf einer lässt eine Prinzessin, die mehr wie eine Hure aussieht, den kleinen Gulliver auf ihrer Brust, auf dem nackten Teil ihrer Brust, tanzen, das hat was, spricht Corvinus. Unsere größte Entdeckung aber, Jahre später: gewaltige Bilder von Wolfgang Isle, die nun in Mochental zu Hause sind. Sie sind, als ob sie gar nicht fertig gemalt seien, die Farbe läuft herab, es gibt leere Stellen. Frauen als Objekte der Begierde, Frauen im Beziehungsgeflecht von Begierde und Gewalt, und daneben andere Bilder beißender Kritik an Macht und Unmoral. Noch wären diese Bilder unter achttausend Euro das Stück zu haben. Vielleicht, wenn ich mal viel Geld habe.

207

Der Abend im Kreuzem steht unter keinem guten Stern. Fremdwörterbuch für Frustration: »Erlebnis einer wirklichen od. vermeintlichen Enttäuschung u. Zurücksetzung durch erzwungenen Verzicht od. versagte Befriedigung.« – Dazu zwei Anmerkungen. Erstens: Warum kürzt der Duden das Wort *oder* noch ab? Die Leute in Mannheim gewinnen dadurch nur einen Anschlag. Zweitens: Vielleicht geht es bei

uns im Kreuzem nur um eine »vermeintliche« Enttäuschung
u. Zurücksetzung.

208

In der Nacht liege ich in den nackten Armen einer fetten Spa-
nierin, fast wäre ich erstickt, ich kam mir vor wie ein hilfloses
Kind, wir reden in diesen Tagen über meine Potenzstörungen,
packe ich den Ruhestand nicht? Auch im Traum: Vor ausge-
schaltetem Fernseher fahre ich mit einem Stock in das Gerät
hinein, der Stock verschwindet in dem Gerät und mir wird
angst, ich bin erleichtert, als ich aufwache und registriere,
dass es wieder einmal nur ein Traum war. Ich liebe dich MIT
Ruhestand, und das wird wieder ganz toll mit uns, Deine T.
(Ein Zettel von T.) Ich habe den Vorschlag gemacht, wir sollten uns ein paar Tage nicht sehen, ich fahre nach Osnabrück,
ich bin auch böse und sage, Teresa wolle ja gar nicht, der
Beruf und alles andere seien ja viel wichtiger, ich sage, ich
falle ihr zur Last, ich muss weinen, ich denke daran, dass die
Schule nicht mehr ist, ich bin traurig. Nach einem Stündchen
privaten Englischunterrichts sehe ich Teresa gleich wieder,
eine Freundin hat ihr Liebeserklärungen gemacht, sie zeigt
mir eine Duftpostkarte mit Rosen, wir kucken Fotoalben, sie
liegen gerade herum, weil die Kinder sie zu ihrem Vater mitnehmen werden, welcher in drei Tagen wieder einmal heiraten wird (*Romeo*, die Dritte), am Abend ist alles nur mühsam,
ich denke nur an das eine, wenn ich was tun will, lenkt mich
irgendeine schöne Fantasie ab, allerlei Frauen treten im Bikini
vor mich hin, ich ordne meine Reclambücherei, in den Nachrichten Serbien, gelegentlich kreuzt meine Vermieterin hier
oben rum und da denk ich mir auch so meine Sachen, zur
Nacht Janis Joplin, im Grunde bin ich seit Ende Juli nicht gut
drauf. – Und doch! – Der liebenswürdige nächste Tag, erst
Fußball, dann holen wir den Schlüssel für Générac, dann sind
wir in die Alte Mühle zum Essen, dann in meine Kemenate,

und siehe, ein Engel stund an unserem Lager. Einer von der guten Sorte. Wie im Psalmengebet.

209

Ich befinde mich in der Eingangshalle eines kleinen Schlosses. Auf einem der Tische liegt ein großes pornografisches Buch von mir. Plötzlich fehlt es. Ich lasse den Verlust des Buches ausrufen, aber niemand reagiert. Das Buch findet sich nicht, die Besucher ziehen sich nach und nach zurück. Der Ort gewinnt den Charakter eines Verlieses, einer ganzen Unterwelt. Ich bin nun allein. Ich könnte ins Freie gelangen, aber ich will gar nicht, ich will mich umtun. Der Raum, den ich als Nächstes betrete, ist mit einem Boden versehen, der aussieht wie Waldboden. Ich finde ein schönes silbernes Tafelmesser mit Ornamenten. Mir ist selbst im Traum klar, dass ich mich in den Verliesen in den unbewussten Seelenschichten befinde, da, wo das Es sein Wesen treibt, und das Messer ist ein Ding der kulturellen Welt. Ich nehme es und scharre den Boden auf. Ich komme auf eine Schicht, die grün-schwarz glänzt, nass und stinkend. Jauche. Ich spüre, der gesamte Untergrund ist so, die dünne Schicht Erde oder Waldboden ist nur Camouflage. Ich werfe das Messer mit einem kunstvollen Wurf von mir. Es zwirbelt durch die Luft und bleibt nach seinem Flug im Boden stecken. Jetzt bin ich in einem neuen Raum, tief, ganz tief im Raum, ganz hinten. Hier treffe ich auf ein Lebewesen. Es ist braun und pferdeähnlich und etwa so groß wie ein Reh, hat auch etwas von einem Hund. Am ehesten wie ein Urpferdchen, mit einem tapirförmigen Schädel. Ich bin an sich tierlieb, aber das hier... Ich ärgere es und necke es mit dem Fuß. Da wird es aggressiv, bleckt die Zähne, gibt gemeine bellende Laute von sich und schnappt nach mir und will mich beißen. Es ist unheimlich. Ich habe Angst. Ich flüchte. Ich klettere an einem Balkengerüst, das die hinterste Ecke bildet, empor und entkomme. Das Urpferdchentier kann nicht klettern. Noch nie war ich auf der Ebene von Symbolen so deutlich und konkret mit meinen Triebkräften konfrontiert! Es besteht keinerlei Zweifel für mich, dass dieses Tier eine Vergegenständlichung meines Sexualtriebs war. Ich habe es mit meinen maßlosen Fantasien zwei Monate lang kirre gemacht! Bei einer der Revisionen dieser Texte, mehr als vier Jahre später, sehe ich, dass sich das silberne Messer mit meinen Schreibbemühungen vergleicht. Im Traum benutze ich es als Werkzeug und als einen Gegenstand der Kunst, und das ist mit diesem Buch auch so, es dient der Therapie und ist zur selben Zeit ein Produkt schriftstellerischer Lust.

210

Provence. Unser Haus auf einem großen Grundstück mit Pinien, Lavendel und Stechginster. Nördliche Camargue. Générac. Schon hinter der Ortsgrenze, letztes Haus an der Straße nach St. Gilles. Alles verrammelt und vergittert. Wir öffnen elf Fensterläden. Das Ding ein paar Nummern zu groß für uns und die absolute Einsamkeit des Anwesens nicht geheuer. Wir sind zwar tapfer, machen ein Kaminfeuer, trinken Wein, gehen mutig ins Bett, aber das Gefühl der Angst in der Nacht verlässt uns die ganze Woche nicht. Ich will auch nie mehr in dieses Haus. Die Abteikirche des hl. Ägidius in Saint-Gilles mit ihrer romanischen Westfassade (Portalfassade, drei Portale) einzigartig. Nicht übertrieben. Les Saintes Maries sur la Mer. *Maries* ein Plural. Aigues Mortes. Hier geht Teresas Fotoapparat kaputt. Villeneuve-lez-Avignon. Mich zu Tränen rührend, in der *église collégiale Notre Dame,* die glänzende Kopie einer berühmten Beweinung Christi (Original im Louvre). Papstpalast in Avignon. Fällt aus. Wir streiten lieber. Wir wiederholen Avignon am nächsten Tag. Ich kürze, als würde ich damit bestimmte Leute glücklich machen. Arles. Schönheit und Zerfall. Décadence.

Auf dem Markt blutiges Fleisch auf den Holztischen, direkt daneben Strickjacken und Ledergürtel. Mittag auf dem Place de la Republique, wo ein alter Mann immer und immer wieder dasselbe alte Stück auf seiner alten Geige spielt, Teresa weiß, das ist der alte Pachelbel. Zurück in Générac eine adlige Hochzeit. Zwei wunderschön hingerichtete, Entschuldigung, *her*gerichtete junge Schwiegermütter. Die eine ist vielleicht die Mutter. Arles noch einmal. Place du Forum. Berühmt durch das berühmte Bild von van Gogh. In eben dem Café lässt Teresa ihren schönen blauen Schirm stehen. Passt farblich prima. Rückweg über Les Baux. 6000 vor Christus. In der Nacht drängen sich über tausend Ritter in unserem Zimmer. Nîmes. Und weil uns da nichts anspricht, Le-Grau-du-Roi am Meer. Und weil uns da nichts anspricht... Auf der Heimreise am nächsten Morgen scheint die Sonne. Das finden wir unfair. Nach der Autobahnausfahrt Rottenburg, auf den letzten paar Kilometern, Heulanfall Hugot. Sinnkrise. Im Kreuzem ein Freund meines Vermieters, der das Dach über der Küche repariert, wo es reinregnet. Ich fühle mich gestört, alles ist kalt, ungemütlich, ich packe aus, wasche, lese Post, kuck in die Zeitungen – Unbehagen. Freue mich nur noch auf mein Bett.

211

Ich muss mich finden. Ich rede (nicht deswegen!) mit meiner Vermieterin. Ihr Mann hat wieder geschimpft, dass sie mir manchmal Zeug in den Kühlschrank stellt oder eine Suppe hochbringt. Er ist misstrauisch. Ich kaufe ausführlich ein. Ich nehme mir vor, mehr Tomatensoße zu machen. Zweimal klopft mein Herz stärker. Sehnsucht nach meinen Kindern. Nach der langen Zeit, die wir zusammen gelebt haben! Mein Leben war sehr reich. Voller Sinn. Die eigenen, und die vielen anderen Kinder und Heranwachsenden in der Schule! Und jetzt? Ja, mit Teresa zusammen, das ist gut! Der zivilisierte Umgang mit ihr, die Freiheit, die Gelassenheit, die Liebe! Und dennoch. Mein Herz tut manchmal weh, aber nicht im medizinischen Sinn. Diesmal tröstet mich Mahalia Jackson mit ihrer wundervollen Stimme ein wenig.

212

Ich durchstreife das Panzergelände. Es liegt vor meiner Haustür, hinter dem Campus. Es gibt keine Panzer mehr. Biotop. Metamorphose. Am Abend der schöne Wahnsinn, und am nächsten Morgen verbietet Teresa mir, aufzustehen, ehe das Frühstück fertig sei. Und das Sonntagsblatt ist voller Christoph Daum mit seinen Haaren. Im Fernsehen kriegen Gabi Bauer, Sandra Maischberger und Maybrit Illner Preise. Drei Grazien aus dem journalistischen Olymp. Vielleicht packe ich demnächst in meinen Horizonten doch auch etwas an. Ich habe diese (neu: berechtigte) Hoffnung, denke aber auch an *The Iceman Cometh*. Eugene O'Neill. Die Versager haben im Suff alle noch eine tolle Zukunft vor sich, sie delirieren und träumen ihre *pipe dreams*! Teresa mag Sandra Maischberger nicht. Ich hatte dafür eine Weile lang mit Kerner Probleme. – Der geneigte Leser, so hieß es früher, Leserinnen gab es offensichtlich nicht, ich wende mich aber doch auch an sie, vielleicht sogar vorzugsweise, sie mögen mir also zugestehen, Originalpassagen mit im Tross zu führen: dann nämlich, wenn sie für die Zeit des Umbruchs stimmig sind / stimmig waren. In den letzten neunzehn Jahren ist vieles passiert, das stimmt. Das kann aber nicht rechtfertigen, die wichtige Zeit auf dem Umsteigebahnhof klein zu halten.

213

Meine eine Tochter zu Besuch. Die ganz frühe Kreuzem-Periode. Niemand darf in diesen Nachrichten eine fein gehäkelte Chronologie erwarten. Teresa ruft an, ob sie trotzdem kommen kann. Der Abend ging ganz gut. Um Mitternacht hat Teresa meine Tochter zum Bahnhof gefahren. Sie haben sich umarmt und du zueinander gesagt. Teresa klagt, wie schwer es auch für sie war. – Damals. Es folgten nun Reflexionen zu meiner Trennung von meiner ersten Frau und wie die Trennung aufgenommen wurde und wie man den Zeitpunkt interpretieren könnte und wie meine Kinder reagiert haben und wie Töchter und Söhne vielleicht unterschiedlich reagieren und wie sie zu Teresa stehen und was das alles mit Verantwortung zu hat und ob irgendwelche Verstehenstendenzen sich abzeichnen und wer überhaupt was versteht und ob es irgendwelche Sicherheiten gibt und ob es Perspektiven gibt und den ganzen Hickhack und die ganze Misere. Das ist heute Makulatur. Der Passus war unausgereift. Am 20. Juli 2019 habe ich ihn mit Lust eliminiert. Ein Attentat. Man kann schwarze Löcher schlecht beschreiben. Düsternis liegt über dem Erdreich. Und keiner aus dem beweglichen Gesindel der Patienten rührt den Finger. – Einmal dem Fehlläuten der Nachtglocke gefolgt... Ich zitiere hier jemanden.

214

Warten auf Hugot. Eine gute Inszenierung von Alex Novak. Habe ich Hugot gesagt? Ich meinte Godot. Warten auf Godot. Die spielen das Stück in einer riesigen Wanne, ich schätze: fünf Meter, die mit Styropor gefüllt ist. Ihren wahren Erfolg zieht die Aufführung aber aus der Seelenkraft der beiden Hauptdarsteller: Rob Wyn Jones und Krzysztof Leszczynski. Eine walisische und eine polnische Seele. Keine Frau kommt in dem Stück vor. Was kann dann sein? Lag da Becketts Problem? In der Pause stoßen wir auf eine Dame, die ich seit über dreißig Jahren kenne, die ich aber selten sehe. Damals, als ich in Pfullingen anfing, war sie Schülersprecherin, das war in den späten Sechzigern, und hat zusammen mit ihrer Freundin auf dem Schulhof die Hölle los gemacht, mit spontanen Aktionen und Spielen und Kundgebungen und dergleichen, Fridays for Future in den Sechzigern, zumindest ihre Freundin nannte sich marxistisch-leninistisch. Alte Zeiten! Wir gehen nach dem Theater miteinander aus. Meine Schülersprecherin ist inzwischen Studiendirektorin. Ihr Mann ist mit von der Partie. Auch er war damals dabei. Einmal ist er durchs Fenster abgehauen und hat ein Ultimatum gekriegt. Wir trinken Wein und reden über Gott und Godot. Eine Deutschlehrerin, zwei Deutschlehrer, eine Pfarrerin.

215

Ich habe geträumt, meine Frau plagt ein Baby. Das würde sie realiter nicht tun. Wir schalten uns ein: mein Berliner Neffe und seine Frau, die zurzeit selbst Eltern werden, und jener Vetter, der mich noch erziehen wollte, der nun aber längst in den ewigen Jagdgründen weilt, er hatte mir Karl May nahe gebracht, sowie Teresa. Das ist sicher das merkwürdigste Team zur Errettung eines Kindes, das man sich denken kann. Ich stoße erst ganz am Schluss dazu. Wir wollen dem Kind beistehen. Es stellt sich heraus, es ist mein eigenes Kind. Ich wiege es in seinen Schmerzen auf meinen Armen. Und jetzt wird offenbar: Es ist das Jesuskind! Aus dem ungewöhnlichen Zusammenwirken von dem Vetter und Teresa in Bezug auf mich ergibt sich eine Vater-Mutter-Konstellation. Der Vetter als Vater, Teresa als Mutter. – Das Kind? Da muss man jetzt ein bisschen nachdenken! Wenn es doch *mein* Kind ist! Dann wäre Teresa meine Mutter. Wer hat denn den dummen Satz gesagt, Träume seien Schäume?

216

Teresa ist eine Stunde zu früh im Klinikum zur Predigt, sie hat das Ende der Sommerzeit nicht einkalkuliert. Das kommt nicht häufig vor. Sie hat über die Zärtlichkeit unter den Menschen gepredigt, ruhig, konkret. Und die Zärtlichkeit – das ist Gott. Die kostbareren Dinge kommen nicht immer vor ein großes Publikum, und sollen es auch nicht. Wer sich aufregt und Anzeige erstattet, dass Teresa in der großen Kirche predigt, müsste sich auch aufregen und Anzeige erstatten, wenn sie im Krankenhaus vor sechzehn Leuten predigt, weil die große Kirche zwar vor den etwas dicker aufgeblasenen Menschen, nicht aber vor Gott, wichtiger ist als der bescheidene, sogenannte *Festsaal* im Klinikum. Niemals *macht sich* irgend jemand durch Scheelsucht oder verbissenen Ehrgeiz *vor Gott und den Menschen angenehm* (wie es in der Ringparabel heißt).

217

Teresa ist, wenn alles im Lot ist, gelassen und fröhlich. Sie ist wach. Sie kriegt alles mit. Sie reagiert schnell. Ihre Predigt ist klar und hilfreich. Sie verzichtet zugunsten von Trost, Stärkung und Zuspruch lieber einmal auf eine komplizierte theologische Auslegung. Frauenfeindlichkeit, Ungerechtigkeit, Unachtsamkeit machen sie wütend. Manchmal fühlt sie sich in diesen Dingen, ohne dass sie sich gekannt hätten, von Dietrich Bonhoeffer gut verstanden. Sie redet sanft, aber pointiert. Sie ist eine glänzende Liturgin. Wenn es heißt (das sind jetzt meine eigenen Zutaten als selbstautorisierter Hilfsprediger), der Christengott sei Wort: Was sollte er sonst sein? Ein Wolkengebilde? Ein alter Mann, wie bei Michelangelo? Ein Hollywoodstar? Nein. Er ist Geist. Er ist in den Menschen. Er ist Wort. Er ist selbst noch in *den* Menschen, die wir nicht leiden können. Ich weiß nicht, wie er das fertig kriegt. Ich weiß nicht, wie das funktioniert. Mein Atheismus ist in einer Art Analogie zum Christentum. Vielleicht. Das Metaphysische begegnet uns in diversen Ausformungen. Alle geistliche Erfahrung ist auch geistige Erfahrung. Ich kann den Leuten doch ihre Gottesdienste lassen, um Himmels Willen! Sie sollen nur nicht so tun, als hätten sie die

Wahrheit ganz für sich und alle anderen fielen unter das große Defizit. Ich will hier einfügen, dass Jesus in seiner Zeit und im ersten Jahrhundert nach seiner Geburt durchaus auch als Spinner oder als Wirrkopf und Aufrührer gesehen worden ist, auch als Scharlatan und Betrüger, und Maria als verkommenes Subjekt, und der Erzeuger von Jesus als elender römischer Soldat. Wenn man sich diese Dinge klarmacht, erkennt man eher, dass Religionen menschengemacht sind. Alle geistige Erfahrung hat ihrerseits (siehe oben) eine physikalische Komponente. Sprich mal ohne Sprechwerkzeuge. Das geht gar nicht. Wenn ich von Spiritualität spreche, dann ist der Körper dabei. Seele ohne Körper? Bloße Ideen? Nein. Warum wären wir denn existent? In meinem Hinterkopf entsteht ein kleines Memorandum für Mehlraupen. Plotin war so leibfeindlich, da wurde ihm der Eiter zum ständigen Begleiter und seine Schüler haben sich von ihm abgewendet.

218

Die wirkliche Wahrheit ist das harte Nebeneinander von Wahrheiten. Die Unterschiede sind unüberbrückbar. Stephen Hawking und Leonard Mlodinow haben festgestellt, dass die Welt sich ohne einen Gott selbst auf den Weg gebracht hat. The Grand Design. Aber sag das mal den Gläubigen, die einer Religion anhängen, die würden dir eine scheuern oder dich in der Psychiatrie anmelden. Wenn sie etwas milder gestimmt wären, würden sie vielleicht auch sagen: Okay, mein Schatz, aber wir brauchen Gott nun einmal. Lass ihn uns doch einfach. Schön für euch Atheisten, wenn ihr denkt, ihr kämt ohne ihn aus.

219

Bei näherem Zusehen entdecke ich dann aber doch so etwas wie ewige Wahrheiten, denen man keine andere entgegenstellen kann. Ich denke zum Beispiel an den Konflikt zwischen Israel und Palästina. An die beispiellose Freundlichkeit der nordkoreanischen Staatsführung gegenüber ihrem eigenen Volk. An die Aufblähung der Pensionen und Ruhegehälter bestimmter Menschen in unserer Republik – der Menschen, die ihr Leben lang so gut verdient haben, dass sie in ihren letzten Jahren auch ohne ein Ruhegeld jeden Tag Kaviar essen könnten. Oder denke ich an die ewige Wahrheit des Betrügens und der Verbrechen allgemein. Eine der konstantesten aller möglichen Konstanten.

220

Thema Hugot. Trotz allem. Es ist ganz früh am Morgen. Ein kleiner Spaziergang um das große Thema. Schwarzes Loch? Teresa kann nicht fassen, warum ich meine Ehe so lange aufrechterhalten habe, wenn das Fundament vielleicht nicht stabil genug war. Wenn man sie als Eindringling hinstellt, wird sie sarkastisch. Ob denn irgendwelche Kritiker auch schon einmal ein psychologisches Buch in der Hand gehabt hätten? Eine Stimme lässt sich hören, mit psychologischen Büchern hätte die Sache nun aber auch gar nichts zu tun. Ein anderer feiner Geist erklärt, was ihn beträfe, er hätte sehr wohl schon ein psychologisches Buch in der Hand gehabt – das beste und wichtigste nämlich, das es überhaupt gäbe. Und dann rückt er heraus mit der Sprache: *Anton Reiser*! Von Karl Philipp Moritz.

221

Meine Familie im Freibad. Ich bewege mich oben an der Schmalseite des Schwimmbeckens. Ich rufe: Ho, eine Wasserleiche! Hier, direkt unter mir! Dann aber wische ich das beiseite: Nein, stimmt gar nicht, macht weiter! Ich will meine eigene Entdeckung nicht wahrhaben. Dann schwimme ich an eine andere Stelle, und jetzt sieht man es. Da, wo ich gewesen war, ist eine Wasserleiche. Weiblich. (Klar.) Wir alle verlassen das Becken. In Panik. Dann gibt es einen Szenenwechsel und wir sind in Gesellschaft in einem höher gelegenen Raum, und die Sache scheint erledigt. Nur ich denke noch daran! Und ich rufe nach einer Weile plötzlich aus: Ich muss mich kümmern! Und ich gehe zurück, runter zu der Wasserleiche. Und in dasselbe Umfeld gehört der gewaltige Traum von der zerfetzten Kuh. Den erzähle ich schon gleich gar nicht. Beide Träume sind Ausfluss der (selbstgestrickten) Verstrickungen, in denen ich gelebt und in die ich meine Familie mit hineingezogen habe.

222

Ich bringe meinem Scheidungsanwalt Unterlagen über meine Zurruhesetzung. Er ist nicht sofort im Bilde und denkt, ich sei doch schon geschieden. Dem ist nicht so. Dem war zu dem Zeitpunkt nicht so. Teresa kommt auf den Felgen daher. Bildlich gesprochen. Im wörtlichen Sinn bleibt sie zu Hause. Sie blieb damals zu Hause, obwohl man den Eindruck hatte, sie käme auf den Felgen daher. Die Dissertation meiner anderen Tochter: Beziehung zwischen Neuropathie und Mikroangiopathie bei Patienten mit Diabetes mellitus 1. Die Nachrichten mühen sich um den Präsidentschaftswahlkampf und die berühmten embryonalen Stammzellen, die man ein paar Jahre später gar nicht mehr so brisant findet, man stellt sie einfach her. Drei meiner Schwestern haben im November Geburtstag. Am Abend im Landestheater: Wer hat Angst vor Virginia Woolf. Das LTT hat sich achtbar geschlagen. Heute schreibt Yasmina Reza die Sezier-Stücke von Albee. In Oberjettingen hält Teresa einen Vortrag über Sterbebegleitung, ich begleite sie als Prinzgemahl, der gastgebende Pfarrer erinnert uns an Ehni. Auf den ersten Blick denkt man vielleicht, oh wie einfältig ist dieser Mensch, bis man dahinter kommt, dass womöglich das Gegenteil der Fall ist – ein subtiler Geist, ein Charakter! Ich denke, es ist ein typisch schwäbisches Phänomen. Wie Mörike. Du siehst gar nicht gleich, dass du es mit einem Riesen zu tun hast.

223

Wir haben beim Wandern eine Dame kennen gelernt. Nach Familienstand: geschieden. Von Beruf: Mathematikerin. Ich klopfe die alten Pakete natürlich daraufhin ab, ob sie zu allem Eigenleben hin auch noch Unterhaltungspotenzial haben. Der Sturm der Jahrtausendwende hat sich im Zusammenleben mit Teresa inzwischen gelegt. Der Groll der Verlassenen allerdings ist auch zwanzig Jahre später frisch wie Schnittlauch aus dem eigenen Garten. Das habe ich mit Brief und Siegel. Die Leidenschaft also, der oben erwähnten Dame, besteht darin, wie sie uns wissen lässt, in die Wüstengebiete dieser Welt zu ziehen. Zu den Skorpionen und Hornvipern. Zuletzt war es Libyen. Die eine steht auf Sex zu dritt, die andere auf Formel Eins, die dritte auf Wüsten. Vielleicht, so stelle ich mir vor, *will* diese gute Seele ihr Leben riskieren! Sie hätte auch gerne wieder einen Mann. Ich bin sicher, da gibt es einen Zusammenhang. Was ist das denn, wenn du am Rande einer Oase, nur in eine Decke gewickelt, am Morgen aufwachst und einen Skorpion als Schlafgenossen neben dir begrüßen darfst? Was willst du von diesem Skorpion? Was will diese Dame von dem Skorpion? Die psychologischen Erkundungen machen jedoch das Geheimnis kaputt! Lassen wir ihn ihr. Auf meine Frage, ob ihr geschiedener Mann ihre Leidenschaft für Wüsten geteilt hat, antwortete sie: Mein Mann hat *keine* meiner Leidenschaften mit mir geteilt! Peng! Ein halbes Leben in einem kurzen Satz!

Wir reden über die besagte staatliche Rücksichtslosigkeit, dass meiner Frau nach so langer Ehezeit die Beihilfe entzogen wird. Vielleicht könnte Ulrich Goll, der derzeitige Justizminister hier im Lande, etwas machen, schrieb ich. Aber der ist von der FDP, er würde sagen: Ihre Frau kann sich doch privat versichern, ich sehe das Problem nicht.

225

Wir reden darüber, wie Kommunikation bei Liebenden funktioniert. Wenn wir gut drauf sind, sieht alles ganz einfach aus. Liebende machen sich keine Vorwürfe, rechnen sich die Vergangenheit nicht an, rechnen nicht auf. Viel mehr ist es gar nicht. Und umgekehrt: Wenn diese Fehler gemacht werden, ist etwas faul, dann müssen die beiden aufpassen. Vorwürfe machen – das macht alles kaputt. Kritik unter Liebenden geht anders. Tut nicht weh. Sie kommt in Humor und Witz gekleidet daher oder zieht sich das kleine Hemd der zärtlichen Worte an. Auch Liebende aber haben ihre Macken.

226

Wir reden darüber, wie Kunst die Natur beeinflusst. Oscar Wilde hat es beschrieben. Ein Sonnenuntergang kann es sich kaum leisten, ohne das Pathos daherzukommen, das die Künstler und Künstlerinnen ihm im 18. und 19. Jahrhundert verpasst haben.

227

Wir reden über das Lesen. Ich habe im Ruhestand noch nicht richtig zum Lesen gefunden. Mein Leben lang war das ein großes Problem für mich, wann ich denn eigentlich lesen soll angesichts der unterrichtlichen und familiären Belastung – und bin doch Philologe! Ich habe mich oft geschämt. Leider habe ich mich manchmal nicht getraut zu lesen, weil das nicht als Arbeit galt. Jetzt gerade lese ich von Helen Fisher: Anatomie der Liebe, ein fast naturwissenschaftliches Buch, das unter starker Betonung des biologischen Aspekts fragt, warum Paare sich finden und binden und auseinander gehen. Das *braucht* der jetzt wohl, sagen manche. Nach Fischer liege ich aber tatsächlich in einem uralten, ewigen Trend. Die Vorfahren haben das Auseinandergehen praktiziert, seit es den homo erectus gibt. Man sollte zwei- oder dreimal auf die Welt kommen, dann könnte man alles lesen, was man gern lesen möchte. So habe ich zum Beispiel den Verdacht, dass man sich bei Herder noch einiges holen könnte, wenn man sich nicht scheut, Bretter zu bohren. Ich rede von Johann Gottfried Herder. Meine Lese-Praxis steht (bisher) leider unter dem äußerst witzigen Leseleitsatz von Sten Nadolny, den ich mir gemerkt habe: Ich lese gern, aber selten, und dann wenig. – Erst viel später habe ich das Glück, diesen Satz modifizieren zu können, als wir nach Gomaringen gezogen sind (Gomaringen, wohin ja schon die Roma gingen), ich im zweiundachtzigsten Lebensjahr stehe, kaum noch Flüchtlingsarbeit mache, und natürlich erst recht, als uns Corona in der Quarantäne so viel Zeit beschert. Da heißt mein Leseleitsatz: *Lesen? Ja bitte. Immer!*

228

Wir reden darüber, wie Eltern ihre Kinder, wenn es denn so weit ist, loslassen müssen. Den richtigen Zeitpunkt zu erwischen, fällt leider (oder gar tragischerweise) vielen schwer. Von dem Problem ist meist schon die Pubertät belastet. Die Kinder setzen hier die allerdeutlichsten Signale und sehr viele Eltern können diese Signale nicht lesen oder sonst verstehen und so kommt es dazu, dass sie ihre Kinder brutal nerven. Was sind da für Anspruchshaltungen! Der Bub muss fein höflich sein. Er muss seine Sachen in Ordnung halten. Er muss sich artig bedanken. Er muss sagen, wo er hingeht. Er soll sich melden, wenn er im fremden Ort angekommen ist. Er soll sagen, wenn er etwas braucht. Er soll erzählen, wie es ihm geht. Er soll offen sein und Vertrauen haben. Er soll sich freuen, wenn er mit der Familie zusammen sein darf. Er soll nicht grob daherreden oder gar rülpsen. Und die Eltern merken einfach nicht, was da gerade passiert oder vielleicht sogar schon passiert ist, dass sie es plötzlich mit einem erwachsenen Menschen zu tun haben, dem sie keine Vorschriften mehr zu machen haben, der, etwas übertrieben ausgedrückt, sie nichts angeht, verdammt noch mal! Bis er 28 ist oder so, müssen sie zahlen. Das ist alles! Und wenn es darüber hinaus gut funktionieren sollte, dann ist das ein großes Glück und hat viel damit zu tun, dass die Eltern ihre ewige Bevormundung rechtzeitig als überholt, wenn nicht gar als gänzlich verfehlt anerkennen können oder konnten oder, in ganz glücklichen Fällen, solche Bevormundung überhaupt gar nie ausgeübt haben, weil sie ihre Kinder lieben und sich nicht mit ihnen schmücken oder mit ihnen angeben wie mit einem Stück Landbesitz. Auch hier will ich von Fürsorge reden. Fürsorge gleich Liebe. Fürsorge als Gegenbild zur Eitelkeit!

229

Eine Runde um die Seen laufen, vor der Haustür, hinter dem Stadion, selten genug. Es geht besser als früher, als ich noch geraucht habe. Aber diese neunzehn Jahre *später* geht so etwas gar nicht mehr. Kaum zurückgekehrt, kündigt Teresa sich telefonisch an, und nur kurze Zeit später stöckelt sie meine enge Treppe herauf. Wie eine portugiesische Vorstadtgöttin. Ich musste an den 19. Januar denken. Die Gefühle sind noch dieselben.

230

Wenn Liebe im Spiel ist, dann ist Kommunikation pure Unterhaltung, die beiden geraten vielleicht außer Puste, aber anstrengend ist es nicht. Wenn Liebe im Spiel ist, dann ist Kommunikation eher wie ein Kinderspiel, was sich liebt, das neckt sich, jerum. Im Chor-Konzert, eine Reihe vor uns, ein Schäkern und Kosen, wie kleine Geißböcke. Die Musik, die der mächtige Chor vorne produziert, ist hier in der zwölften Reihe für unser berauschtes Pärchen immer neuer Anlass für neue Scherze und Attacken, glücklich und weltvergessen, er vielleicht sechzehn, sie fünfzehn.

231

Vor dem Richterthron Gottes wird alles offenbar werden. Das klingt nicht so attraktiv für Außenseiter. Teresa entwickelt zwei Hauptgedanken. Du breitest dein eigenes Leben vor Christus aus, ganz konkret: deine Wünsche, deine Freude, deine Dankbarkeit, deine Schuld, deine Sorge, deinen Schmerz. Lange Pausen. Jeder oder jede, wie sie immer sagt, müsse die eigenen Gedanken denken. Sie hält ein. Man sieht, wie es in den Menschen, die da hocken, rumort. Und was denn da für ein Richter sitze? Der zweite Hauptgedanke! Zum Vergleich mit unserer Welt. Ein barmherziger Richter! Ich habe das Bild eines Klassenkameraden vor mir, der Richter geworden ist, das reicht zu diesem Vergleich, er hatte eine sadistische Ader. Den Tränen nahe, entwirft Teresa ein liebevolles Christusbild. Es ist, wie gesagt, ein ausgesprochener Vorsatz von ihr – sie will mit ihren Predigten nicht moralisieren, sondern trösten. Die Leute sollen selbstbewusster, sollen stärker aus dem Gottesdienst gehen, als sie gekommen sind. Das ist ihre Maxime. Manchmal lese ich nebenher ein bisschen im Gesangbuch und suche schöne Sätze aus der Barockzeit. Auf Teresas Gemälde passt der Wunsch eines Frommen, den ich gerade finde, wenn dieser sagt: Ich habe alles in seine Beliebung gestellt.

Nach der Kirche war ich im Heimatmuseum, wo gerade alte Postkarten aus unserer Stadt gezeigt werden. Ich geriet in eine Führung hinein. Ein Hühnchen, das Kunstgeschichte studiert hat, denke ich im ersten Augenblick, als ich die junge Frau höre und sehe, die uns durch die kleine Ausstellung führt. Die Texte, die sie spricht, sind die, die man unter den Exponaten auch gedruckt lesen kann. Aber dann kam mir dieser Gedanke vom Hühnchen hochmütig vor. Es war wie mit der Verkäuferin bei Osiander. Ich weiß gar nicht, warum ich stets bereit bin, solche Urteile herzustellen. Wenn diese junge Frau nun meine Enkelin wäre? zum Beispiel? Mein jüngerer Sohn hilft mir durch Einwände oder spöttische Zwischenfragen manchmal, arroganten Ballast über Bord zu kippen.

Am Abend kucken wir mit Jock und June Victor Borge, der in fünf Minuten eine Mozartoper erklärt und sie eben auch singt, und lachen uns einen Buckel, und zurück zu Hause, hat Teresas Sohn sich noch zu uns gesetzt. Das tut uns allen gut. Natürlich gibt es andere Zeiten, wo wir Alten ihn nur nerven. Ich glaube, dass die jungen Leute keinen Wert auf Sexappeal auf Seiten der Eltern legen. Eine Mutter zum Beispiel hat nicht sexy zu sein, sie soll da sein, putzen und kochen und Taschengeld geben und aus der Patsche helfen, wenn was ist, da ist Pragmatismus gefragt. Es sind natürlich zwei ganz unterschiedliche Perspektiven: die von Teresas Sohn und mir, wenn es um Teresa geht, und das spielt in unserem Alltag, wo zwei Männer als Trabanten die eine Frau umkreisen, selbstverständlich eine Rolle, ich sage das ja meinetwegen und nicht seinetwegen. Pause. »Vivaldi, Teil 3« – mit diesem Wort hat er (Teresas Sohn) kürzlich, absolut ansatzlos und, wie ich finde, sehr witzig, unseren Musikgeschmack veräppelt!

Ich bin mit mir unzufrieden. Die Konturlosigkeit meines Lebens stinkt gen Himmel. Meine Nachhilfetermine zerreißen alles, was nach Zeitplanung aussehen könnte, schrieb ich. Ich bin unsicher, ob ich den Unterricht mit Jelena fortsetzen soll. Ich bin nicht versiert genug an meinem PC. Ich ärgere mich über mein schlechtes Gedächtnis. Vielleicht wartet Teresa darauf, dass aus meinem neuen Dasein allmählich einmal etwas Sinnvolles wird. Nichts ist im Lot. Ich muss für Ordnung sorgen. Sorgen!

235

Der vorstehende Text war damals wichtig. Es *war* so! Die vielen Seufzer, die Klagen, alles hatte seine Berechtigung. Aber alles wurde anders! Ich glaube, es war der 15. Mai 2002, also knappe zwei Jahre nach meiner Pensionierung. Zur Nachjustierung sei gesagt, heute ist der 13. März 2019. Also: Am 15. Mai 2002 begann mit einer Werbeveranstaltung des Asylcafés in unserer Stadt meine neue Karriere als Ehrenamtlicher in der Flüchtlingsarbeit. Sie hält jetzt siebzehn Jahre an. Nie mehr gab es wieder irgendeinen Mangel an sinnvoller Beschäftigung, sprich: Sinn. Ganz im Gegenteil, auch wenn in den folgenden Perikopen die Unentschlossenheit meines Daseins noch weiter herumgeistern wird. Sie sind dann eben vorher. Muss ich denn noch einmal sagen, dass meine Nachrichten ihre eigene Reihenfolge haben?

236

Die Sache wurde aber leider auch sehr stressig. Zuerst drei Jahre lang in unserer Stadt, dann vierzehn Jahre lang in Ludwigsburg. Ich hatte Hunderte von Kontakten mit Flüchtlingen und es gab viele viele Menschen, die ich auch etwas enger betreute. Einzelfallhilfe! – Einzelfallhilfe ist das Anstrengendste. Und das ist auch der Grund, warum ich, seit ich 80 bin, diese gekappt habe und den Arbeitskreisen nur noch auf anderen Ebenen diene. Auch erteile ich weiterhin Deutschunterricht für Asylsuchende. Eine besondere Freude ist mir zurzeit eine Gruppe von hauptsächlich afghanischen jungen Männern. Unsere Regierung mit ihren zumeist scharf rechts stehenden Innenministern und einer zum Umfallen neigenden Kanzlerin und einem Koalitionspartner, der zu wenig Kontur zeigt und sich dem Ungeist in der Union zu wenig beherzt widersetzt, ist im wahrsten Sinne einfach zu doof, das ist: zu wenig sensibel und zu wenig gebildet, um zu erkennen, dass man junge Männer aus Afghanistan (zum Beispiel) weder zurückschicken kann noch einfach hängen lassen darf! Sie bekommen keine Integrationskurse Deutsch, und da springen wir, so gut es uns möglich ist, ein. Sie bekommen oft auch keine Arbeitserlaubnis, und das ist katastrophal. Der Landkreis Ludwigsburg und etwas später auch die Stadt Ludwigsburg haben mir für meine Arbeit übrigens durchaus mit Ehrungen gedankt. Das war für mich eine große Freude. Aus meiner Arbeit dieser letzten siebzehn Jahre sind mir außerdem (so sehr ich immer darauf bedacht war, die Sache *insgesamt* von meinem Privatleben zu trennen) ein bis zwei Handvoll wunderbare Freundschaften mit Menschen aus anderen Ländern entstanden, nämlich: Kongo, Serbien, Bosnien, Syrien, Irak, Iran, Afghanistan, Armenien, Nordkorea, die nun eben doch zu meinem / zu unserem Leben gehören.

237

Ich füge drei Briefe von Flüchtlingen ein. Pars pro toto. Sie kommen nicht von den Menschen, von denen ich gerade als Freunde gesprochen habe, sondern sind bloße Dokumente meines Alltags in der Flüchtlingsarbeit. Nummer eins: hallo geehrte herr nithart ich bin pakee. Ich mag sehr viel zu lernen, aber ich habe keine Möglichkeit, könntest du mir helfen zur schule gehen. ich weiß ist nicht über das wie kann ich. bitte helfen sie. liebe grüße pakee. – Nummer zwei, wobei es darum geht, ob der Briefschreiber seine Rechtsanwalts-schulden in Raten abstottern kann: Ich bin Alan G. und bin Asyl. Ich habe monatlich nur 40 Euro als Taschengeld und ich bitte Ihnen um 20 Euro monatlich zu zahlen. Drei: Hallo liebe Nithart, ich habe von meinem Mann gehört, dass er dich getroffen hat. Es freut mich sehr darüber. wir haben schon lange nicht gehört. Wie geht es dir? bei uns sehr gut. Wir sind vor zwei Jahr zu jetztiger Wohnung umgezogen und wir sind zufrieden für sie. Letztes Jahr habe ich B1 be-standen. Ich hoffe du alles gut und dich wieder zu hören. Liebe Grüße von Haiyan – Alle diese Briefe sind mir lieb. Der erste ist pakistanisch, der zweite georgisch, wenn ich mich recht erinnere, und der dritte chinesisch, erst vor we-nigen Tagen gelaufen. Die 40 Euro im zweiten Brief – das war früher bei uns so. Inzwischen gibt es mehr Geld und der tägliche Bedarf an Essen, Toilettenartikeln und Kleidung und so weiter muss davon bestritten werden. Mein Name bei den Flüchtlingen ist Nithart.

238

Gestern ist Dimitrow, der aber nur Dimi gerufen wird, mei-ner Vermieterin in der Stadt entgegengekommen. Sie hatte mir schon einmal eingeschärft, ich dürfe ihn nicht rauslas-sen, er würde abhauen wollen. Man stelle sich das vor: Da begegnet dir mitten in der Stadt, in der Kanzleistraße, dein eigener Hund! Ich glaube, man könnte leicht einen Schock kriegen. Mit Löwenkopfzwergkaninchen, wie meine andere Tochter sie hat, wäre das unmöglich.

Im Traum halte ich meine letzte Schulstunde. Leistungskurs
Deutsch. Ich entdecke in der Stunde, dass die jungen Frauen
und Männer, die da vor mir sitzen, (weiterhin) nicht wissen,
was ein Attribut ist (große Wirklichkeitsnähe), und entwer-
fe mitten in der Stunde ein kleines Programm zur erneuten
Einführung des Attributs, und bastle dafür an den Vorhän-
gen herum, ganz hinten im Klassenzimmer, ganz weit von
der Klasse weg. Die Vorhänge repräsentieren Attribute. Ich
verheddere mich, verwickle mich, ein Vorhang fällt sogar
auf die Straße. Ich komme, völlig hoffnungslos, zu keinem
Ende, und die Stunde ist aus, noch ehe überhaupt der Auf-
bau meiner eingeschobenen kleinen Lehreinheit über das
Attribut Gestalt angenommen hat. Ich kann beschwören,
das ist typisch für mich und meinen Unterricht all die langen Jahre lang. Nie war ich fertig. Wie mit diesem Buch.
Ich entschuldige mich im Traum bei der Klasse, was kaum
registriert wird, und verschwinde, ohne die Geschenkkörbe,
die da stehen, jetzt in Besitz zu nehmen. Ich habe ziemlich
viele Schulträume dieser Art. In einer fünften Klasse ging es
letzte Woche um das Verständnis eines überaus schwierigen
Texts, und es kam nicht einmal zu einer geordneten Lektüre
des Texts, so chaotisch ging es zu.

Für Kultur im Krankenhaus ist Teresa vom Fernsehen interviewt worden. Sie hat dabei eine gute Figur gehabt.

Keine Zeit des Mangels. Ich arbeite an der Gestaltung mei-
nes Werdegangs, hat ein Jugendlicher gewitzelt. Ich, Johann
Frederik Hugot, habe schon auch noch daran gearbeitet.
Mein Engagement in der Arbeit mit Flüchtlingen seit 2002

habe ich soeben erwähnt. Ich will die Sache nicht breittreten. Nicht einmal die mir lieb gewordenen Namen meiner Asylcafémenschen werde ich nennen. Oder von den schönen Namen und den erbärmlichen Geschichten der Asylsuchenden auftischen. Ich will auch keine Zitate aus den Bescheiden des Bundesamts hier her setzen, so dass uns die dort nistenden Gemeinheiten für den Augenblick erspart bleiben. Man hat die (sehr viel Leid verursachenden) Kettenduldungen abschaffen wollen. Denkste! In den Köpfen ist Ausländerfeindlichkeit! Also auch in der Praxis. Mir stehen zwei Personen nahe, die schon 17 respektive 28 Jahre lang bei uns leben und nur eine Duldung haben! Man begegnet in diesem Job wirklich haarsträubenden Verletzungen der Menschenwürde.

242

Zweimal rede ich mit Teresa am Telefon. Sie ist müde. Sie fragt mich, warum sie so müde sei. Ich kenne ihren Terminkalender ein wenig und gebe ihr nur eine kurze Antwort. Die Nachrichten sind voller Rinderwahnsinn. Die Wahl von Bush wird von Gerichten entschieden. Israels Regierung tritt zurück. Die Niederlande legalisieren ihre Praxis der aktiven Sterbehilfe. Das elektrisiert mich. Da kann ich dann vielleicht einmal hinfahren. Oder werden sie ein Sterbehilfeboot schicken. Ich habe eine Liste mit Punkten zur Erledigung geschrieben. To do Liste sagt man heute. Es sind 34 Punkte geworden. Meine zweitälteste Schwester wird 75. Köln. Irgendwo in diesen Nachrichten, die so wenig geordnet sind wie so vieles, was ich anfasse, steht, dass sie »letztes Jahr« mit 92 Jahren gestorben sei. Die Männer ihrer Ansprüche und Wünsche, und die ihrer ein Jahr älteren Schwester gleich mit, sind unter der Herrschaft der Nazis und in ihren Kriegen zugrunde gerichtet worden.

Mir fällt ein Foto in die Hände, das geht in die Zeit zurück, als ich zur Rehabilitation auf der Mettnau war und mich von meiner Frau trennte. Ein enormer Durchgang, die Mettnau. Auf eigene Gefahr! Das Foto zeigt mich vom Kopf bis knapp zur Hüfte, und ich halte Jimmy auf dem Arm, meinen Kater, der viel Zärtlichkeit genommen sowie gegeben hat. Auf der Rückseite des Fotos, dessen inhaltliche Botschaft ich leicht enträtseln konnte, hat meine Frau, nachdem sie realisiert hatte, dass es Ernst war, ihren lakonischen Abschiedsgruß hingeschrieben: Ade. (Tre lettere con alta tensione.) Und ihren Vornamen dazu. Das ist schon was. Das Bild lag auf dem Fußboden in der halb ausgeräumten und zornig hinterlassenen Wohnung. My goodness!

Der Schreibtisch ist in Unordnung, die Zeitungen sind ungelesen, der Abwasch steht rum, die Kleider sind nicht aufgeräumt. Im Chaos setze ich mich hin und schreibe auf, wie man Schüttelreime herstellen kann. Ich habe später im Geistkirchverlag in Saarbrücken ein kleines Buch mit selbstgefundenen und kommentierten Schüttelreimen veröffentlicht. ISBN 9783946036893. Christian Friedrich Later fand, / es stehe schlimm ums Vaterland. Dieser Schüttelreim steht noch nicht in dem Buch. Auch dieser nicht: Ich liebe dieses zarte Wimmern. / Es kommt aus unseren Wartezimmern. Das Buch erschien 2018. Unter demselben Autorennamen wie diese unkeuschen Nachrichten.

Bei Vinum in Betzingen kaufe ich Wein für Teresas Mutter und flitze dann nach Degerschlacht. Teresa ist beim Plätzchenbacken, was man hier natürlich so nicht sagt, aber die richtigen Wörter, nämlich *Guetsla* oder *Breedla*, weiß ich weder sinnvoll zu schreiben noch kann ich sie korrekt aussprechen. Es gibt kein größeres sprachliches Problem auf der Welt, also, ich meine, es gibt, sprachlich gesprochen, nichts Schwierigeres auf der Welt als den schwäbischen Vokalismus, wenn man Nicht-Schwabe ist. *Guetsla* können Norddeutsche zum Beispiel nicht sagen. Und sie können es auch nicht lernen. Oder versuchen Sie einmal *Ameise* auf Schwäbisch zu sagen. Oder *feuchte Tücher*. Teresa nimmt mich streng in die Schule, dann muss ich Wörter nachsprechen. Zum Beispiel *kial*, oberschwäbisch für kühl. Und werde dann ausgelacht, weil ich es nicht kann. In diesem Auslachen liegt der ganze Sinn der Schulung! Ich erwische Teresa also beim Backen von Weihnachtsgebäck, und sie freut sich über meinen unangesagten Besuch um diese Zeit wie eine Amsel beim Planschen. Ich forme einen Weihnachtsmann aus Teig und schon bin ich – berenteter Steppenwolf aus dem Hohbuch – wieder weg. Der neueste schwäbische Ausdruck, den Teresa mich sagen heißt, lautet: *a scheane Beleichtung* (eine schöne Beleuchtung). Auch das schlichtweg unmöglich.

246

Ein kleines Atelierfest in Wannweil. Mein Kollege Burmester hat eingeladen (Buri). Buri hat große Ähnlichkeit mit seinen langen Gestalten auf seinen langen Planken, die überall da herum stehen. Sein Narzissmus übersteigt den meinen bei weitem. Teresa würde gern kaufen. Sie verschiebt das auf den Sankt-Nimmerleins-Tag. Buri schimpft über Matisse und Picasso. Ein Gast, ebenfalls Lehrer und Künstler, lacht nur und sagt, Buri häbe Narrenfreiheit. Buri ist verliebt in seine eigene ätherische Malweise. Das ist sein gutes Recht, das ist normal. Ich meinerseits mag seine Arbeiten, stehe aber auf Matisse und verehre Picasso. Picasso wiederum soll gesagt haben: Im Grunde gibt es nur Matisse! Wenn man es recht betrachtet, ist Buri mit seiner Künstlerschelte sogar in allerbester Gesellschaft, denn auch einer meiner Lieblingsmaler, Beckmann, hat sich in Paris genau über Picasso und Matisse mokiert. Das mit dem Lieblingsmaler ist allerdings so eine Sache. Vielleicht sollte man besser gar nicht so reden, das ist zu pathetisch. Und ungerecht. Man schließt so vieles aus, wenn man so redet. Vor zwei Jahren mochte ich zum Beispiel die Bilder von Jack Vettriano ganz gern und schwärmte von Hrdlickas Zeichnungen. Heute bin ich fast närrisch mit Otto Müller und, wegen der Farben, mit Gauguin. Geschmack verändert sich. Im Dezember 2009 höre ich, Hrdlicka ist gestorben. In früheren Jahrhunderten mochte ich Tizian, später auch Tiepolo. Besonders an der Decke. Es gibt so viele. Und alle sind sie wichtig zum Leben.

247

Meine eine Tochter hat angerufen, sie kriegt ein Kind! Dieses Mal habe ich mich nicht mehr blamiert, ich bin offensichtlich weiter, damals bei der anderen Tochter hatte ich ja gesagt, *mir* komme die Schwangerschaft zu früh. Als Mutter hatte ich meine eine Tochter nie gesehen. Und der italienische Vater? Ich meine, sie sind beide Künstler, er Künstler, sie Künstlerin, da fehlt vielleicht etwas von der Normalität des Bürgerlichen. Sie machen sich irre Gedanken.

248

Das Kind, mit dem meine eine Tochter damals schwanger war, ist heute eine junge Dame, hat soeben ein klasse Abitur hingelegt und spielt Geige. Das zeigt noch einmal, wie die Dinge sich hier verkeilen. Ich habe heute acht Enkelkinder und bin sehr glücklich damit! Man liebt diese himmlischen Wesen. Man liebt ja auch seine eigenen Kinder, aber mit den Enkelkindern: Da spielt auch der Altersunterschied eine Rol-

le. Wer denkt bei den eigenen Kindern je an den Altersunterschied zu sich als Eltern? Höchstens an den Generationen-
unterschied. Aber bei den Enkelkindern. Die erscheinen uns
Älteren oder Alten wie Wunderwerke, zuerst des Kindlichen
und später der Jugend, zu sein.

249

Ein Thema zwischen Teresa und mir ist, dass ich Frauen
eigentlich nie verstanden habe. Sie hat mir massiv neue
Aspekte vermittelt. Mein Abituraufsatz hatte den Titel: Wir
sind die Hüterinnen, / Wachen ist unser Auftrag, / unser Amt
ist der Friede, / die Tat ist des Mannes, / doch wiegt sie ge-
ring / vor dem großen Erbarmen. (Aus der Stoa.) – Ich war
verblendet genug zu glauben, das sei mein Thema, nur weil
ich damals auch schon immer so schnell verliebt war. Und
ich habe das Thema gewählt. Ich habe aber prompt eine Vier
geschrieben. Ich bin auf den letzten Teilsatz gar nicht eingegangen. Wer erbarmt sich denn der Kinder? Oder der Kranken? Das ist ein bisschen wie *Hier lieg ich auf dem Frühlingshügel*: Heute könnte ich es besser. So geht es mir sogar mit
dem Beruf des Lehrers. Ich bilde mir ein, ich wüsste heute
besser, wie man unterrichtet. Ich würde meinen Ehrgeiz
ganz zurückschrauben und die Schülerinnen und Schüler in
aller Ruhe ihre Erfahrungen machen lassen, ich habe leider
immer gedrängelt. Ich weiß nach all den Jahren also nun
glücklich, dass Frauen nicht nur schön und verführerisch,
sondern vor allem auch sorgende Mütter sind. Sie haben
einen Draht zu anderen Sphären und bleiben rätselhaft. Ich
würde heute im Abi bestimmt zwei minus schreiben, wenn
nicht sogar eine glatte Zwei. Und wenn ich für die Weltent-
stehungsmythen verantwortlich gewesen wäre, hätte ich es
nicht zugelassen, dass als Erstes ein Mann vorhanden gewesen sein soll, das ist Unsinn. Am Anfang war die Frau. Das
haben ja auch die meisten Maler verstanden.

250

In einer aktuellen Nummer einer hiesigen Schülerzeitung finde ich den Text einer mir unbekannten Seele, die mit Witz und Verstand, was vor 200 Jahren noch dasselbe war, Wiedergutmachung nach einer Kränkung anmahnt: Ich will auf den Tag warten, schreibt sie, an dem alle eure Vorurteile weggeblasen sind, an dem ihr keinem Gerücht mehr glaubt, an dem jemand offen auf mich zu kommt und hallo zu mir sagt. Diesen Text verwende ich nun als Bildschirmschoner.

251

Wir hören Bach und Poulenc in der Leonardskirche und besuchen anschließend den Weihnachtsmarkt, schrieb ich damals, um die Kurve aufs Jahresende zu kriegen, wo wir uns mit einem Glühwein und einer roten Wurst gut unterhalten. Diese Arschlöcher, sagt die rote Wurst, als ich das Gespräch auf die Idee einer deutschen Leitkultur bringe. Piet Klocke und Georg Schramm schäkern am Kaiserbrunnen mit Martina Hill. Richling verbittet sich den Begriff einer deutschen Leitkultur expressis verbis, schlägt mit den Armen einen großen Kreis und – vor, die Verfechter von dem Blödsinn in den deutschen Flüssen zu ertränken. Oder war das doch Oliver Welke über *seiner* roten Wurst? Richling sagt: Okay, BSE ja, aber nicht ohne Kondom. Das heißt, das sagt er (selbstverständlich) nicht selbst, sondern er lässt es den Papst sagen. Vatikanische Leitkultur. Bei Allah! – Aber leider werde ich Herrn Richling schreiben müssen: Lieber Herr Richling, ich habe Sie ein halbes Leben lang für Ihre Kunst bewundert, ehrlich, nur habe ich Sie jüngst in einer Talkshow bei Sandra Maischberger im Fernsehen erlebt und da sind mir fast die Ohren gelb geworden, ich dachte, mich tritt ein Pferd, Sie haben versucht, Professor Wieler niederzumachen, mein großes Idol vom RKI in der Coronakrise, nur weil er im März etwas anderes gesagt hat, als er im April sagt. Haben Sie denn keinerlei Ahnung von

Wissenschaft, sind Sie wirklich so naiv, mein Eindruck von Ihnen bis zu jenem Tag war doch ein ganz anderer, wie erklären Sie sich das? Ich fand Ihren Auftritt so enttäuschend. Es tut mir leid. Ihr Johann Hugot. – Nein, ich liebe sie alle oder, besser, ich habe sie alle lieb gewonnen: Lothar Wieler, Hendrik Streeck, Jonas Schmidt-Chanasit, Melanie Brinkmann, Christian Drosten, Alexander Kekulé, Karl Lauterbach und andere ihrer Art, auch wenn sie sich gegenseitig manchmal scharf kritisieren, wie wenn zum Beispiel Schmidt-Chanasit Lauterbach Daueraufgeregtheit vorwirft. Apropos Lauterbach (SPD): Wie wohltuend ist es doch, wenn ein Politiker weiß, wovon er spricht, weil er sich auskennt – und im Kontrast dazu Spahn (CDU), der, wie ich es sehe, nur wiedergeben kann, was man ihm auf den Schreibtisch gelegt hat.

252

Ich übernehme noch einmal das Stichwort von der vatikanischen Leitkultur. Wie wollen diese Herren eine Kirche führen, wenn sie die ursprünglichsten menschlichen Bedürfnisse verteufeln? Wenn sie an ihren eigenen Vorschriften und Gesetzen zu Verbrechern werden? Gott hat sich das so nicht vorgestellt. Da darf man sich ruhig einmal auf mein Urteil verlassen! Das Fehlen der Frauen ist nicht kompensierbar. Es sind Komödianten. Was ist alberner als eine Kongregation dieser angestrengten Alten in ihren bunten Mänteln und Mützen? So geht es nicht mit dem künftigen Reich. Wenn du 180 Peitschenhiebe erhältst, weil du dich mit einer jungen Dame im Café getroffen hast (Saudi-Arabien), wenn du als Sechzehnjährige öffentlich hingerichtet wirst, gehenkt an einem Kran, weil du nicht keusch warst: indem du deine, Plural: Vergewaltiger gefunden hast (Iran), dann ist das vielleicht noch ein Stück rückständiger, aber Religion steht hier wie da auf der Packung. Warum bestreiten sie den Frauen so verbissen ihre Rechte? Vermutlich haben sie Angst, die

Frauen würden ihnen ihre Knabenblütenträume zerstören. Ihre Macht wäre dahin. Und genau damit erweisen sie sich als dumm. Der ein Jahr als ich ältere französische Philosoph Alain Badiou sieht eh die Frauen als die eigentlichen Führerinnen der Menschheit, weil sie so viel gebildeter, so viel reifer, so viel eher wirkliche Menschen seien als die Männer, die im Grunde ohne Idee leben, wie er es nennt. Der Bodensee lässt grüßen. Sagt Badiou nicht geradezu, wofür brauchen wir denn Gott, wir haben doch die Frau? Nicht ganz so weit geht Anna Magnani, aber die Richtung stimmt: Die männliche Fantasie, ahne ich, reicht bei Weitem nicht aus, um die weibliche Realität zu begreifen. Und sie war eine Hundertprozentige, wie man in ihren Filmen sehen kann. Eine moderne Schwester von ihr ist Frances McDormand in der Rolle der Mildred in *Three Billboards Outside Ebbing, Missouri*.

253

Die in neuerer Zeit aufgedeckten (unbearbeiteten, ungesühnten) Schandtaten höchster Würdenträger in der katholischen Kirche und die kirchlicherseits lauwarme Anerkennung, da müsse man etwas unternehmen, lassen doch nur den Schluss zu: Die katholische Sache ist zu Ende gekommen. Ist aus. Das heilige Tun kann nur noch im Licht der Heuchelei gesehen werden und erweist sich damit als Getue. Und den Opfern der Scheußlichkeiten päpstlicherseits, scheinbar demutsvoll, die Hand zu küssen – das ist Schmierentheater. Ich sage, die katholische Kirche ist bankrott.

254

Wo könnt's *bloß* sein? – Meine kleine Enkeltochter, wenn sie etwas sucht. Damals. Wenn Kinder Adverbien lernen, das ist faszinierend! Didi Baubau *immer* auf! Eine historisch be-

legte Szene. Dirk hat das Netz mit dem Ball »endlich« aufge-
kriegt. Er hatte lange daran herumprobiert. Eine junge Frau
in der Flüchtlingsarbeit steuert ein zuckersüßes Beispiel aus
dem Mund ihrer Tochter bei: Gell, Mama, ich krieg *wahr-*
scheinlich ein Stück Kuchen! Ich finde das irre. Wir sind uns
absolut sicher, sie hat »bestimmt« gemeint und nicht »wahrscheinlich«! Und auch der folgende Fall muss ins Archiv: Auf
dem Übersberg trafen wir eine uns bekannte Orgelspielerin
mit ihrem Enkel, und zwei Hunde sprangen ins Bild und
tollten herum. Als sie weg waren, sagte der tief beeindruckte
Enkel: *Gleich kommen viele Hunde!* Hier stimmt nun so gut
wie gar nichts, du kleiner Mensch, weder das Adverb, noch
die Zeit des Verbs, noch das Indefinitpronom. Du hättest der
Situation gemäß sagen müssen: »<u>Soeben</u> waren <u>zwei</u> Hunde
auf einmal da, das habe ich in meinem (bisher ziemlich kurzen) Leben ja noch nie gesehen, ich fand das unglaublich
dramatisch.« – Gleich kommen viele Hunde.

255

Zwei Stunden Deutsch mit Jelena sind ganz schön anstrengend, da muss man sehr genau wissen, was man machen
will, das geht Schlag auf Schlag, Jelena reagiert schnell,
deswegen bereite ich mich in der Regel gut auf den Unterricht vor und investiere Zeit. Sie hat einen schönen kleinen
Aufsatz über gelungene Zweierbeziehungen geschrieben.
Ich war begeistert. Ich zitiere einen Satz daraus: Wenn eine
Person mit Drogen, Alkohol oder so etwas verbunden ist,
also muss die andere ihr verstehen helfen, dass das schlimm
ist und dass sie sich langsam umbringt. – Jelena kommt aus
Kasachstan und muss hier schnell ihr Deutsch auf ein höhe-
res Niveau bringen. Ich mag diesen eigenwillig formulierten
Satz, den ich zitiert habe, auch wegen des humanen Inhalts,
der möglicherweise ganz still das Ihre ausdrückt. – Überhaupt: Solche Sätze! Ich bereite gerade ein Buch mit tausend

beachtlichen Sätzen vor, von Lessing bis zum Werbeslogan. Es ist fast schon zur Sucht geworden, dass ich beim Lesen nach guten Sätzen Ausschau halte.

256

Es ist kalt und ungemütlich. Ich habe den alten Kollegen Munz in der Stadt getroffen, der in Pfullinger Tagen mit mir manch einen Strauß gegen unseren parteipolitisch orientierten Schulleiter ausgefochten hat (der mit der Schreibmaschine, inzwischen – ohne mein Zutun – zu Grabe getragen), mit ungleichen Waffen, versteht sich, von wegen Hierarchie. Munz, der alte Kollege, trägt, in derselben Weise wie seinerzeit unser überaus schwergewichtige Kinderarzt im Übrigen ebenso, auch im Winter offene Sandalen. Es muss einen Typ von Menschen geben, die auch im Winter offene Sandalen tragen. Was sie dabei denken und was ihren Füßen dabei durch den Kopf geht, bleibt mir verschlossen.

257

Es hat geschneit. Das beruhigt das Gemüt ein bisschen. Teresa und ich gehen abends zu Fuß in die Stadt, wir haben sinnigerweise Karten für Shakespeares Wintermärchen. Zu Hause, danach, gibt es einen Obstsalat, den ich angefertigt habe. Kann es sein, dass du etwas weniger Zucker hättest nehmen sollen? Ich besorge mir einen kleinen Tannenbaum. Teresa freut sich riesig. Kontrast von klein und riesig. Ich lese eine Jesusbiographie. Ich höre Vivaldi mit Andreas Scholl. Mein jüngerer Sohn kommt und wir kucken eine Fotoausstellung im Rathaus: Unsere Stadt in den Fünfzigern – wo ich denke: Mein Gott, ja! (so war das damals), und er denkt: Ja, so! (im Sinne von: aha, so war das, jetzt kann ich mir das vorstellen). Wenn ich keine Verpflichtungen habe, genieße ich die Ruhe. Ich überantworte ein paar eigene Texte meinem Reißwolf. Er sieht aus wie eine Schere.

Ich bin ein wenig ängstlich, weil ich mein Herz spüre. Das steigert sich so, dass ich zum Arzt gehe. Er macht ein EKG und stellt die Diagnose Herzbeutelreiben. Entwarnung also einmal mehr, Herzbeutelreiben ist kein Infarkt. Als ich nach Hause komme, liegt Post im Briefkasten: Scheidungstermin am 12. Januar. Jetzt hat die Sache fast zwei Jahre gedauert. Auch Post von Cynthia war im Briefkasten. Das wird mir niemand glauben wollen. Das sei sicher bloß ein Kunstgriff. Aber es war so. Der Herzschmerz, Cynthia, die Scheidung! – Aus dem Leben eines arbeitslosen Seemanns. – Ich habe geträumt, in Teresas Zimmer war ein dicker, relativ junger, fast unbekleideter bleicher Mann. Er hatte etwas Unangenehmes, Aggressives. Ich hatte Angst vor diesem dicklichen Taugenichts. Jemand aus der Großfamilie und ich haben das Wesen dann mit Handtüchern gründlich ausgepeitscht. Da sah man, wie jämmerlich es war. Es könnte mein Ich spiegeln, mein Pensionärs-Ich, auf das ich gerade in diesen Tagen, wo ich zum Beispiel nichts von meinen Weihnachtsvorbereitungen hinkriege, nicht gut zu sprechen bin. Meine Kolleginnen und Kollegen am Einstein feiern Vakanzschoppen, wozu ich eingeladen bin, und ich wäre auch gerne hingegangen, aber ich habe keine Zeit.

258

Meine andere Tochter und ihre kleine Tochter haben mich besucht. Als sie gehen wollten, kamen gerade die eine Tochter und der ältere der beiden Söhne, die zu einer Singprobe im Hohbuch mussten. So ein Treffen hat Seltenheitswert. Vor dem Gemeindezentrum im Hohbuch begegne ich dann zur selben Zeit Teresas Exfreund. Witzigerweise kannte ich den schon, als wir noch Kinder waren und ich von Pliezhausen mit der Straßenbahn in die Stadt fahren musste und er von Rommelsbach aus auf derselben Linie ebenso. Und sein Bruder, Teresas Zahnarzt (solange dessen Sohn nicht die Praxis übernommen hatte, der *jetzt* ihr Zahnarzt und auch der von meinem jüngeren Sohn ist, was Letzteres sich daraus ergab, dass mein jüngerer Sohn mit ihm im Jugendfilmclub zusammen gearbeitet hat) war in meiner Klasse (Teresas Zahnarzt), und eigentlich war er als ein Fahrschüler oder *Auswärtiger*, wie es im Schuljargon hieß, der zu denselben Zeiten in derselben Straßenbahn wie ich fuhr (die es heute leider nicht mehr gibt, über die aber ein Realschulkollege, der uns unser Haus abgekauft hat, alle vorstellbaren Materialien besitzt), für eine Weile, nämlich von 1948 bis 1954, als Teresa ein Jahr alt war und meine Familie in die Stadt zog, mein vertrauter Freund (Teresas einstiger Zahnarzt damals mein vertrauter Freund, damit Sie es besser verstehen), woran man sehen kann, wie *verschachtelt* mein Leben hier ist. Und nicht nur Teresas Exfreund begegnete mir an diesem einen Tag in der Situation vor dem Gemeindehaus im Hohbuch, sondern zu allem hin ebenso, zur selben Stunde, ein Kollege aus Pfullinger Zeiten, der seit dem Zweiten Weltkrieg nur noch einen Arm hat, was in unserem Stadtteil selten geworden ist, und der älter ist als ich, und der, obwohl er Mathematiker ist, im Jahre 1948, als *die* Person in mein Leben trat (offiziell und geradezu feierlich), die mir den Diktattext zur Aufnahmeprüfung in die *Oberschule* vorlas, die wir machen mussten, heute würde man Gymnasium sagen. Wenn ich mich nicht täusche, war der Text des Diktats von Hermann Hesse, der damals ganz oben mitspielte. Was mit Pflanzen und Farben. Ich war so begabt, ich musste nur die schriftliche, nicht aber die mündliche Prüfung machen, um in die Oberschule aufgenommen zu werden.

259

Morgens ein Traum mit Kühen. Wieder einmal. Wie der in den achtziger Jahren, von der geschleiften Kuh, als ich diese selbsthergestellten Probleme in der Ehe hatte. Ich wohnte von 1947 bis 1954 in Pliezhausen. Kühe gehörten ins

Straßenbild. Es gab nur wenig Pferdegespanne, jeder kleine Landwirt aber, und da gab es viele, hatte ein Kuhgespann. Ich war mit Hittingers häufig auf dem Feld und habe dann vorne bei den Kühen gestanden und habe sie (die Kühe) gehalten und auf sie aufgepasst und die Bremsen verscheucht. Es war heiß. Zum Mittag gab es Most und Bauernbrot. In der Scheune habe ich das Grünfutter geschnitten. Vertraut und lieb waren mir Kühe auch in Wales, wo ich nach dem Abitur für ein paar Wochen auf einem heruntergekommenen Bauernhof in den Bergen lebte. Dort war eine kleine schwarze Lieblingskuh mit dichtem Fell und einem prallen Leib. Ich legte meinen Kopf an ihren Leib. Kühe sind für mich besonders seelenvolle Tiere, ich kann leicht verstehen, dass sie in meinen Träumen eine wichtige Rolle spielen. – Was also war mein morgendlicher Traum? – Es gab zwei Kühe. Eine war geschlachtet, indem sie enthauptet war. Die andere blutete am Kopf, aber vielleicht klebte das Blut nur dran und die Kuh war unverletzt. Die enthauptete Kuh lief weiterhin rum, die andere sieht das und gerät in Panik. Sie läuft verzweifelt hin und her und findet keinen Ausweg, sie denkt, sie käme jetzt auch dran. – Wieder ein Traum zur Ehescheidung. Der mit den Dornen kommt auch gleich.

260

Alle haben immer schon alles fertig, nur ich nicht. In den Läden bilden sich lange Schlangen mit Portemonnaies in ihren Händen. Bei Jock und June liefere ich einen Limerick ab: Ein Jungpensionär aus dem Kreuzem / War versichert bei Double-U Lloydsum, / Dass, wenn Weihnachten ist, / Er zwei Limericks wüsst. / Müssen zahlen! I'm sorry. Jetzt reut's them. – Sie lieben das. Es war eiskalt an diesem Abend, und ich auf dem Fahrrad, und habe Schmerzen gehabt wie in meiner Kindheit, wenn meine Hände auftauten. Auf der Kreuzung von Gustav-Schwab- und Konrad-Adenauer-

Straße hupt plötzlich meine eine Tochter, ganz unerwartet, sie gehört in die Nachbarstadt. Wir führen einen kleinen gebrüllten Dialog, solange die Ampeln auf Rot stehen. Ich hab ihn wieder, schreit sie. Sie hat ihren Geldbeutel wieder, den sie vermisst hatte. Der Geldbeutel ist aus schwarzem Samt und hat die Form eines Hundes. Da denken Diebe, das ist gar kein Geldbeutel.

261

Ich feiere Heiligabend mit Teresa und ihren Kindern. Für Teresa geht Weihnachten bis Lichtmess. Noo koosch d' Kerze ond des ganze Sach noh stande lasse, noo ischs ed so traurich em Januar. Mariä Lichtmess, am 2. Februar. Gemäß dem jüdischen Gesetz musste Maria nach ihrer Niederkunft gereinigt werden und Jesus wurde als Erstgeborener (»allerlei Männliches, das zum ersten die Mutter bricht«) mit einem Opfer, das bei armen Leuten aus zwei Turteltauben bestand, losgekauft und dem Herrn geweiht. Um halb elf nachts sind wir in der Kirche. Die Predigt könnte hundert Jahre alt sein und wäre damals genauso schlecht gewesen – nur Worthülsen. Die Dienste sind doof, die Kirche ist doof, Gott steh uns bei, sagt einer von Teresas jüngeren Kollegen, der an der Kirche leidet. Am fünfundzwanzigsten hat Teresa selbst Dienst. Nach ihrem Dienst ist im Kreuzem eine weitere kleine Weihnachtsfeier angesetzt und wird auch korrekt durchgeführt. In solcher Weise verspottet Tucholsky die wilhelminische Pedanterie, die sich in der Sprache des Militärs besonders wohlgefühlt hat. Wir haben gegessen, gealbert, wir liegen im goldenen Wüstenzelt unter der Dachschräge, der Prophet hat die olle Heizung aufgedreht, Teresa Gülizar – Sprengstoff.

Im Krankenhaus sagt ein Patient zu ihr: Wissed Se, i däd so schrecklich gern um Sie! (Ich würde Ihnen so gern den Hof machen und um Sie werben.) Nicht lange danach starb er.

Der letzte Tag im Kalenderjahr ist diesmal, schrieb ich also, der letzte Tag des Jahrtausends. Mit mir ist aber wenig Staat zu machen. Viel verplemperte Zeit. Da war das Reinigen des Backofens geradezu bedeutungsvoll.

Ich habe Post von früher gelesen. Mit sehr gemischten Gefühlen. Worüber ich nur schlecht hinwegkomme, ist dieses: Ich hätte mich in meiner Assistentenzeit in England ein Jahr lang wirklich nicht wie ein Kastrat benehmen sollen, nur weil ich *verlobt* war, das ist heute mit Recht verpönt. Ich denke an Martine aus dem Senegal, eine starke blonde Französin mit Witz, mit der wir gelegentlich durch London gezogen sind, unsere Herzen (das von Martine und meines) schlugen im selben (politischen) Takt. Warum habe ich gezaudert! Cléance aus Lille! Jane, rothaarig! Und Joana, die vielleicht schon 36 war, als sie als Gast meiner Vermieter in Chiswick Park am späten Abend, wunderbar schlank, auf mein Zimmer kam und sagte, ihr Reißverschluss klemmt! Ob ich ihr helfen könne. – Ich habe ihr geholfen, als ob sie eine Schiffbrüchige sei: Ach du lieber Gott, der Reißverschluss klemmt, das kriegen wir doch aber hin. – Nein. Nein. In meinem Gehirn klemmten die Reißverschlüsse, und zwar in Serie! Ich komme nicht nur schlecht über diese Sachen hinweg, sondern eigentlich gar nicht.

Aus dem biologischen Faktum der Verschmelzung von Ei und Samenzelle macht der Bundespräsident (es muss sich wohl um Johannes Rau gehandelt haben, aber das ist egal) in seiner Rede zum Jahreswechsel ein moralisches Prinzip. Was machen sich die Leute wichtig! Immer belehren, immer von oben herab. Mir geht so vieles durch den Kopf. Brigitte Bardot. Gryphius. Memento mori. Die Geschichte von der Frau mit dem gekrümmten Rücken, die Jesus (am Sabbat) geheilt hat (also Jesus die Frau). Welche Last sie getragen hat. Dann die Heilung. Aus einem Körbchen zieht Teresa für mich ein Bibelzitat. Ich selbst war nicht fit genug. Er gibt dem Müden Kraft, und Stärke genug dem Unvermögenden. Das war Präzisionsarbeit. Das steht in Jesaja 40, Vers 29. Die alten Hebräer haben hier auf meinen derzeitigen Status angespielt. Nach der Feier durch die knallenden Straßen ins Kreuzem. Mit heißem Blut in die Nacht. Als ich erwache und nüchtern bin und auf die Uhr schaue, ist das neue Jahr, auch das neue Jahrtausend, bereits zweihundertsiebzig Minuten alt. Ich sehe Teresa anders. Ihre Liebe hat etwas Archaisches. Nichts für nebenbei. Ich habe Sehnsucht nach ihr. Sie mag sich zurzeit selbst. Das ist das Geheimnis. Es ist immer die Konstellation, die Stellung der Sterne zueinander, es sind nie die nackten Gegebenheiten. Nun ist sie weg. Sie hat mir einen Kalender geschenkt, den kuck ich jetzt zum sechsten Mal an. Ich denke darüber nach, ob ich mich nicht im Asylcafé engagieren soll, siehe oben. Da sind gleich zwei Gurus im Hohbuch, die mich umkreisen und immer so kucken. Sie werben um meine Mitarbeit.

Ich bin in einer großen Halle, mit Teresa und vielen Kollegen (Männern). Jemand ruft: Achtung, die Präsidentin! Wir alle zucken zusammen. In der Höhe erscheint eine überdimensionale Stechmücke, mit roten hölzernen Flügeln, etwa zweieinhalb Meter Spannweite, der Leib eine riesige leere Colaflasche, Kopf und Rüssel ein Stahlrohr. Sie schwebt tiefer und flößt uns große Angst ein. Dann schmettert sie zu Boden und verletzt sich und verliert ihre Flügel. Der Flaschenkörper zeigt sich nun als mit Algen besetzt. Das Vieh ist zwar weiterhin aggressiv, aber in seinen Bewegungen so langsam, dass es keine Panik mehr hervorruft. Jetzt ist die Szene vor der Halle, es gibt Landschaft, mit Grün und mit Gräben. Das gescheiterte Viech erlebt eine weitere Metamorphose: Die Kulturteile (Flasche und Rohr) verschwinden. Für einen flüchtigen Augenblick gewinnt das Wesen etwas Tigerähnliches, dann aber verwandelt es sich in ein mageres, algenbewachsenes, hochbeiniges Schwein oder Erdferkel, es wendet sich ostentativ ab und wühlt sich zur Nahrungssuche tief in die Kloake eines Grabens hinein und geht fast ganz unter. Nur der schwarze Rücken ist noch eine Weile lang zu sehen. Ich staune wirklich sehr über die Präzision, mit der ein Traum sich an die seelischen Dinge heranmacht, um sie zu malen. Eine aufgetakelte Stechmücke, eine leere Flasche, wenn aber die Kulissen abgeräumt sind: ein Kloakentier. Wir machen hinter dieser uns im damaligen Sinn pätzbaldisch anmutenden Figur aus meinen Träumen drei Kreuze! Vielleicht sollte ich erwähnen, dass die Person, auf die der Traum anspielt, im wirklichen Leben temporär tatsächlich eine präsidiale Funktion hatte.

267

Ich gehe zu Breuninger. Ein Knopf an meinem teuren, neuen Ledermantel ist ausgerissen. Der Abteilungsleiter, den man für dieses wichtige Geschäft herbei holt, sagt, da muss Gewalt angewendet worden sein. Ich sage: Sie machen mich verrückt! Die Firma repariert den Schaden und erstattet mir fünfzig Mark. Ich erfahre nebenbei, dass die extrem hübsche Verkäuferin mit dem russischen Akzent, die uns beim Kauf bedient hatte, nicht etwa Katharina Porizkova heißt, was mir gut getan hätte, sondern Frau Kimmerle. Das ist es, was ich immer behaupte. Eine Frau Elisabeth Schüssler-Fiorenza interpretiert Jesus aus feministischer Sicht. Die darf das. Wenn du so einen Namen hast, darfst du das. Teresa kommt um drei zu einer Tasse Tee, dann schläft sie eine Stunde, dann geht sie wieder. Fast wie ein Gespenst. Ich kucke Radetzkymarsch nach Joseph Roth, obwohl man nach einem von Johann Hugot entwickelten Leitsatz Literaturverfilmungen eigentlich nicht kucken sollte. Wenn ich an Joseph Roth denke, denke ich auch an Irmgard Keun, mit der er eine Weile eng befreundet war, und an Stefan Zweig, dem er so viel zu verdanken hatte. Wenn ich an Joseph Roth denke, sehe ich aber vor allem seinen kleinen Gott in Russland vor mir! Ich finde es eine sehr angemessene Vorstellung von Gott: dass er nicht alles in der Hand hat, ja, im Grunde hat er alles nicht in der Hand, und er ist trotzdem da, und tut, was er kann. Auf kleiner Flamme! Dieses Gottesbild hat den verrückten Vorteil, dass die Theodizeefrage entfällt. Den Ledermantel habe ich später einem Mann aus Afghanistan geschenkt, der keine Winterjacke hatte. Das war weniger großzügig, als es klingt, ich mochte ihn kaum tragen. Und zur Frage der Theodizee will ich es noch einmal betonen: Warum nimmt sie so einen großen Raum ein? Sie ist doch überhaupt nur sinnvoll, wenn man an einen Gott glaubt, dem man alles, aber auch alles, zutraut. Wenn wir das einfach bleiben ließen, brauchten wir diese verschrobenen Gedanken gar nicht. Warum lässt Gott das Verbrechen zu? Warum lässt Gott den Mord zu? Warum lässt Gott die Sturmflut und das Erdbeben und den Flugzeugabsturz und die Dürre zu? Warum lässt er zu, dass im Büro ein gehässiger Ton herrscht? – Er lässt ja ziemlich viel zu, nicht wahr? Seine letzte Nummer an Großzügigkeit ist das Coronavirus. Ich will das einmal zusammenfassen: Es ist unbedarft, sich einen allmächtigen Gott vorzustellen, der so wenig hinkriegt. Also kann es, wenn überhaupt, nur um einen gehen, der das nicht alles angerichtet hat und den man braucht, wenn die Sachen schief laufen oder schief gelaufen sind, einen, der tröstet. Und wer das möchte – da sollte man niemandem im Weg stehen. Das kann meinetwegen auch jener Handwerker aus Nazareth sein, dem sie so übel mitgespielt haben.

268

Ich lese von Jessica Benjamin: Die Fesseln der Liebe. Untertitel: Psychoanalyse, Feminismus und das Problem der Macht. Schwieriger Text. Ich werde ihn nicht meistern. Es geht um das Paradoxon der Gegenseitigkeit bei geglückter Beziehung. Wenn die Beziehung nicht glückt, herrscht Polarität (oder auch Komplementarität). An Freud kritisiert Frau Benjamin, dass er das Baby, aber nicht die Mutter sieht. Die These mit dem Penisneid ist sowieso lächerlich. Als Mann schäme ich mich geradezu, dass man das so lange nachgeplappert hat. Zu Shakespeares Zeiten war das Wort *nothing* ein Slangausdruck für die weiblichen Genitalien. Das muss man sich einmal vorstellen! Das wäre Freud hinuntergegangen wie Öl, wenn er es gewusst hätte. There's »no thing« there, sir, I can't see any »thing«. Hatten denn diese *blockheads* keine besseren Erfahrungen, keine bessere *Erfahrung*? Man denke in diesem Zusammenhang über Shakespeares *Much Ado About Nothing* nach! Ich bin durch das Programmheft der Melchinger auf diese grandiose Einsicht gestoßen. *ado* spricht man aus, als ob das *do* das Verb *to do* wäre. Die Bedeutung ist etwa Umschweife, Getue. »Viel Lärm um Nichts« übersetzt Ludwig Tieck. Das kleine Theater in Melchingen auf der Schwäbischen Alb kämpft heute leider ums Überleben.

Rossini sollte einst zwei Musikstücke eines jungen Komponisten beurteilen. Der junge Mann hatte ihm soeben das erste Stück vorgespielt, da sagte der Meister: Ich mag das zweite lieber! Daran muss ich denken, als ich zweimal hintereinander Jesaja predigen höre. Auch ich mochte das zweite Stück lieber. Von der Kirchenkanzel herab (große Kirche) waren harsche moralische Ansprüche geschmettert worden, bei Teresa hören wir (gleicher Predigttext, kleine Kirche), das Licht ist da! Es geht um eine überschwängliche Herrlichkeitsprophezeiung, Jesaja 60, 1 bis 6. Dein Herz bebt vor Freude und öffnet sich weit, heißt es im fünften Vers. Wunschdenken? Ich habe Jock und June vermisst. Teresa ermahnt mich, zum Scheidungstermin mein Nitrospray nicht zu vergessen. Sie unterschätzt, wie abgeklärt ich bin. Unser Verhältnis ist paradox und labil, es muss, mit leichter Übertreibung gesprochen, jeden Tag neu definiert werden, es ist unberechenbar. Wenn eine Beziehung kippt, hört sie auf, eine zwischen Subjekt und Subjekt zu sein. Im Machtkampf ist das Gegenüber Objekt.

270

Die Erbärmlichkeit der Scheidungszeremonie im Amtsgericht sprengt alle Vorstellungskraft. Zugegeben – mir fehlt die Erfahrung. Nach diesem Termin am 12. Januar jedoch kann man sich eigentlich eine Scheidung nicht mehr wünschen! Trostlos, Lieblos, Freudlos – so müsste die Amtsrichterin mit Namen heißen, kein menschliches Wort (im Sinne von menschlich), sie grüßt nicht, haspelt schlampig und undeutlich gesprochene Floskeln herunter, nennt mich Herr Johann, obwohl auf ihrer Akte Hugot gegen Hugot steht, diktiert ihre Formeln auf Band und verlässt, erneut ohne einen Gruß, das Lokal fast fluchtartig. Der Anwalt meiner Frau macht eine tadellose Figur: Ohne alle Anstrengung, ja mit einer gewissen Eleganz, vermittelt er mir seine juristische sowie moralische Überlegenheit. Meine Frau ist nicht anwesend. Mein eigener, dicker Scheidungsanwalt steht da auf verlorenem Posten mit seinen freundlichen Bemühungen, dieser Geisterszene etwas von ihrem kalten Spuk zu nehmen, wie ein Kachelofen, der ein ganzes Mietshaus heizen soll. – Teresa, die natürlich nicht im Gerichtssaal war, war aufgeregter als ich. Sie ist froh, dass es vorbei ist. Sie sagt nach der Vorstellung, als wir uns am Kaiserbrunnen treffen, »mein Geschiedener« zu mir. Normalerweise redet sie so über ihren geschiedenen Mann. Ein ausgezeichnetes Beispiel für die Vertracktheit der Sprache.

271

Im Zuge meiner Ordnung muss ich manche Bücher anlesen, um beurteilen zu können, ob ich sie noch immer behalten soll. So fiel mir, das sage ich am Rande, von einem gewissen Heinrich Zerkaulen ein Buch über Theodor Körner in die Hände. Ich besaß einst einen Band mit seinem Gesamtwerk. Das Vaterländische an Körner und an diesem Zerkaulen nervt natürlich, aber andererseits habe ich über Körner, den Sohn von Schillers Freund und Wohltäter aus Leipzig: Christian Gottfried Körner, Jurist, doch tolle Dinge erfahren. Körner fährt nach Wien und wird (mir nichts, dir nichts) k. u. k. Hoftheaterdichter. Das ist kaum vorstellbar. Auch muss er irre schön und lebhaft gewesen sein und außerordentlich beliebt. Er starb als Kämpfer in den Freiheitskriegen, als er 22 Jahre alt war. Ob ich's nun Freiheit, ob ich's Liebe nannte / Als einen Seraph seh' ich's vor mir stehen. Nur fünf Jahre älter als Theodor Körner ist Justinus Kerner: Jeden Tag fahren wir die Justinus-Kerner-Straße durch die Römerschanzsiedlung nach Degerschlacht. Justinus Kerner, der schwäbische Arzt und Dichter aus Ludwigsburg, ist allerdings 75 Jahre alt geworden. Ich habe immer wieder den Vater von Theodor

Körner mit Justinus Kerner verwechselt. Jetzt weiß ich es für eine Weile wieder. Als wir dann selbst nach Ludwigsburg zogen, ist uns Kerner natürlich auch viel näher gerückt. Ich habe inzwischen *Die Seherin von Prevorst* gelesen und wir sind auch nach Prevorst gewandert (wo du auch Christbäume kaufen musst). Zum Beispiel. Friederike Hauffe, geborene Wanner, die Seherin, wurde dort geboren. Gestorben ist sie in Löwenstein. Aber warum gerade in Ludwigsburg die Körnerstraße viel wichtiger und zentraler als die Kernerstraße (die es schon auch gibt) ist, hatte ich erst einmal nicht verstanden. Inzwischen aber weiß ich, dass es bei der Körnerstraße hier in Ludwigsburg gar nicht um Schillers Freund, Christian Gottfried Körner, sondern um den 1845 gestorbenen Bierbrauer und Senator Eberhard Körner aus Ludwigsburg geht! Unsere Tageszeitung berichtet, schon zu seinen Lebzeiten sei in der *Stadtrat-Eberhard-Körner-Stiftung* mit 6000 Gulden der Grundstein für die Unterstützung von Dienstboten gelegt worden. Ich kann mich daran kaum genug freuen. Wenn ich Dienstboten höre, denke ich in heutigen Kategorien zum Beispiel an Menschen, die Putzdienste leisten oder Pakete austragen und von ihren Arbeitgebern jämmerlich um ihre gerechten Löhne betrogen werden, ohne dass dieser jämmerlich auf die Gutverdienenden ausgerichtete Staat auch nur mit der Wimper zuckte. Und so habe ich diesem Eberhard Körner gegenüber viel Hochachtung entwickelt und gehe mit einem geheimen Stolz durch die Körnerstraße, Stolz, und Freude darüber, dass es Leute gibt, die ihr Geld so sinnvoll anwenden. Natürlich wäre es noch sinnvoller, ordentliche Gesetze zu erlassen, damit solche Stiftungen überflüssig wären. Eventuell könnte man, was das angeht, eine benachbarte Straße in Ludwigsburg auch Hubertus-Heil-Straße nennen, weil Heil sich gesetzgeberisch ganz in die richtige Richtung bewegt. Das wäre doch mal was! – Und wenn wir schon dabei sind: Warum gibt es in allen deutschen Städten und in vielen kleineren Ortschaften ebenso, warum gibt es überall immer noch die

Hindenburgstraßen? Mir wird jedes Mal schlecht, wenn ich Post an meinen jüngeren Sohn schicke, den das Schicksal in eine solche Straße geschleudert hat. Es gäbe so viele verdiente Menschen, nach denen man Straßen benennen könnte, warum muss es ausgerechnet ein bornierter, nationalistisch orientierter General sein, der später in seiner Funktion als Reichspräsident das ganz große Unglück in Deutschland inthronisiert hat? Ich verstehe es wirklich nicht. Ich appelliere an alle Kommunen, diesen Jammer zu beenden.

272

Warum ehren wir nicht ganz andere Leute, indem wir eine Schule oder eine Straße oder sonst ein öffentliches Objekt nach ihnen benennen? Ich könnte eine Reihe von Vorschlägen machen, Männer wie Frauen. Ich fange einmal bei den Frauen an. Louise Arbour: Louise-Arbour-Gymnasium, das wäre doch was! Sophie Charlotte Ackermann, Mary Wollstonecraft, Maria Telkes, Agatha Christie, Sojourner Truth, Evita Perón, Rosa Parks, Harriet Tubman, Helke Sander, Sigrid Damm-Rüger, Joana Breidenbach, Tugce Albayrak, auch die Mütter des Grundgesetzes bei uns: Helene Wessel, Helene Weber, Friederike Nadig, Elisabeth Selbert. Man würde die Öffentlichkeit zwingen, sich wenigstens über sie zu informieren. Heute kommt übrigens Maria Kolesnikowa dazu. Bei den Männern: John Thelwall, Georg Forster, Franz Raveaux, August Spies, Eduard Lasker, Johann Friedrich Künnecke, Saul Ascher, Christian Wilhelm Dohm, Otto Umfrid, Hermann Umfrid, Friedrich Lehne, ich würde auch Uwe Christian Arnold und Barack Obama dazunehmen und Walter Lübcke und George Floyd. Und Boris Nemzow. Unser Christian Friedrich Daniel Schubart hat es immerhin (Gott sei Dank) zu *etlichen* Ehrungen dieser Art geschafft. Und in Osnabrück sowie in Wallenhorst gibt es eine Elfriede-Scholz-Straße. Es müsste doch eine Freude sein, mit den Schülerinnen und Schülern den

Lebensspuren dieser Menschen nachzugehen. Hermann-Umfrid-Gymnasium. Hans-Paasche-Universität! Elfriede Scholz ist die Schwester von Erich Maria Remarque, hat gegen Hitlers Kriege polemisiert und ist dafür enthauptet worden. Ein an Dummheit kaum zu überbietendes Argument für die Beibehaltung deutschnationaler oder nationalsozialistischer Straßennamen ist von einem Ludwigsburger CDU-Stadtrat geliefert worden, dessen Namen ich hier höflich verschweige: So würde man eben *mit der Geschichte* leben, meint er, auch wenn die Persönlichkeiten, deren Namen man gebraucht, nicht immer zum Vorbild taugten. Es ginge ums Geschichtsbewusstsein. Herzlich willkommen in der Reinhard-Heydrich-Straße, Herr Abgeordneter! – Geschichtsbewusstsein.

273

Atomkraft ja. Ausländer nein. Auf dem Parteitag der CSU in München am 20. November 2004 fordert Stoiber ein schärferes Ausländerrecht, der Islam wird ausgegrenzt. Ich finde das aus dem Rückblick von 2019 deswegen interessant, weil dieselben Sätze mit anderen Namen ja auch heute, 15 Jahre später, gelten. Ich wusste gar nicht mehr, dass ich das damals registriert hatte. Ich habe mein eigenes Buch eigentlich nie mehr gelesen. Musste das denn alles sein, hatte doch jener Dozent gesagt, wo ich ja bis heute nicht genau weiß, was er meinte. Die Platte laufe auch bei Koch und bei der NPD, hatte ich damals weiter geschrieben, und im Januar 2005 liege, Schily sei Dank, auf dem Tisch das Zuwanderungsgesetz, das seinem Namen leider nur Unehre mache, indem es nämlich ein Abschottungsgesetz sei. Der Übergang im Innenministerium nach der darauf folgenden Bundestagswahl sei unproblematisch, hatte ich festgestellt, Schäuble sei wieder dran und nehme sich gleich vor, das neue Ausländerrecht zu verschärfen. Verschärfen könne man immer, hatte ich dann (sarkastisch) dazu gefügt. Alles fast so wie heute! Rückführungsbeschleunigungsgesetz! Seehofer! Der Name ist Programm. Bundesrepublikanisches Programm! Abschottung bis zum Tod durch Selbststrangulierung. Das Bundesamt für Migration und Flüchtlinge (Bamf) ist der große General-Erfüllungsgehilfe. Rückführungsbeschleunigungsgesetz. Mit etwas mehr Talent in Sachen Satire würde ich daraus ein zu Herzen gehendes kabarettistisches Programm entwickeln. Seit 2015 haben zirka zehn Gesetzespakete die Rechte von Flüchtlingen reduziert und reduziert und reduziert. Irgendwie muss ich damals dann noch auf linke Positionen zu sprechen gekommen sein. Auf jeden Fall lautete mein griffiger Schlusssatz an dieser Stelle: Lafontaine wird erneut SPD-Vorsitzender, Waffenexporte werden verboten und alle Menschen werden Brüder.

274

Ich halte morgens im Bett vor Teresa eine enthusiastische Rede über Teile ihrer selbst. Als sie aber fort ist, bereite ich mich auf Jelena sehr wohl vor. Sie hat wieder einen Aufsatz geschrieben: Was Fünfzehnjährige doch für Menschen seien! Sehr wichtige Gefühle walten in ihnen, schreibt sie. In Kasachstan hatte sie fast nur Einsen im Zeugnis, jetzt muss sie Nachhilfe nehmen. Am Einstein gibt es eine borniert Kollegin, die ihr in ihrem Deutschkurs eine schlechte Note nach der anderen reinhaut. Habe ich borniert gesagt? Ja, das trifft es! Vor kurzem habe ich Jelena mit ihrer schönen Mutter in der Stadt getroffen, auf der Hauptpost. Die Schönsten sind nicht die ganz jungen Frauen. Die Schönheit wächst mit dem Alter. Das wissen wir Älteren. Nach dem Unterricht fahre ich die zwei Kilometer nach Degerschlacht vollends hoch zu T. Wir spazieren bis Sickenhausen und zurück. Auf den letzten zweihundert Metern stoßen wir auf eine resolute und bis zum Bersten verärgerte Eingeborene, die über die Verhältnisse in dem Nadelöhr Degerschlacht Ortsmitte schimpft, wo sie ein Haus besitzt. *Herrhhhghottsack!* Gutes schwäbisches Schimpfpotenzial. Mit Jelena gibt es keine Probleme. Wir machen jetzt auch Geschichte. Napoleon. Reichsdeputationshauptschluss. Sie ist tapfer. Um ihr Deutsch zu schulen, machen wir Übersetzungen aus dem Englischen, sie ist gut in Englisch. Ich hätte übrigens längst einen Verleger, wenn mein Buch auf Schwäbisch wäre, aber ich denke, mein Buch auf Schwäbisch wäre etwa wie Barbara Schöneberger als Ophelia. Passt nicht. In der Stadt treffe ich kurz nacheinander meinen Sandalenheiligen, eine immer freundliche Kollegin und den Leiter einer größeren sozialen Einrichtung, die ich hier nicht nennen will. Dieser Leiter tritt von einem Bein auf das andere vor Unruhe, solange er noch nicht bei seinem Thema ist. Ungeredet von Gott, ungeredet von Gott, sagt er, sollte kein Gespräch ausgehen. Ich kannte ihn auch als Schülervater. Ich verkrampfe, wenn ich solchen Menschen gegenüberstehe, und zwar wegen der Interferenzen, und versuche zu entkommen. Teresa erlebt im Krankenhaus, wie ein alter Mann, der gerade zum Witwer geworden ist, seine soeben verblichene Gemahlin wie eine Königin feiert. Teresa sagt ganz trocken, er wird im Tod feiern wollen, was im Leben nicht gegeben war. Im Traum – wieder so ein Traum, wie Meteoriten schlagen sie ein! – im Traum räumen meine geschiedene Frau und ich eine Wohnung aus. Dabei schleppen wir lauter Haufen mit dornentragendem Reisig zusammen. Sie jagt mich mit solchen Reisern ums ganze Haus, stellt mich, und will mir in einem Anfall von Wut die Dornen in die Augen stechen. Es geht hier um *das Dornige* in unserer Ehe, das wir zusammengetragen haben und das nun mir zwar nicht in die Schuhe geschoben, dafür aber in die Augen gestochen werden soll. Ich denke natürlich auch an den dornengekrönten Jesus, nur war die Handlung an ihm eine hochgradig ironische, während diese Ebene in unserem Fall (im Traum) nicht existiert, alles ganz *eigentlich* und konsequent. Ich weiß nicht einmal, ob es im Traum Ironie überhaupt gibt oder geben kann.

Der nächste Wahlkampf ist tatsächlich / war tatsächlich gekommen. Ich hatte es vorausgesagt. Ich habe seherische Fä-
higkeiten. Das macht vielleicht die Nähe zu Prevorst. Nun
sind bei uns / waren bei uns die beiden eigentlichen Macho-
Parteien am Ruder. Man beachte die Perspektive von damals.
Frauenanteile um die zwanzig Prozent. Und die Herren spielen ihre Lieblingsspiele – die Reichen hofieren, Atommeiler
schönreden, Schulden machen. Und ein Esel ist Vizekanzler
geworden, höre ich. Man müsste ihn vielleicht wegen Hoch-
muts einsperren. Und im Übrigen frage ich mich, wann die
kath. Kirche endlich zurücktritt. Woher weiß Herr Zollitsch
eigentlich, dass die Sexualverbrechen der Priester nichts mit
dem Zölibat zu tun haben? Hört er Stimmen? Die nur der ge-
hobenen Gruppe zugänglich sind? Mich gehen solche Dinge
an. Ich kann meinen Bericht nicht in aller Privatheit schreiben. Auch explodierende Bohrinseln und erschossene Jour-
nalisten und Journalistinnen gehören zu mir. Immer fühle
ich auch Verantwortung. Selten werde ich ihr gerecht.

Mein jüngerer Sohn zeigt mir eine Stelle in der Beatles An-
thology, wo Paul (der Beatle) glaubt, er hätte die Weltformel
gefunden. There are seven levels. Einen Tag lang fühlt er
sich wie im Rausch, dann aber platzt der Ballon, Paul fängt
mit den Worten nichts mehr an. Ich kenne das. Besonders
im Halbschlaf habe ich manchmal berauschende Einsichten,
die sich bei genauerem Aufwachen als Fehlanzeige erweisen,
unbrauchbar. So geht es auch mit Texten. Ich träume anspre-
chende Texte, sie ergeben aber am Ende keinen Sinn und ich
weiß sie nicht mehr. Gegen Honorar würde ich trotzdem auch
Weltformeln erfinden. Der beschriebene Effekt erfasst, wenn
man darüber nachdenkt, weite Gebiete unseres Geistes.
Wir sind in unseren Vorstellungen strikt von Vorkommnis-

sen, Gelegenheiten, Umweltkonstellationen, sozialen Situationen und Stimmungen abhängig. Im Nu kann sich, wenn sich diese Faktoren ändern oder auch nur einer davon: Im Nu kann sich alles ändern und wir sehen alles anders. Zum Teil nur ein bisschen, zum Teil auch radikal. Das hat mit Träumen gar nichts zu tun. In den Beispielen spielt der Traum nur die Rolle einer der genannten besonderen Konstellationen. Ich schätze eine bestimmte Person jahrelang als bieder ein. Einmal höre ich, sie spiele exzellent Geige. Schon ist mein Bild von ihr zu Bruch gegangen (Violinkonzert) und ich begegne ihr mit großer Ehrfurcht (eben weil ich musikalisch so deppert bin, ich kann halt kein Instrument spielen).

277

Thomas Assheuer schreibt, dass sich die Revolutionäre der frühen siebziger Jahre ganz sicher nicht auf Adorno, Horkheimer und Habermas berufen konnten. Keiner der drei habe für Gewalt als Mittel der Veränderung plädiert. Teresa war damals zwanzig. Wenn ich Texte von Habermas lese, was eigentlich gar nicht vorkommt, denke ich immer, das sei alles so schrecklich wortreich. Seine Warnungen in Bezug auf das Klonen habe ich der Spur nach verstanden, etwa das, was ich auch denke: dass, wenn wir uns zu Göttern aufspielen, das Göttliche natürlich futsch ist. Früher war ihm das Göttliche allerdings egal, wenn nicht verdächtig. Adorno ist für mich noch hoffnungsloser. Ich bin zu dumm. Ich verstehe auch von Musik zu wenig, wie hier gerade eben noch zu lesen war. Ich lese allerdings bei Hans-Dieter Gelfert, der ein Buch über Kitsch geschrieben hat, mit ein bisschen Wohlbehagen, dass es sich bei Adorno um »Einschüchterungskitsch« handle. Nur Horkheimer habe ich in jener Zeit durchaus versucht, der war mir eine Zeit lang wichtig. Eine Weile lang glaubte ich, die kritische Theorie einigermaßen verstanden zu haben. Sie ist praxisorientiert, ihr Interesse ist die Aufhebung des gesellschaftlichen Unrechts. Die Frankfurter Schule muss man insgesamt vielleicht als den Versuch des großen Reinemachens nach den Nazis verstehen. Assheuer sagt übrigens auch: Während der Papst einer Letztbegründung teilhaftig ist, bleibt ein Philosoph mit seinen Irrtümern allein. Er weiß ziemlich genau, was er da sagt, mit dem Alleinsein. Aber Letztbegründung? Der Papst? Als Stellvertreter Christi oder wie? Warum braucht der Christus denn so einen Mann wie Herrn Ratzinger aus Marktl oder dann Herrn Bergoglio aus Buenos Aires als Stellvertreter? Gut, da sind die vielen, die ihnen blind folgen. Diese Blindheit ist systemimmanent. Sie wird von ganz oben bis ganz unten verordnet und durchgereicht. So kann man vielleicht doch von Letztbegründung reden. Ich finde es toll, dass die *Zeit* Assheuer hat, manchmal schreibt er eine Prosa nicht ganz wie Schiller, aber er muss aufpassen, dass er sich nicht an seiner eigenen Rhetorik berauscht und wir am Ende rätseln, was er nun eigentlich gesagt hat.

278

Eine krebskranke Frau. Ihre Tochter fragt sie nach ihren Wünschen. Sie sagt, sie möchte ihr Leben noch *ein bisschen* haben: den Frieden in ihrer Wohnung, einen Spaziergang, ein bisschen Sonne, ein Leben ohne Verachtung. Es liegt auf der Hand: Die kleinen Dinge sind die großen Dinge! Ich erlebe das, älter werdend, in ähnlicher Weise auch.

279

Psalm 39, die Verse 6b und 7: Ach, wie gar nichts sind alle Menschen, die doch so sicher leben! Sie gehen daher wie ein Schemen und machen ihnen viel vergebliche Unruhe; sie sammeln, und wissen nicht, wer es kriegen wird. – Und machen »ihnen« viel Unruhe. Das sind sie selbst! Ich mag das.

Das isch dr Vorrteil, wenn d' Autobahn ebbes koscht', noo muesch au mehr zahle. Ein hübscher Versprecher von Teresa. Sie besitzt ein Buch, das lauter Versprecher enthält. *Vor Gott sind alle Menschen bleich.* Hartmut Walsdorff. Sehr hintersinnig heißt es da: Wir werden immer für euch da sein, wenn wir euch brauchen. – Ich höre Frau Merkel im Wahlkampf, die ihren Opportunismus mit der Falschaussage verbrämt hat, sie werde einen ehrlichen Wahlkampf machen. Auch folgender Versprecher hat Klasse, wobei ich glaube, dass es gar keiner ist: Beim Thema Empfängnisverhütung hielten die Bischöfe den Atem an. – Ich sehe die Herren in äußerster Anschaulichkeit vor mir, wie sie sich ihre unheiligen Vorstellungen machen.

Ich bin durch die Pomologie und den Volkspark geschlendert. Viele Erinnerungen! Das Kepler-Gymnasium liegt da, das ich neun Jahre lang besucht habe, und die Jahnturnhalle und die Rennwiese, die als Sportanlagen dazugehören. Dreizehnvier bin ich die hundert Meter in den Bundesjugendspielen gelaufen. Wir hatten aber einen in der Klasse, der lief elfneun. Das Kepi war zu meiner Zeit ein reines Jungengymnasium. Ich habe damals schon und auch später die anderen beneidet, die mit Mädchen zusammen in die Schule gehen durften. Vieles wäre anders gewesen und geworden, ich weiß es. Ich wäre nicht so blödsinnig unorientiert in mein junges Leben hineingestolpert, ich hätte Contenance mitgebracht, ich hätte rechtzeitig mehr von der Lust des Lebens und von seinem Ernst erfahren, ich bin mir dessen sicher. Ich ärgere mich auch! Was für ein Blödsinn diese Geschlechtertrennung war! Ich weiß von der Grund- und Hauptschule in Betzingen, wo es sogar Koedukation gab, da war der Pausenbereich durch eine Linie getrennt:

hier Jungen, dort Mädchen. Überschreitungen waren nicht erlaubt. Ich ärgere mich über die Vergangenheit. Es war so viel Stumpfsinn am Werk.

282

Im Volkspark, an die Schule und die Rennwiese angrenzend, hatte ich an heißen Sommertagen Philosophieunterricht bei Herrn Sakkas, und der Park gab auch die Kulisse für mein juveniles Werben um ein hübsches junges Mädchen ab, das später meine Frau wurde. Ebenfalls an die Rennwiese angrenzend, zur anderen Seite hin, steht die Listhalle. Inzwischen muss ich sagen: *stand* die Listhalle. Als Schüler habe ich hier Theater gespielt und hatte immer Hauptrollen, weil ich dialektfrei sprechen konnte. Und habe am selben Ort fünfundzwanzig Jahre später als ersten Beitrag zur *Städtischen Jungen Oper* Mozarts Entführung inszeniert. Die Pomologie wiederum, auf der anderen Seite der Alteburgstraße, habe ich oft aufgesucht, wenn ich mit meinen eigenen süßen Kindern, als sie klein waren, herumgezottelt bin. Es läuft der Frühlingswind durch kahle Alleen.

283

Ich lese die Briefe meiner Kinder an ihre Deutschlehrerin im Gymnasium. Beim Lesen bin ich unruhig. Ich spüre, wie wenig ich meinen Kindern gerecht geworden bin. Ich war zu wenig sensibel und hatte meinen Kopf viel zu häufig anderswo. Mein jüngerer Sohn hatte diese Lehrerin nicht. Der ältere schrieb meist fetzig und ein bisschen frech und ganz aus seinen Fantasiewelten. Mit einem Klassenkameraden hatte er Wanzen erfunden, von denen es viele Arten und Unterarten gab, die meisten natürlich giftig. Die Rhinozerosse auf seinem Briefpapier haben des Öfteren ziemlich skurrile Dinge getrieben, zum Beispiel hatten sie sich die Zehen lackiert

oder wühlten sie im Sand so lange, bis sie ein Stück Apfel-
kuchen fanden. Die Briefe geben auch Auskunft über den
Beginn seiner Liebe zu den Beatles. Einmal heißt es lapidar:
Ich bin jetzt Beatlefan. Gelegentlich schreibt er ganz ehrlich,
er wisse nicht, was er jetzt noch schreiben könne. *Eine* Karte,
die er geschrieben hat, spricht von einer Jacke, dunkelblau,
mit Goldknöpfen. Zweireihig. Aus dem Sperrmüll. Ich kenne
sie noch! Er schwärmt, wie gut sie ihm steht, er sehe aus wie
John oder George. Eigentlich war George sein Lieblingsbea-
tle. Während ich dies schreibe, ist George gestorben. Mein
Sohn wollte diese Jacke so gern zu Weihnachten tragen.
Aber das durfte er nicht. Auch wenn man so etwas waschen
kann. Er tat mir echt leid. Die zweite Zwillingstochter, die ich
hier immer die andere Tochter nenne, schrieb am häufigsten,
schrieb auch die längsten Briefe. Sie hat sich stets in die Situation der angeredeten Lehrerin versetzt, und hat am brei-
testen über alles, was geschehen ist, informiert. Und noch
bis in die Zeit des Abiturs. Sie erzählt von diversen Ferien-
aufenthalten, inklusive Billericay, wo sie einmal mit war, von
zwei Praktika mit Behinderten, von schwierigen literarischen
Klassenarbeiten, von Chor- und Orchesterproben. Die erste
Zwillingstochter hatte ähnliche Intentionen, hat sich dann
aber ein, zwei konkrete Stücke ausgesucht und ihre Darstel-
lungskunst an diesen ausgelassen. Weihnachten in Puppen-
stubhausen. Oder: Wie es in der Schule gebrannt hat! Wie
fanden Sie das, Frau Augentaler, ich fand es toll! Wie Lehrer
Daftel rumgelaufen sei und geschrien hat: Entschuldigung,
der Adventskranz brennt! Sie wundert sich, was der denn
Entschuldigung zu rufen habe. Auch wenn der Brand kein
großer war, man hätte doch wenigstens rufen können: Es
brennt! Es brennt! Oder macht sie sich Gedanken zu dem
Weggang eines Mitschülers, den sie mochte, wo der doch im
Unterricht oft so witzige Zwischenbemerkungen geliefert habe! Sie macht sich Gedanken über die Fremdsprachenfolge,
was ihr normal ganz egal war. Wenn Michael nun an eine

andere Schule wechselt, und schließt ab: Ich weiß ja nicht, ob ihm das was bringt.

284

Wenn wir uns verabschiedet haben, finde ich oft eine kleine Nachricht. Die letzte war ein knalliger Lippenstiftkuss auf weißem Klopapier, und die Worte: Für die Ewigkeit!

285

Das geheimnisvolle Kleid, holländisch, 1996, mit skurrilen Szenen, zum Beispiel, wie sich ein etwas unappetitlicher Berber im Park für 100 Gulden von einem schönen Mädchen, das von der Schule kommt, einen Zungenkuss kauft. Und die macht das! Verweigert aber eine Zugabe.

286

Die Geburtstage beider meiner Söhne sind in Deutschland Gedenktage. Sie stehen in einem komplexen historischen Zusammenhang. Am 27. Januar 1945 wurde das Vernichtungslager Auschwitz von sowjetischen Truppen befreit, am 13. Februar wurde Dresden bombardiert. Mein ältester Enkel ist am 20. Juli geboren. 1944 Attentat auf Hitler. Mein eigener Geburtstag ist der 31. Juli. Da ist im Jahr 1919 die Weimarer Verfassung verabschiedet worden. Alles hängt zusammen. Geheiratet haben Teresa und ich am 10. Dezember, dem Tag der Menschenrechte!

287

Mi chiamo Giovanni. Meine erste Italienischstunde. Die Lehrerin ist Italienerin. Si chiama Diana. Wir sind dreizehn Frauen und zwei Männer, später sechs Frauen und ein

Mann, und am Ende bleiben nur die sechs Frauen übrig. Sono tedesco, bruno, non troppo alto, piuttosto snello. Sono un tipo molto sensibile, non tanto giovane, un po' timido, ma aperto. Non lavoro più a scuola. Prendo la bicicletta per tutto ciò che devo fare. Le donne nel corso sono molto gentili. – Più tardi, al »Castello di Ludovico«, faccio l'insegnante, per così dire, in un corso italiano autodidattico. Alla bell'e meglio. Siamo molto lenti ma anche molto allegri.

288

Als ich zwölf war, hat unser Pfarrer in Pliezhausen gesagt, in manchen Schaufenstern in der Stadt zeige der Teufel seine Ware. Er hat aber keine Ausführungen dazu gemacht, so dass ich nicht wusste, was er meint. Was mir sofort in den Sinn kam, war ein Schaufenster mit Miederwaren! So hieß das. An diesem Schaufenster musste ich auf meinem Weg zur Schule vorbei und habe oft hineingespickelt, Korsetts, BHs und so weiter. Warum habe ich *das* für ein Beispiel für die besagte Bemerkung des Pfarrers gehalten? Das ist so schief, so verkrampft! Dahinter steht die jahrtausendealte Diabolisierung von Sexualität. Ich will bei dieser Gelegenheit das beste Aufklärungsbuch nennen, das ich je gelesen habe. Das beste psychologische Buch, das es überhaupt gibt, haben wir hier ja schon kennen gelernt. Volkmar Sigusch hat dieses Aufklärungsbuch, das es dem Genre nach natürlich gar nicht ist!, geschrieben und es trägt den Titel *Sexualitäten*. Untertitel: *Eine kritische Theorie in 99 Fragmenten.* Copyright 2013, Campus Verlag. Es hat 626 Seiten. Keine Abbildungen. Ich habe es verschlungen. Die Kernthese von Sigusch besagt, jeder Mensch besitze seine *eigene* Sexualität. Ich hoffe, das versteht man. – Wieder eine Anmerkung, ich glaube, es ist die vierte in diesem Buch. Das erwähnte Schaufenster mit Miederwaren, das mir als etwa Elfjähriger eine Transzendenz ganz besonderer Art vorgespiegelt hat, meldet sich uns siebzig Jahre später zurück in der Form einer mächtigen Miederwaren*fabrik* in unmittelbarer Nachbarschaft zu unserer neuen Wohnung in Gomaringen. In riesigen blauen Lettern lesen wir von unserer Dachterrasse aus: NATURANA –MIEDERFABRIKEN, und in einem Nebengebäude sind achtzehn große, in drei Stockwerken übereinanderliegende Fenster je mit einem Model, das Dessous präsentiert, ganzflächig dekoriert. Das hätte unser Pfarrer aus Pliezhausen mal sehen sollen! Er wäre vermutlich in Schnappatmung verfallen. Oder hatte er doch ganz andere Sachen gemeint?

289

Am Sonntag habe ich erlebt, wie der Pfarrkollege aus Betzingen, hoch gewachsen, breit und schwer, Teresa, seine Pfarrkollegin, die ja eher zierlich zu nennen ist, nach einer längeren Pause, in der sie sich nicht gesehen hatten, begrüßte. Das ist aber schön! Das ist aber schön, dich zu sehen!, hat er gerufen und hat ihren schlanken Kopf zweimal ganz zart zwischen seine großen, frommen Greif- und Betschaufeln genommen. Ein paar seiner Konfirmanden und Konfirmandinnen standen dabei und haben (leise) gelächelt.

290

Vor einem Jahr, vor zwanzig Jahren, im Zug nach Radolfzell (Mettnau), habe ich die Weichen für mein weiteres Leben gestellt. Kurz hinter Horb beschloss ich, nicht mehr nach Hause zurückzukehren. Es ging wie eine Straffung durch meinen Körper. Alles war klar und einfach. Das erste, was ich hörte, als ich aus meinen Gedanken aufwachte, war in dem Großraumwagen zwei Kojen vor mir (der Zug war nur mit wenigen Passagieren besetzt), wie eine junge Frau zu ihrer Freundin sagte: Woisch, i kriag halt koin den won i will!

Wörtlich so, ohne Komma, ohne Komma hinter »koin«, ich hab mir das sofort notiert. In unsere Standardsprache übersetzt, heißt der Satz: Einen Mann nach meinem Geschmack kriege ich einfach nicht!

291

Das Isolde Kurz macht die Rattenfänger. Wir waren drin und sind alsbald wieder raus. Dumm sind die Leute nicht, aber bescheuert. Dumm sind sie nicht, denn sie merken sehr wohl, dass das ein äußerst schwaches Stück von Zuckmayer ist, mit dem sie es da zu tun haben. Sie schreiben es nämlich sogar ins Programmheft, auch wenn du das nicht glaubst. Dann also sind sie bescheuert, denn sonst würden sie es nicht (trotzdem) spielen. Ich als Kirchengeschichtler (stehende Redewendung bei uns) bin der Meinung, dass hier gegen die gute Tradition verstoßen worden ist, dass auf dem Theater sogar der aufgeschriebene Text eine Rolle spielt, selbst im Schultheater noch. Gegen diese gute Tradition verstößt im Übrigen in allerjüngster Zeit sogar das Theater Lindenhof in Melchingen, indem es sich nicht entblödet, den *Herzerlfresser* von Ferdinand Schmalz aufzuführen. Kommt Melchingen so in die Jahre? Geht die schöne Kraft von früher so zu Ende?

292

Ich erhalte Post, meine Scheidung sei nun rechtskräftig. In meiner Lage als Geschiedener bleibt mir gar nichts übrig als, ich sage einmal sehr vage, als vieles einfach zu verdrängen. Nicht so, dass mir gewisse schwierige Dinge gar nicht bewusst wären, aber doch so, dass ich sie nicht zu einer näheren Betrachtung heranziehen möchte. Beispiele will ich hier nicht noch einmal nennen. Redundanz (unda: die Woge) ist nicht überall am Platz.

293

Es liegt, aus heiterem Himmel dahin gelangt, eine Postkarte von einer jungen Frau, die zu derselben Zeit Referendarin an meinem Gymnasium war, als ich den Lehrerfußball gerade noch durch meine Teilnahme bereicherte (rein gruppendynamisch verstanden, sportlich-qualitativ mit großer Wahrscheinlichkeit eher verschlechterte, denn wir hatten wirklich krasse Kicker in unseren Reihen), in meinem Briefkasten. Liegt also in meinem Briefkasten. Die Postkarte. Sie, diese junge Frau, spielte sehr gut Fußball (war auch Sportreferendarin) und versüßte uns die Sache. Ich hatte sie aber aus den Augen verloren. Dann war ich ihr mit Kinderwagen (sie mit Kinderwagen) in unserer Stadt irgendwann wieder begegnet und darauf bezog sich die Postkarte, die ich hier im Wortlaut vorlege: Lieber Johann! Du gehst mir heute nicht mehr aus dem Kopf – ich muss dir noch wenigstens eine Karte schreiben! Wie froh bin ich, dass du die zwei Infarkte gut, sogar so gut überstanden hast, um dein ganzes Leben umzukrempeln und dem näher zu kommen, was du wahrscheinlich schon lange gesucht hast. Sei sicher, wir bleiben in Kontakt. Deine Patty.

294

T. ist bei mir im Kreuzem. Sie ist aufgekratzt. Wir machen Quatsch. Wir vergleichen unsere Gehirne mit Computern. Sie sagt: 's Maul wär dr Drucker. Häufig zitiert sie ihren Vater, der viele Sprüche drauf hatte. Ein Klassiker: Jetz a halbe Schtund schloofa – und noo ins Betth! Als Teresa weg ist, ruft Hannah an, die Kollegin. Sie hat jemanden kennen gelernt. Er sei ein feingeistiger Mensch. Ich sage zu Hannah, dass ich mir das notieren will. Da ergreift sie die Initiative und diktiert mir ein paar Sätze. Sie diktiert mir, was ich schreiben soll. Ehrlich. Ich soll schreiben: Hannah ist nicht so dumm, wie ich dachte. Wenn sie mit jemand ins Bett geht, will sie ihn nicht auch gleich heiraten. Es ist umgekehrt. Ehe sie mit ihm ins Bett geht, soll schon ein Verhältnis aufgebaut sein. So ist das. So ist sie eben. – Hannah, es ist die Hannah aus 161, wenn Sie zurückblättern wollen, hat für ihre Haltung meinen größten Respekt. Es ist fast schon Ehrfurcht, was ich da empfinde. Mein Verdacht ist nur, dass sie dazu neigt, sich ein Bild von jemandem zu machen. Max Frisch, in seinem Werk, und Teresa, in derselben heutigen Nacht am Telefon, warnen davor, sich von den Menschen ein Bild zu machen. Kreativität und Spontaneität gehen flöten, sagen sie, Verkrustung, Gleichgültigkeit oder Feindschaft seien die Folgen. Als ich in einer kritischen Situation zum Abendbrot einmal sagte: Du kennst mich doch! – da ist sie beinahe wild geworden! Ein solcher Satz, sagt sie, macht die Beziehung kaputt. Darauf darf man sich nicht berufen! Ich stand da wie der allseits bekannte und begossene Pudel, der das Abendbrot lieber nicht gemacht hätte. Teresa war mit einundzwanzig verheiratet. Das passt inhaltlich jetzt nicht so gut hier her, aber es stimmt.

295

Mit Jelena spiele ich *Zwanzig Begriffe*. Ich sage ihr zwanzig Wörter, und anschließend schreibt sie sie auf. Sie kommt auf sechzehn! Wenn sie mir zwanzig sagt, weiß ich nachher vielleicht noch zwölf. Man kann eine zweite Runde vereinbaren. Jelena kommt nach zwei Lesungen leicht auf alle zwanzig, ich brauche drei Lesungen! Es kommt nicht darauf an, wie lange du schon in Deutschland lebst oder wie alt du bist oder was du studiert hast, sondern wie intelligent oder begabt du bist. Kürzlich haben wir im Spiel auch Wörter gesucht, die mit pf oder Pf anfangen. Sie hatte 16, ich hatte 16, zusammen hatten wir 23. Meinem Schulleiter, den ich sehe, wenn ich Jelena unterrichte, sagt seine Wahrnehmung, ich sei nun schon das zweite Jahr aus dem Schuldienst raus, dabei sind es erst sieben Monate! Was soll ich davon halten? Ich kann gar nicht bewerten, ob ich in seiner Vorstellung dabei eher gut oder eher schlecht wegkomme. Es sind sieben Monate und er denkt es sind zwei Jahre? Jelenas Eltern wollen, dass ich auch den jüngeren Bruder unterrichte, aber das kann ich nicht. Meine Zeit wird mir immer kostbarer. All das schrieb ich damals. Der relativ junge Schulleiter, von dem ich spreche, ist heute nicht mehr am Leben. Wenn mein Buch einmal Pflichtlektüre im Deutschunterricht an den Gymnasien geworden ist, werden die Schüler und Schülerinnen vielleicht zählen wollen, wie viele Tote es gibt. Eine sehr einfache Formel besagt: Je länger du lebst, desto mehr Tote gibt es.

296

Eine honette Person aus der Hierarchie im Klinikum ist Teresa bei einem Zeitungsinterview übers Maul gefahren. Teresa hat sie energisch zur Rede gestellt und hat ihr klargemacht, dass man mit ihr so nicht umgehen soll. Jetzt fühlt sie sich wieder wohl. Die beiden verstehen sich seither beinah wie Schwestern. Manchmal bedarf es nur eines kräftigen Worts, um Schwierigkeiten auszuräumen. Das kann man als eine Lebensregel verstehen.

297

Eine Freundin von uns im Hohbuch hat unter der Scheidung ihres Sohnes fürchterlich gelitten. Das ist nämlich auch interessant. Sie hat, oder soll ich sagen, hatte, die Schwiegertochter sehr lieb. Ihr Herz war zerrissen. Sie, diese Freundin von uns, war für lange Zeit nicht mehr gesellschaftsfähig. Sie hat sich verkrochen und nichts mehr gegessen. Erst kürzlich ist sie wieder ein wenig zu Kräften gekommen. Im Kleinen ergeht es mir ähnlich. Wenn einer meiner Söhne oder Teresas Sohn ihre Freundinnen (aus irgendeinem Grund, keine Ahnung) aufgeben. Dann soll ich die alte Freundin plötzlich auch nicht mehr so toll finden? Das ist manchmal eine richtige Zumutung.

298

Widhoelzl, Hannawald, Malysz, Schmitt, Yamada, Hautamäki, Ahonen, Goetz: Teresa kennt sie alle! Ich gewinne dem Skispringen nicht viel ab. Sie sagt, sie findet die jungen Männer so toll. Das versteh ich schon. Stierkampf, Skispringen, Fußball. Ich bin sogar froh. Mir geht es doch umgekehrt ähnlich. Das ewige, stupende Geschlechterspiel! Manchmal bin ich wie besessen. Die Namen ändern sich, die Sache bleibt.

299

Jesus kümmert sich um die Menschen, die am Rande stehen, predigt der neue Kollege in der Auferstehungskirche. Man kann sich das kaum häufig genug vergegenwärtigen. Und er sagt: Der Heiler selbst ist krank und bedürftig! Der neue Pfarrer war mit seiner Familie lange in Nigeria. Bei ihrem Weggang habe eine alte, blinde, vom Schicksal gebeutelte schwarze Frau sie gesegnet. Wir hier in unserer Stadt erleben, wie diese Segnung Früchte trägt. Der Gedanke des selbst angeschlagenen Heilers spricht mich an. Das geht gut mit meinem Bild von einem schwachen Gott zusammen! Zwei Dinge sind dabei allerdings auseinander zu halten. Wenn der Heiler selbst bedürftig sei, kann das niemals heißen, er sei zu schwach zum Heilen oder zum Trösten, nein, gerade dazu hat er große Kraft. Ich erlebe es in der Flüchtlingsarbeit andererseits immer wieder, dass sich zur ehrenamtlichen Unterstützung Leute melden, die seelisch so jämmerlich bedürftig sind, dass wir nur sagen können, die melden sich nur, weil sie selbst genau die Hilfe brauchen, die sie vorgeben, leisten zu wollen. Sie triefen geradezu von Philanthropie, und man sieht, dass ihre vielleicht einmal vorhandene Kraft von ihnen gewichen ist / sich aus dem Staub gemacht hat oder dass Kraft nie vorhanden gewesen ist.

300

Ab drei *richte* ich mich. Das ist nichts Juristisches und nichts Eschatologisches. Man macht sich zurecht. Wenn de ed grichtet bisch, noo isch älles nix. Wir gehen verkleidet in den Tanzkurs, Teresa als Mann, ich als Frau. Vor dem Einschlafen Gedichte von Robert Gernhardt. Häufig geht durch Plattitüden und Geschmacklosigkeiten leider wieder kaputt, was er erst mühevoll aufgebaut hat. Ich habe dazu einen Reim gebildet: Ach, Robert, deine vielen Gedichte! / Etliche fangen ja ganz gut an. / Doch irgend ein Scheiß machts dann wieder zunichte. / Jetzt reiß dich doch zusammen, Mann! Auch überschätzt er sich, der alte Narziss. Und dennoch! Ein Freund und Kollege hat mir die Sammlung zum Abschied geschenkt. Er weiß, dass ich Heine und seinesgleichen und ihre Erben verehre und eben auch Gernhardt, der immer wieder einmal einen schönen Treffer landet.

301

Beim Bäcker ein Frustrationserlebnis! Ich sage: Ich hätte gern ein Netzbrot. – Wie bitte? – Ich sage es noch einmal. Da sagt die Verkäuferin ganz streng: Das heißt *genetztes* Brot. Wie ein Batzen Teig saß mir das im Gesicht! Ich bin doch Philologe und weiß nicht einmal, dass es *genetztes* Brot heißt. Ich schäme mich und finde keine schnelle Antwort. Ich stecke die Rüge ein. Ich bin aber ziemlich sicher, dass ich den Ausdruck *Netzbrot* schon gehört habe. Auch braucht ja die Verkäuferin nicht so streng zu sein, selbst wenn ein Kunde nicht genau weiß, dass es *genetztes* Brot heißt.

302

Das Leben des Freundes wird leiser, / Er selbst aber weiser und weiser. Jock hat Geburtstag. Drei Jahre später muss ich hinzusetzen, er ist tot. Ja, auch er! Wir wissen das seit Perikope 28. Ich kann in die Anfänge dieses Buchs nun schon über acht Jahre und ein halbes zurück schauen, nein, grob, über achtzehn Jahre, aus welcher Zeit ja ganze Passagen hier noch erhalten sind. Ich stelle fest, dass der Tod sich mit ewig ungebrochener Kraft das Seine nimmt. Den Rühmkorf hat er sich zum Gernhardt dazu geholt. Man wagt fast gar nicht mehr ich zu sagen bei soviel / Geschäftigkeit, hat er gesagt. Nicht der Tod hat das gesagt, was ja auch sinnvoll wäre, sondern Rühmkorf hat es gesagt. Wie der Tod mit unserem lieben alten Freund Jock umgegangen ist, das ist absolut skandalös! Vor der eigenen Garage, das eigene Auto, June, im Rückwärtsgang! Und er war so instabil gewesen, nach der letzten OP. Er soll sich in dem tragischen Augenblick noch einmal aufgesetzt haben und gesagt haben, ich kann nicht aufstehen.

303

Wir machen Urlaub auf der Alb, am Rande der Welt – und verlassen dabei nicht einmal unseren Landkreis. Wir reisen nach Münzdorf (Hayingen). Es gibt fast keine Autos. Dafür kann man zehn verschiedene Sorten Käse kaufen. Die junge Wirtin ist Käserin. Sie hat das Käsemachen in der Schweiz gelernt. Teresa sagt auf einer Wanderung zu einem Rücker, das sei schön, dass wir das auch einmal sehen. Da sagt der Rücker: Doo sähet Se ed viel! Ihm, in seiner Person, ist seine Arbeit nicht mehr so interessant. Einmal sind wir in Hayingen. Hayingen ist nicht Hildesheim, aber wir wollten doch genauer sehen, wo es uns hin verschlagen hat. Teresas jüngere Tochter ruft in unseren Urlaub hinein an. In Degerschlacht hat jemand unsere Wäsche angebrannt, die zum Trocknen auf der Terrasse hing. Eine Dreizehnjährige hat sich später »bekannt«. Austesten von Grenzen? Es war gezielt Damenwäsche verkohlt. Vielleicht ging es hier um einen Akt der Verweigerung, Scheu vor dem Erwachsenwerden, Wut wegen des Verlusts der Kindheit, Angst vor der Menstruation. Ich habe schon als junger Mann mit großem Interesse ein Buch von Freud mit dem Titel *Zur Psychopathologie des Alltagslebens* gelesen und seither kann ich nicht umhin, immer wieder einmal herumzudeuteln, was jetzt hinter der einen oder der anderen Handlung stecken könnte, die wir begehen, oder Fehlleistung, wohl wissend, dass Freud nicht das Evangelium ist, und neuerdings von Eva Weissweiler wieder darauf gestoßen, was für ein Ekel er im Privaten gewesen sein muss. Am Abend spielen Teresa und ich Stadtlandfluss mit neuen Kategorien. Jeder darf drei Kategorien nennen. Nach drei Runden kannst du eine unbeliebte Kategorie, zum Beispiel Todesarten oder Textsorten, rauswerfen und ersetzen. Ein gutes Spiel, ein schönes Spiel, ein sehr dankbares Spiel. Ich kenne einen Menschen, der nicht spielen kann. Weil er nicht spielen will. Spielen sei Zeitverschwendung. Man könne doch stattdessen reden. Mich macht das sprachlos. Ich denke auch an Schiller, dem in einem gewissen Sinn Spielen alles war. Am Abend nach des Tages Arbeit *spielen* Teresa und ich in Münzdorf (*Münzdorf!*), dass Liebe käuflich sei. Ich frage: Wie viel? Da sagt sie: Kommt drauf an, wie gut Sie sind. Das ist ziemlich unprofessionell, aber nicht uncharmant. Am dritten Tag liegt die Alb im Schnee. Wir sind glücklich darüber. Die Wirtsleute laden uns zu Käse und Wein ein. Es gibt bei uns in Deutschland natürlich keine einfachen Bauern mehr, wie sie in den Kinderbüchern noch herumgeistern. Wir lernen unsere Wirtsleute als kluge und an der Lage der Landwirtschaft leidende Manager beziehungsweise Managerinnen ohne Managergehalt kennen. Hohes Berufsrisiko. Existenznöte. Das Aufstellen von Schildern mit dem Hinweis *Albkäse* an den Landstraßen haben die Behörden unserem Paar verboten. Alles wird geregelt. Sie sagen, es gibt nichts Gläserneres als Landwirte. Ich träume. Auch auf der Schwäbischen Alb. Meine eine Tochter hätte einen knallgelben Cinquecento und ich habe ihn an der einen Seite ausgebeult. Als ich fertig war, war der Tank kaputt, und das ganze Benzin lief aus. Vorher war er nicht kaputt. In einem anderen Traum sollte ich wieder einmal Schulunterricht halten. Ich stand schon in der Klasse und stellte dann erschrocken fest, dass in meiner Mappe nur vergammelte Nahrungsmittel (Brot und Schinken) waren und außerdem viele Schrauben und Scharniere und andere Eisenteilchen, aber keine Schulsachen. Auch war wieder einmal nicht klar, welche Gruppe ich nun unterrichten sollte. Der letzte Tag in Münzdorf macht uns traurig. Drunten in der Stadt werden wir kein so ein Paar sein. Teresa wird wieder viele Sorgen haben. Im Alter will Teresa sich nun auf die Alb zurückziehen. Wenn wir in Ahrenshoop oder Bansin Urlaub machen, zieht sie sich im Alter an die Ostsee zurück. Auf unserem Weg nach Hause kommen wir auch durch Dapfen, welches, im Weltmaßstab gemessen, ein unbedeutenderes Alb-Dorf ist. Später lesen wir in unserer lokalen Zeitung aber einen Artikel mit der Überschrift: *Dapfen hat die Zukunft fest im Griff.* Das macht uns ganz ruhig.

304

Ich treffe mich mit meiner zweiten Tochter und ihrem Mann in ihrer Stadt, wir gehen in der Traube essen, beim Stift um die Ecke, griechisch. Unsere Tochter will erzählen, dass sie schwanger ist. Auch sie! Sie will es ein bisschen größer aufziehen, sie ist so glücklich. Und ihr Mann – verplappert sich! Ich habe nicht so blöd reagiert wie beim ersten Mal, als ich sagte, mir kommt das mit dem Großvater nicht so gelegen. (Ich wiederhole mich hier, habe allerdings auch das Recht dazu: Es geht um Zwillinge.) Das war damals alles natürlich auch Rhetorik. Ich hatte, nachdem wir vier Kinder hatten, eine Vasektomie. Da kannst du dann nicht beliebig... Diesmal konnte ich mich ehrlich freuen. Nun sind beide Zwillinge gleichzeitig schwanger. Der errechnete Geburtstermin ist bei beiden derselbe Tag. Sie geben vor, nicht verabredet gewesen zu sein. Eins der Kinder war ein Mädchen, das andere ein Junge. Das Mädchen kam acht Tage vor dem Jungen. Der Junge hat, wie schon erwähnt, dieses historische Datum erwischt, den 20. Juli. Beide machen dieses Jahr Abitur. Er geht dann nach Frankreich als Au-pair, sie übt sich auf der Geige die Finger wund, damit sie studieren kann. Wer Musik studieren will, muss in unserem Land schon *vor* dem Studium einigermaßen perfekt sein! Inzwischen, ein Corona-Jahr später, studieren sie beide.

305

Im Oktober 2002 bin ich zu Teresa in die Wohnung eingezogen. Ich muss als Erzähler die Kurve kriegen. Ein paar Sachen kommen noch. Zwei Jahre später haben wir geheiratet. Keines meiner Kinder ist heute jünger als 32, hatte ich geschrieben. Heute muss ich 46 schreiben. Damals habe ich an dieser Stelle noch mein erstes Enkelkind beim Spielen zitiert. Großpapa, wenn du so ein lahmes Pferd bist, dann tauschen wir jetzt aber die Rollen! Inzwischen sind es, wie oben sicher schon einmal angezeigt, acht Enkelkinder und drei von ihnen (sechs von ihnen) sind schon gar keine Kinder mehr. Die Arbeit mit Flüchtlingen in unserer Stadt wurde stressig. Ich stand am Rand einer chronischen Kolitis. Ich dachte, es sei Krebs. Seither habe ich *weniger* gemacht und befinde mich wohl. Nein! Revision / Korrektur: ... habe in Ludwigsburg *noch viel mehr* gemacht und bin darüber echt alt geworden! Fühle mich aber, besonders nachdem ich nun endgültig weniger mache, auch alt wohl.

306

Manchmal sortiere ich Postkarten. So wie andere Leute ein Bad nehmen. Manchmal ergötze ich mich an ihren Inhalten. Liebe Gerhild! Hoffentlich bist du inzwischen wieder gesund. Hier ist es ganz toll. Wir sind oft draußen, weil man hier so prima spielen kann. Ein Spielplatz ist auch da. Dort steht ein alter Heuwagen, auf dem man gut turnen kann. Auf der Wippe kann man schön schaukeln. Neben unserem Haus stehen vier Tannen, auf denen wir toll klettern können. Die Äste reichen bis auf den Boden. Deshalb wippe ich dort oft und gern. Zum Vokabeln lernen kommt man hier gar nicht. Ute und ich haben ein nettes, gemütliches Zimmer. Vale, Gerhilda! Deine Antje. – Spielen, turnen, schaukeln, klettern, wippen. Natürlich kann man hier nicht zum Vokabeln lernen kommen, liebe vermutlich zehnjährige, lateinlernende Antje, mir geht es im Urlaub auch so. Schade eigentlich, dass Gerhild nicht dabei sein konnte! – Antjes Überschwang wird konterkariert durch eine Karte von Silke, die von klassischer lakonischer Simplizität geprägt ist. Sie geht am 28. Februar 1975 an Soldat Siegmar Eisenkolb in Bautzen: Lieber Siegmar! Heute möchte ich Dir eine Karte schreiben. Seit Montag bin ich in Wiesa bei der Oma. Ich bleibe bis Donnerstag. Gestern, am Dienstag war ich mit der Oma bei dem Christian. Es grüßt Dich Deine – Silke. Versteht ihr nicht meine Freude an diesen Postkarten? Eine weitere, an meine Mutter, ebenfalls aus dem Jahr 1975, Kommas wie bei Kleist, ging so: Liebe Frau Hugot Die besten Grüße aus USA u. Canada und Umgebung. Hier ist es einfach wunderschön R. Kayser – Ich versuche, mir die »Umgebung« von »USA u. Canada« vorzustellen. Etwa um dieselbe Zeit schreibt Bille, die mit ihrem Partner Eberhard auf Sardinien einen Campingurlaub macht, an ihre Eltern. Der Schluss der Karte lautet: Die Meeresluft macht natürlich auch Appetit, ich muss erst abnehmen wenn ich heimkomme. Dafür ist der Wein schön billig, besonders die 2-Liter-Flaschen Herzliche Grüße usw. – Außerdem möchte ich eine Karte vom 17. Juni 1940 vorstellen. Ein junger Mann mit dem Namen Fritz schreibt sie. Er ist vermutlich knapp über zwanzig Jahre alt. In einem Postskriptum schreibt er nämlich, dass in seiner Truppe fast alle Männer aus älteren Jahrgängen stammen, nämlich 1908 bis 1911. Die Karte geht von Ludwigsburg nach Stuttgart-Bad Cannstatt. Er *schreibt* an seine Mutter, schließt den Text aber ab, indem es heißt: Herzliche Grüße an Euch beide Euer Fritz – Der gesamte Wortlaut der Karte: Liebe Mutter! Bis jetzt geht es mir gut. Von der Hochschule ist niemand bei mir Nur Leute die einmal auf der TH waren zB. Gutbier, Hans Tränkle aus Cannstatt und sonstige. Die Nacht habe ich schlecht und recht in einer Bude zu 28 verbracht. Heute abend solls weitergehen. Z.Zeit sind wir im Bahnhofhotel zur Aushebung. [Das muss also in Ludwigsburg sein. Ich glaube aber nicht, dass es ein »Bahnhofhotel« heute noch gibt.] Wegen Hans brauchst du dich nicht zu sorgen. Ich glaube nicht, dass seine Kompanie als erste über den Rhein ging. Er war ja weiter hinten. Mit Frankreich wird es nicht mehr lang dauern bis sie kapitulieren. Hört auch immer den Wehrmachtsbericht und lest die Zeitung. – So eine Postkartensammlung würde sich natürlich für ein kleines (historisches oder soziologisches) Forschungsprojekt eignen. Die Sache müsste ja nicht so groß aufgezogen werden wie *Das Echolot* von Walter Kempowski. – Zum Schluss noch eine Grußkarte aus Markelsheim, auch aus den siebziger Jahren: Unsre Lieben! Wie geht es euch? Wir sind alle gesund außer Oma, die einen Schlaganfall hatte. Viktor ist jetzt in Mainz. Kann nicht so oft kommen. Daher haben wir uns ein Telefon angeschafft. 07931-3407. Viele Grüße Anni m. Fam. – Ich habe bisher nicht probiert, ob die Telefonnummer noch funktioniert. Und die Karte von Silke an den Soldaten Siegmar Eisenkolb in Bautzen kommt mir vor, wie von anderen, zum Beispiel von einer Lehrerin in der Schule, veranlasst. Vielleicht saß der junge Eisenkolb, dessen Name für einen Soldaten kaum treffender sein könnte, in Bautzen sogar ein?

307

Bernard Aubertin, von uns besichtigt in der Stiftung für Konkrete Kunst, malt und spachtelt rote Bilder rot, und übermalt sie gelegentlich schwarz, um das Rot zu schützen. Das geht offenbar. Ich sehe verrückte, sehr männliche Bilder aus dem Wilden Westen und Jagdbilder von einem Künstler mit dem Namen Mike Überall und finde sie witzig. Wir sehen *The Secret Block for a Secret Person in Ireland* von Beuys, wo einer der Bildtitel, um mir eine Freude zu bereiten, lautet: Die Frau zeigt dem Mann *ihr* Bauwerk. Ich stehe immer schnell in Flammen, Teresa kauft mir dann den Katalog.

308

Ich mache mir Gedanken. – Was wird werden? – Für mich ist meine Welt natürlich die *Welt*! Wenn ich aber Berichte aus Sudan, der Demokratischen Republik Kongo, Afghanistan, Myanmar, aus Brasilien oder Kolumbien, Berichte aus dem Iran, Berichte aus China lese, und für die Revision ergänze ich Venezuela, Jemen, Syrien, Irak, Libyen und die Türkei, und Russland und Belarus, da denke ich, nein, stimmt gar nicht! und dass wir schuld sind / und dass wir nichts dafür können dass wir schuld sind / und dass wir daran schuld sind dass wir nichts dafür können / und dass es uns reicht / das wissen wir schon // und dass wir niemand helfen können / und dass uns niemand helfen kann / das wissen wir schon // und dass wir gegen die unterdrückung sind / und dass die zigaretten teurer werden / das wissen wir schon. Enzensberger. Ich schäme mich. Ich schäme mich, mir Kohlrouladen zu machen oder in die Oper zu gehen. Ich verstehe von nichts etwas. Aids in Südafrika, Menschenhandel in Albanien, die Straflager in Nordkorea, die in absolut zynischer Weise als Kontroll- und Verwaltungsorte bezeichnet werden und doch nur dem grausamen Tod dienen. Eritrea. Assad: Folterer und Menschenschlächter. 1000 Stockschläge für Raif Badawi in Saudi-Arabien, auch wenn die letzten 950 nun nicht mehr ausgeführt werden, schwere Geld- und lange Gefängnisstrafen in Ägypten für »Verletzung von Familienwerten«, wenn man ein Tanzvideo zeigt oder sich westlich kleidet – Abdel Fatah al-Sisi. Der Priester Ghazar Petrosyan in Armenien fordert die Todesstrafe für Transsexuelle. Mein Atem wird kürzer. Ich hätte Lust, mir zu wünschen, Nordkoreas Hauptstadt so lange zu bombardieren, bis die Clique der Herrschenden ausgelöscht ist. Dann wäre die nicht zu den Herrschenden gehörige Familie einer von mir in der Arbeit mit Asylsuchenden betreuten geliebten Person auch ausgelöscht, ich werde meiner Lust natürlich nicht nachgeben, erlaube mir aber im Sinne von Stressbekämpfung manchmal perfide Gedanken. Vielleicht sollte man ersatzweise den Präsidentenpalast in Damaskus bombardieren. Aber warum in die Ferne schweifen? Bei uns äußert sich eine neue Grausamkeit in Schmäh- und Hassbotschaften der fürchterlichsten Art. Gewalttaten bis hin zum Mord folgen auf dem Fuß. Ich plädiere in diesem Punkt für Aufklärung *und* strafrechtliche Maßnahmen. In der großen Krise mit der Bedrohung durch das neue Virus nützen die Autoren solcher Botschaften, es sind vermutlich, fast ausschließlich, Männer, die Unsicherheit und Angst in der Bevölkerung, um sie mit äußerster Hässlichkeit auf die von ihnen verachteten Minderheiten heiß zu machen. Oder demonstriert man mit Argumenten aus der Teufelsküche einfach mal gegen Covid 19.

Zusammen mit einem Freund besuche ich eine Wahlver-
anstaltung in der Listhalle. Die Kandidaten zur Landtags-
wahl werden befragt. Der Abend zeigt uns, wenn ich alles
zusammenfasse, dass Politik wirklich ein grobes Geschäft
ist. Auf hundert Fragen sollst du gleichzeitig antworten.
Nachdenken ist verboten, du musst punkten. Unsere Zeit
ist wirklich schnelllebig. Die Tage sind mühevoll. The rat
race. Mein geliebtes Oxford Advanced Learner's Dictionary
erklärt das Wort so: The way of life of people living and wor-
king in a large city where people compete in an aggressive
way with each other in order to be more successful, earn
more money, etc. Das kann man nicht besser kurz erklären!
Manchmal denke ich auch, dass die viel beschworene Digitalisierung alles noch hektischer macht, weil sie zu so vielen
ungeahnten Möglichkeiten auf so vielen Gebieten führt. Zu
einem großen Teil eben auch zu völlig überflüssigen »Er-
leichterungen« im Alltag, sprich, beim Einkauf. Ja, besonders das Einkaufen soll »einfacher« werden. Warum wohl
gerade das Einkaufen? Ich halte also mein Smartphone an
irgend so ein blödes Etikett hin, und schon sehe ich, was in
meiner Größe alles noch auf Lager ist. Und wenn ich kein
Smartphone habe, so bekomme ich tausendmal am Tag be-
wiesen, wie sinnlos das Leben geworden ist, wenn du kein
Smartphone hast. Auch beim Online-Banking zum Beispiel.
Sind wir handy-verseucht? Spielkonsolen-verseucht? Zwang-
haftes Sexualverhalten und Videospielsucht sind neuerdings
als Krankheiten definiert worden, höre ich. Zu Ersterem
hätte ich vielleicht noch etwas zu sagen, was mich wieder
zu den Einwänden des etwas hochmütigen quasi Kollegen
zurückführt: Wäre ich nach den Kriterien der Weltgesund-
heitsorganisation wahrscheinlich krank? Was Handysucht
angeht, so habe ich auf einem Spaziergang kürzlich hier in
Ludwigsburg: durch die Porzellanallee hin zur Königsallee
und diese dann hinauf bis zur herzoglichen Bettlade am

Anfang der Königinallee fast einen Schock erlitten. Schwerpunktmäßig auf der Königsallee stieß ich auf viele Leute, ich meine entlang weniger Schritte vielleicht hundert, einzeln, zu zweit, zu dritt oder manchmal noch größere Cluster – und sie hatten mit geringen Ausnahmen alle ihr Handy im Anschlag. Nachträglich denke ich: Vielleicht war es ein Suchspiel? Auf alle Fälle war es ein monströses Zukunftsbild. Meine Vision ist: Dass Babys demnächst dann gleich mit dem Smartphone in den kleinen Händchen geboren werden. Möglicherweise ihre Geburt durch den Geburtskanal auch identifizieren und orten oder mitverfolgen können. Noch ein paar Jahre später müssen sie das Ding auch gar nicht mehr selbst halten, weil wir zu neuen Menschen mutiert sind, wo das digitale Zeug alles schon in unsere Körper integriert ist. Zum Schluss dieser Perikope noch eine Beobachtung zu unserem Müllverhalten: Der Papierverbrauch beim Umgang mit digitalen Medien ist enorm. Im Grunde haben wir jetzt alles doppelt: hier im PC, dort auf Papier. Und wenn ich auf der Post 15 Cent zahlen möchte, wird das ein zweiminütiger Vorgang am Computer, abgeschlossen mit einer Quittung aus Papier. Und die vielen Pfunde Werbeprospekte in unseren Briefkästen?

310

Meine Kinder wollen keine gemeinsamen Auftritte von meiner geschiedenen Frau und mir bei irgendwelchen Festen. Es gehe nicht um einen Boykott meiner geschiedenen Frau. Meine Tochter sagt das. Sie zitiert ihre Zwillingsschwester: Familie vorbei! Aufgelöst! Aus! Basta! Was soll dann der Zauber? Und sie selbst: Wir wollen euch nicht als Paar! – Klar. Ich habe die Scheidung gewollt. Wissen noch viele Leute, dass Boykott eine historische Persönlichkeit war? Charles Cunningham Boycott. Ein ganz übler Bursche, der sich als Engländer in Irland derart aufgeführt hat, dass ihn die Landpächter schließlich radikal boycottierten. Um 1880 herum. Das Wort ist in diesen Auseinandersetzungen entstanden.

311

Der Pfarrer vom Hohbuch ist groß in Form bei Lukas 18. Das Gleichnis von dem gottlosen Richter und der Witwe! Sie erinnern sich. Die Frau hat recht! Als ob sie es in sich trüge! Aber die Welt ist nicht danach. In der Welt wird das Recht immer auf die lange Bank geschoben. Diese Redensart leitet sich ja genau von der Gepflogenheit der Richter her, die Akten auf der Ablage der langen hölzernen Bank immer weiter von sich zu schieben, neuere Fälle nehmen ihren Platz ein. Die Frau muss sich das Recht von dem störrischen und bequemen Richter erst holen, mühsam erkämpfen, ihm ist es nicht vertraut, denn er gehört zur Machtelite. Das Recht ist bei den Armen und Schwachen. Ein wahnsinniger Satz, wenn man ihn richtig versteht, wenn man an dem *ist* nicht zweifelt und nicht etwa denkt, die Philanthropen sprächen das Recht den Schwachen nur so zu. Teresa bestärkt mich. Sie sagt, das sei herrschende Lehre. Ich weiß nicht, ob ich das in meinem Sinn verstehen darf. Vielleicht drücke ich mich auch nur ungeschickt aus.

312

Mein Vermieter ist mit seinen Enkeln drei Tage verreist, seine Frau findet auf dem Küchentisch den Brief eines ihr unbekannten elfjährigen Mädchens an ihn: Lieber Papa, usw. Sie wusste nichts von diesem Kind, sie kennt nur die fünf Kinder, die sie selbst von ihm hat. Nach seiner Heimkunft zur Rede gestellt, sagte er, er war zu betrunken, und außerdem sei bei der ganzen Sache kein wahres Haar in der Suppe.

Beate Uhse ist gestorben. Vielleicht werden die Historiker oder noch lieber die Historikerinnen einst die Epoche nach ihr benennen. Die Epoche, wo man gelernt hatte, über Sexualität zu reden, als ob sie natürlich sei!, und Gegenstände, die man beim Sex vielleicht einsetzt, nicht mehr unter dem Ladentisch handeln muss.

Im Rahmen eines kleinen Stadtfests auf dem Weibermarkt stürme plötzlich Frau Lehmhoff in eigener Person auf meine arme Teresa zu, so hatte ich in diesem früheren Schlussteil geschrieben, packe sie an den Armen, schiebe ihr ihre »wabernden Titten«, unser Groll damals saß eben ziemlich tief, unters Kinn und drohe ihr: Wenn Sie noch einmal in der großen Kirche... und so weiter! Teresa habe sich herausgewunden, nur ihre Hand sei noch gefangen geblieben, und habe ganz vornehm gesagt, mit Ihnen, Frau Dickbauch, diese Vokabel sei ihr in ihrer weiterhin nicht verblassten Wut eingefallen, möchte ich hier eigentlich nicht reden, bitte lassen Sie meine Hand los, ich sehe mich sonst gezwungen, Ihnen die Ohren abzuschneiden. Ich selbst sei schreiend davongerannt. Anklänge an Kafkas expressionistische Epik. Ich spürte das. Ich hätte Angst gehabt, sie würde auch mich noch anfassen.

In allerkürzester Zeit, fast lässt sich das auf 48 Stunden reduzieren, haben etliche prominente Personen in unserer Republik ihr Zeug hingeschmissen. Das fing an mit dem nicht ganz so prominenten Ministerpräsidenten Kemmerich aus Thüringen, der sich aus Mangel an eigener Einsicht aus seinem über eine ganze Nacht geführten Amt hat herausprügeln lassen, setzte sich fort über die von mir oben so ungalant behandelte Frau Kramp-Karrenbauer, die mein Manuskript noch gar nicht kennen konnte und rätselhafterweise dennoch die Bewerbung um die deutsche Kanzlerschaft sich nicht anzupacken traut, und über den großen schwäbischen Star der Fußballwelt, Jürgen Klinsmann, der beleidigt ist, weil die Hertha ihm kein weicheres Lager gebaut hat, bis hin zu dem von mir ebenfalls bereits sehr ungalant bedachten Oberhirten der deutschen Katholiken, Marx, der mit seinem Alter argumentiert und so, katholisch, an der wirklichen Wahrheit seiner Entscheidung mutwillig vorbeischrammt. Ich *selbst* hätte mir doch in seinem Alter eine solche zweite Amtszeit locker zugetraut.

316

Ich will auch zwei Frauen feiern. Ich muss diese beiden Frauen feiern! Das geht über unseren Alltag mit größeren Persönlichkeiten, die es ja gibt, hinaus. Ich hoffe, die Aktionen, um die es hier geht, werden Geschichte. Susanne Hennig-Wellsow, linke Landtagsabgeordnete in Thüringen, wirft dem mit den Stimmen der AfD frisch gewählten Ministerpräsidenten Thomas Karl Leonard Kemmerich von der FDP das Bukett, das bei solchen Gelegenheiten Usus ist, vor die Füße. Wirft es ihm vor die Füße! Und Nancy Patricia D'Alesandro Pelosi, Führerin der Demokratischen Partei im Repräsentantenhaus in den Vereinigten Staaten von Amerika, zerreißt, unmittelbar hinter dem Redner stehend, gut sichtbar und in mehreren Etappen, vor laufender Kamera, die ihr vorab in Schriftform übergebene Rede des Präsidenten Donald Trump, die dieser gerade hält oder soeben beendet. Zerreißt diese Rede, zerreißt sie in Papierform! Ich freue mich über so viel Intelligenz und so viel politische Fantasie von Frau Hennig-Wellsow (der neuen Vorsitzenden der Linken bei uns?) und Mrs. Pelosi und möchte ihnen hiermit gratulieren. Dass die AfD in Deutschland falsch eingeschätzt wird, indem man den Faschismus und das völkische Getue der Führungsgarde *allen* Mitgliedern der Partei zurechnet, steht auf einem ganz anderen Blatt, ein Blatt, das die Versäumnisse der merkelschen Regierungszeit verzeichnet. Richtig bleibt allerdings, dass sie alle miteinander mehr oder weniger fremdenfeindlich sind, und das bringt mich auf die Palme, und daran wird sich auch nichts ändern, wenn der vergreisende Herr Joachim Gauck dafür plädiert, freundlicher mit der AfD umzugehen. Mein Gott! Wo *ich* gerade vergreise, zieht mich doch auch nichts zur AfD. Und im Übrigen mag ich das Gerede vom Rassismus gar nicht. Wenn es »Rasse« nicht gibt, gibt es auch keinen »Rassismus«! Wenn man Leute aus Pakistan diskriminiert, dann ist das doch kein Rassismus. Nein, es ist Fremdenfeindlichkeit. Xenophobie.

317

Es gäbe noch vieles zu sagen. Kurz vor Toresschluss. Ich könnte auf diesen hybriden Text zurückschauen, ein Text aus mindestens zwei Welten, und ein weiteres Wort zu seiner Zusammensetzung beisteuern. Ich könnte beschreiben, wie anders meine Gefühlslage bei der neuen Durchsicht der Texte war oder, besser vielleicht, *ist*, wie viel unmittelbarer die originalen Teile sich ihre Sprache gesucht haben. Das ganze Dokument hat sich jetzt zu einem eigenen Lebewesen herausgebildet, das, wenn es auch nicht allen gefallen wird, dennoch seine eigene Würde hat, die wenigstens ich selbst ihm zuspreche. Der neue Standpunkt ist nicht mehr der eines – astrologisch ausgedrückt: typischen Löwen. Das *Alter* bestimmt die Koordinaten. Leider muss ich darauf hinweisen, dass sich die Orthopäden oder Orthopädinnen neuerdings mehr Raum in meinem Leben nehmen, als mir lieb ist, beziehungsweise man geht schon gar nicht mehr hin! und das verhindert, dass ich noch herum hüpfe wie die Stars bei Let's Dance. Ingrid Noll nennt das, wenn sie von sich selbst spricht: *Materialermüdung*. Und leider kann ich nicht verhehlen, dass mir im Alltag immer mehr Namen nicht rechtzeitig einfallen. Und leider geht es nicht ausschließlich nur um Namen, sondern manchmal auch um mehr oder weniger geläufige Begriffe aus dem Alltag und aus gewissen intellektuellen Tätigkeiten, zum Beispiel Nutzungsgebührenbescheid oder Biosphärenreservat oder... Das entsprechende Wort fällt mir gerade nicht ein. Vielleicht Musterquarantäneverordnung? Ich könnte, kurz bevor das Tor wirklich herunter rasselt, natürlich auch versuchen, von diesem neu bestimmten Standpunkt aus *überhaupt* Bilanz zu ziehen und allen, die mir lieb sind, mehr oder weniger abschiedlich, irgend etwas Nettes sagen und so weiter, aber so weit will ich doch nicht gehen. Da und dort dampft ein Kesselchen Paprikaschoten. Den Titel meines Buches: *Da staunen die Dichter mehrerer Länder*, habe ich von der von mir verehrten, vielfach preisgekrönten, drei Jahre älteren als ich und im Jahr 2013 verstorbenen großen Poetin / Sprachkünstlerin Sarah Kirsch. Sie möge mir verzeihen. Es sind die ersten vier Füße eines fünffüßigen Verses aus dem Gedicht *Wohin bin ich geraten hin* aus dem Zyklus *Landaufenthalt*. Der ganze Vers geht so: *da staunen die Dichter mehrerer Länder, notieren*. Ihre Verse gestaltet Sarah Kirsch so eigenwillig, dass man durchaus von einem Alleinstellungsmerkmal reden kann. Sehr häufig geht es ohne alle Interpunktion so dahin, mit Enjambements, dass es nur so schwirrt und die Chose überkocht. Ich wollte einen poetischen Titel für mein Buch haben, der vieles bedeuten konnte und nichts verriet. Bei Sarah Kirsch wird man da leicht fündig. Dieser von mir erkorene Vers ist nun halb poetisch, halb witzig und halb antik geraten. Ich hatte auch andere im Blick. Einer ist der mit den Paprikaschoten. Ein anderer: *Nur Matrosen und Schofföre nicken bei meiner Rede*. Ein dritter: *Ich werde sehr alt werden und Sascha vergessen*. Immer wieder in Sarah Kirschs Dichtung begegnen wir der Sehnsucht nach einem Geliebten / nach ihrem Geliebten, der sich rar macht. Aber hoppla! – Was ich da schreibe! Das mit *Da staunen die Dichter mehrerer Länder*... war für einige *Wochen* so, war nur ein Arbeitstitel! Bin weg davon, liebe Sarah Kirsch, sollst deines behalten. Ich werde mich wieder auf die Suche machen. *Das Hybrid* vielleicht? Oder was von Wondratschek? *Andere Sachen hat man schon gehört.* Oder was von Kafka? Zum Beispiel: *Wenigstens bin auch ich zum Teil Ihrer Meinung,* wie K. zu Frau Grubach sagt? Wir werden sehen. Natürlich kommt auch der kürzlich erst verstorbene, von mir ebenfalls hochverehrte Ror Wolf in Frage oder Enzensberger, der noch am Leben ist. Diese Leute muss man ja nur aufschlagen und schon blitzen mögliche Titel auf. Wie ich sie mag. Ror Wolf werde ich ein Denkmal setzen, indem ich den früheren Text aus Perikope 200, in dem es um Ruanda ging, eliminiere und so Platz für die Wetterverhältnisse schaffe.

318

Es ist ein windiger Tag. Ich lese. Ich schaffe Ordnung auf meinem Schreibtisch. Teresa kommt. Sie lobt meine Ausgeglichenheit. Kuck mal! Sie sagt, das hat ihr in Münzdorf so gut getan. Sie fragt mich, was ich täte, wenn ich kein bürgerliches Leben führen würde. Ich sage, ich würde verschlampen. Oder mit dem Fahrrad nach Norwegen fahren. Später sagt sie, dass ich nach Fritz Riemann nicht nur der klassische Hysteriker bin, das sagt sie oft, sie sagt, ich sei auch schizoid. Jetzt haben wir dich aber analysiert, das geht ruckizucki, sagt sie. Ich suche ruckizucki im Duden und finde es nicht. In dem Kalender, den Teresa mir gemacht hat, stapfe ich im Januar mit meinem Rucksack auf dem Rücken durch den Schnee über die Albhochfläche. Darunter hat sie mit fein orakelndem Spott geschrieben: Was nun, Herr Hugot? Wir wohnen jetzt in einer anderen Stadt, in Ludwigsburg – schon so lange, wie die Erde dreimal um die Sonne flitzt. Viermal, fünfmal... vierzehnmal und so weiter – Iso-pistraße. Schrieb ich! Und wir haben ein richtiges, großes, schmiedeeisernes Ehebett, das uns fast tausend Euro gekos-tet hat. Leicht und elegant steht es da in dem riesigen Ar-beitszimmer. Schrieb ich! *Außerord'nntlich gschickt!* Anton Isopi lebte von 1758 bis 1833 und war Hofbildhauer hier in unserer neuen Stadt. Italiener, wie die meisten Akteure beim Schlossbau damals. Er schuf auch die Skulpturen der Wap-pentiere vor dem Neuen Schloss in Stuttgart. Mit sehr viel Mühe, bin ich berichtet! Löwe und Hirsch. Kann man ku-cken. Ich bin ein bisschen traurig. Ende des Jahresberichts. So schrieb ich damals.

319

Man konnte den Text damals gut verstehen, den elegischen Ton des Suchenden, nachdem er in den Ruhestand gegangen war. Heute obsolet wg. Flüchtlingsarbeit. Aber jetzt ist auch das aus. Teresa geht in Pension. Das Intermezzo Ludwigs-burg ist beendet. Wir werden am Albtrauf leben, in Goma-ringen. In unserer direkten Nachbarschaft das kleine Renais-sanceschloss, in dem Gustav Schwab, als er hier Pfarrer war, seine *Klassischen Sagen des Altertums* geschrieben hat. Und wir werden von unserer Dachterrasse einen Blick weit über alles hinweg in das Land hinein bis zum Hohenzollern und darüber hinaus zum Plettenberg haben. Für die Seele! Wir haben Abschied genommen vom eigentlichen Berufsleben. Kann man das so sagen? Im einundzwanzigsten Jahr unse-rer Liebe. Ich bin schwächer geworden. Das Alter, mit dem ich seit ein paar Jahren Krieg führe, ist auf dem Siegeszug und feiert seine Triumphe. Teresa ist in wunderbarer Weise stark. Manchmal denke ich, die Bleikugel aus Perikope 1 ist heute so groß wie der Gummiball selbst, so dass... Egal! Ich habe zum Schluss aus Laune gegoogelt, ob der Name des Nochpräsidenten der Vereinigten Staaten in meinem

Buch vorkommt. Mein Suchprogramm meldet mir daraufhin *Strumpfenband* und *Entrümpelung*. Was soll man, sagt unsere Änderungsschneiderin aus Rumänien. – Was soll man?